Stoppen Sie!

Machen Sie es nicht!

Deine letzte Warnung!

von ROSS S MARSHALL

Veröffentlichung/Übersetzung Apologien:

Der Autor entschuldigt sich bei allen unruhigen irdischen Reisenden in diesem Leben, sowie bei seinen Brüdern und Schwestern-Christen. Eine intellektuell geschaffene und göttlich inspirierte Spezies zu sein, ist eine erstaunliche und faszinierende Sache. Wir sind alle gleichermaßen begabt im konzeptionellen Denken, auch wenn wir alle in unseren eigenen wunderschönen Sprachen sprechen und denken. Wir alle haben die gleichen Gedanken über Moral, Ethik, Liebe und Mitgefühl. Dennoch würden einige Leute es vorziehen, anders zu denken als die allgemein akzeptierten Ideen, die auf Liebe basieren. Ich habe dieses Buch und andere geschrieben, um meinen Landsleuten und zukünftigen Generationen die Lektion zu vermitteln, dass das Leben kurz ist und dass jeder von uns "denken" lassen sollte, bevor er etwas tut. Wenn der Tag vorbei ist, wird keiner von uns Material tragen können — Geld oder Eigentum. Wir können jedoch ohne Zweifel viele wunderbare Dinge hinterlassen. In seinen interstellaren Abenteuern schreit Offizier Spock oft aus: "Lebt lange und gut", und ich füge hinzu: "In Christus." "Gott = Liebe + Licht des Heiligen Johannes = Christus in uns allen" ist der goldene Schlüssel, um die Tür der Wahrheit in den heiligen Schriften der Welt zu öffnen. Was mein Buch betrifft, habe ich es ins Russische übersetzt, aber ich muss zugeben, dass ich die Chance genommen habe, da ich diese Sprache nicht spreche! Ich entschuldige mich also, wenn Sie Grammatik- oder Syntaxfehler bemerken. Wenn du willst, nimm die Schuld auf mein Übersetzungsprogramm. Was mein Urheberrecht angeht, ignorieren Sie es als Geschenk an euch alle. Verwenden Sie es, wie Sie es für angemessen halten, um sowohl für sich selbst als auch für andere zu profitieren. Bitte kopieren Sie, wenn Sie wollen. Wir Amerikaner, die meisten von uns, schätzen die Welt wirklich und wollen sie mit Ihnen teilen. Da die menschliche Natur überall und in jeder Sprache gleich ist, sind die meisten von euch gleich. Wir bluten alle und leiden. Jeder von uns will und fühlt Liebe. Das ist also meine zärtliche Botschaft an jeden von euch. Himmlischer Segen für jeden von uns. Und werfen Sie es bitte weg! Nirgendwo! Geben Sie ihm einen Tag und sehen Sie, ob wir

Frieden auf der Erde bringen können, wie der Engel, als Jesus geboren wurde. Marschall

Über dieses Buch

Vorwärts: Eine Welt am Riegelrand: Nachdenkliche Abschreckung im Schatten der Vernichtung

Wir stehen an einer Kreuzung, einem schrecklichen Niederschlag mit Blick auf eine Zukunft, die möglicherweise ohne Menschlichkeit ist. Kernwaffen, diese Träger der Vernichtung, werfen einen langen Schatten über unsere Welt. Die gegenwärtige Abschreckungsstrategie, Mutual Assured Destruction (MAD), ist ein unsicheres Spiel, ein Spiel mit dem Schicksal künftiger Generationen. Es ist ähnlich, wie man eine Atombombe auf einem Kind ausgleicht – ein einziger Fehler, eine falsche Berechnung, und die Welt stürzt in Vergessenheit. Können wir mit gutem Gewissen unser kollektives Überleben auf eine so zerbrechliche Grundlage setzen?

Der Kern dieses Buches geht in die inhärenten Mängel von MAD ein. Die Geschichte dient als starke Erinnerung daran, dass die Rationalität unter dem Druck der existentiellen Angst zusammenbricht. Führungskräfte, die an die Grenze gedrängt werden, können in Krisenzeiten keine Lehrbuchentscheidungen treffen. Stellen Sie sich eine ähnliche Situation wie die kubanische Raketenkrise von 1962 vor, aber mit unerfahrenen Führern oder im Zeitalter des Cyberkrieges. Die Fehlermarge schrumpft auf nicht vorhanden. Unbeabsichtigte Starts aufgrund technischer Störungen oder menschlicher Fehler stellen eine weitere ständige Bedrohung dar. Selbst die anspruchsvollsten Schutzmaßnahmen haben Schwachstellen. Vielleicht ist die abschreckendste Möglichkeit der Aufstieg nichtstaatlicher Akteure, die Atomwaffen erwerben. Die Folgen eines einzigen Geräts in den Händen einer fanatischen Gruppe sind zu schrecklich, um darüber nachzudenken.

Das sind nicht bloße hypothetische Szenarien. Sie sind erfrischende Warnungen, die in die Geschichte geschrieben sind. Kernwaffen sind mehr als nur Mittel der Zerstörung; sie sind die physische Manifestation einer fehlerhaften Weltanschauung. Diese Weltanschauung gedeiht auf einer binären Perspektive, einer "Wir gegen sie" Mentalität, die Angst, Misstrauen und einen ständigen Zustand des "Anderen" hervorruft. Dieser fruchtbare Boden erlaubt den Samen der Vermehrung, zu blühen.

Aber Hoffnung flickert auch im Schatten der Vernichtung. Die folgenden Seiten erforschen den Weg zu einer Zukunft, die frei von der Bedrohung durch Kernwaffen ist. Dieser Weg erfordert eine monumentale Verschiebung des menschlichen Bewusstseins, ein globales Erwachen von der auf Angst basierenden Konkurrenz zu einer Zukunft, die auf Dialog und Zusammenarbeit basiert.

Die universalistische Epistemologie bietet eine überzeugende Alternative zur binären Weltanschauung. Durch die Anerkennung des inhärenten Wertes und der Wechselbeziehung aller Wesen fördert sie Empathie und Mitgefühl – das Gegenmittel gegen die Ängste, die den Atomwaffensieg fördern. Stellen Sie sich eine Welt vor, in der sich Nationen als Teil einer größeren Gemeinschaft sehen, die durch gemeinsame Werte und eine kollektive Verantwortung für ihr Überleben gebunden ist.

Der interreligiöse Dialog bietet ein weiteres leistungsfähiges Werkzeug. Über Kulturen hinweg resonieren religiöse Traditionen mit einer Botschaft von Liebe, Gerechtigkeit und Zusammenarbeit. Stellen Sie sich ein globales

Gespräch vor, in dem religiöse Führer zusammenkommen, um diese Werte als Grundlage für eine friedliche Welt zu fördern.

Tragbare Schritte in Richtung einer sichereren Zukunft liegen in den Abrüstungsverträgen. Die Demontage der Vorräte in Verbindung mit starken Überprüfungsmaßnahmen bietet einen Weg zu einem besseren Morgen. Stellen Sie sich eine Welt vor, in der die Abrüstung von Atomwaffen zu einem globalen Wettbewerb wird, in dem Nationen um die Auszeichnung der friedlichsten Nationen kämpfen.

Dieses Buch ist ein Aufruf zum Handeln, eine Einladung auf eine transformative Reise. Es ist eine Reise weg von der Sackgasse, in eine Zukunft, in der Atomwaffen Reliquien einer Vergangenheit werden. Es geht um die Anerkennung unserer gemeinsamen Menschlichkeit und die Gewährleistung unseres kollektiven Überlebens. Es geht darum, Zusammenarbeit über Konkurrenz zu wählen, Dialog über Bedrohungen.

Die Zeit für diese Reise ist jetzt. Die Zukunft der Menschheit hängt im Gleichgewicht. Lassen Sie uns nicht auf einen Atomwachen warten. Lassen Sie uns aus der Vergangenheit lernen, die Hoffnung auf eine bessere Zukunft aufnehmen und den Weg der Abrüstung und Zusammenarbeit wählen. In diesen Seiten finden Sie nicht nur eine scharfe Warnung, sondern eine Roadmap zu einer Welt frei von dem Schatten der Vernichtung.

Abgesehen von der traditionellen Struktur präsentiert dieses Kapitel den letzten Abschnitt des Buches als Vorspiel. Dieser Ansatz bietet nicht nur einen kurzen Überblick über die wichtigsten Argumente, sondern dient auch als Ausgangspunkt für weitere Studien. Die Einbeziehung der abschließenden Reflexion unterstreicht das Konzept des Schmetterlingseffekts, einem etablierten wissenschaftlichen Prinzip, das die sensible Abhängigkeit der Ergebnisse von den Anfangsbedingungen hervorhebt. Dieses Prinzip erstreckt sich hier auf das Gebiet der Metaphysik und geht davon aus, dass negative Gedanken und Überzeugungen weitreichende, sogar universelle Folgen haben können.

Durch die Schrift gibt es eine Melodie der Hoffnung - die Hoffnung, dass die Liebe Gottes weit über das menschliche Verständnis hinausgeht. Verse wie Jesaja 46:10 erinnern uns daran, dass Gottes Zweck erfüllt werden wird, und Römer 8:19-21 flüstert über die zukünftige Befreiung aller Schöpfung. Selbst diejenigen, die ausgeschlossen zu sein scheinen, wie die Ägypter und die Sodomiten (Jesaja 19:14-15; Hesekiel 16:55), sind in der großen Abdeckung von Gottes Plan der Wiederherstellung enthalten.

Die Universalität dieser Gnade wird durch Verse wie 1 Timotheus 2:4, wo Gott will, dass "alle gerettet werden" und Hebräer 8:11, die eine Zukunft verspricht, in der "alle den Herrn kennen". Dieses unveräußerliche Streben nach der universellen Versöhnung wird durch die Rolle Jesu als Erlöser weiter unterstrichen, nicht nur für einige, sondern auch „für alle Menschen". (1 Timothy 4:9-11).

Kritiker können auf Verse hinweisen, die auf die Grenzen der Heilsmacht Gottes hinweisen. Dennoch können sogar diese Verse im breiteren Kontext des endgültigen Plans Gottes verstanden werden. Beispielsweise erinnern Passagen wie Römer 11:32 ("Gott wird barmherzig sein über alle") uns daran, dass Gottes Gnade auch diejenigen erstreckt, die ihn noch nicht empfangen haben.

Letztendlich ist die Frage der universellen Erlösung ein Geheimnis, das nur Gott vollständig verstehen kann. Dennoch ist das Gewicht der Heiligen Schrift auf Gott gerichtet, dessen Liebe und Erlösungszweck die ganze Schöpfung umfasst. Wenn wir durch das Leben reisen, können wir das Versprechen des Psalms 145:9 halten: „Der Herr ist gut zu allen, und seine Güte ist über alle seine Werke."

Angesichts solcher unermesslicher Liebe schwimmt mir ein Gefühl der Angst wie eine Welle der Ermutigung über. Es ist die Liebe, die über das menschliche Verständnis hinausgeht, die die Versprechen der Zukunft flüstert, wo das Leiden abgeschafft wird (Offenbarung 21:4-5) und alles von der Gegenwart Gottes umgeben ist. (1 Corinthians 15:28). Deshalb betete Jesus selber für die große Menge seiner Erlösungskraft, damit Er allen, denen Er anvertraut wurde, das „ewige Leben" anbieten könnte. (John 17:2).

Das Konzept der ewigen Verurteilung, ein Zustand endloser Folter für die Unerlösten, hat einen langen Schatten auf die Menschheitsgeschichte geworfen. Dieser Aufsatz wird diese Lehre herausfordern, indem er ihre Inkonsistenzen mit der grundlegenden Botschaft eines liebenden Gottes erforscht, alternative Interpretationen der Heiligen Schrift untersucht und die Schwierigkeiten hervorhebt, die dem Konzept der unendlichen Strafe innewohnen.

Die zentrale Lehre des Christentums ist der Gott der Liebe (1 John 4:8). Diese Liebe wird als unbegrenzt und bedingungslos beschrieben. (Romans 8:38-39). Um dies mit der ewigen Verurteilung zu vereinbaren, stellen die Anhänger Gott oft als Richter dar, der ein System der Gerechtigkeit auferlegt. Wahre Gerechtigkeit erfordert jedoch Wiederherstellung, nicht endlose Strafe. Ein liebevoller Gott, unendlich barmherziger als jeder menschliche Richter

(Psalm 103:8), ist unwahrscheinlich, seine Schöpfung zu endlosen Leiden zu verurteilen.

Viele der Worte, die zur Unterstützung der ewigen Verurteilung verwendet werden, verwenden symbolische Sprache. "Hellfire" kann den Prozess der Reinigung symbolisieren, nicht buchstäbliche Flammen (1 Corinthians 3:15). Ebenso kann "ewiges Feuer" die dauerhaften Folgen der Sünde bedeuten, anstatt endlose Qual. (Jude 1:7). Eine Anerkennung der metaphorischen Natur dieser Begriffe ermöglicht ein subtileres Verständnis der Heiligen Schrift.

Das Konzept der unendlichen Strafe wirft tiefgreifende philosophische Fragen auf. Kann ein begrenztes Wesen wirklich die Natur der Unendlichkeit verstehen? Darüber hinaus, wie kann ein Akt des Ungehorsams, so schwer es auch sein mag, eine endlose Strafe rechtfertigen? Die ewige Verurteilung erscheint unverhältnismäßig und unvereinbar mit dem gerechten Gott.

Mehrere theologische Alternativen bieten eine zuverlässigere Perspektive. Der Annihilationismus geht davon aus, dass diejenigen, die nicht gerettet werden, nach dem Tod einfach aufhören zu existieren. Die Reinigung bietet einen vorübergehenden Reinigungszustand vor dem Eintritt in den Himmel. Die universelle Versöhnung geht davon aus, dass Gottes Liebe letztlich die ganze Schöpfung erlösen wird. Obwohl jeder von ihnen seine eigenen Verdienste hat, teilen sie alle ein Grundprinzip: Gottes letzter Wunsch ist nicht Strafe, sondern Wiederherstellung.

Die Lehre der ewigen Verurteilung ist ein theologisches Paradoxon – ein liebender Gott, der endlose Folter verursacht. Durch die Erforschung von Widersprüchen mit grundlegenden christlichen Werten, durch das Studium alternativer Interpretationen der Heiligen Schrift und durch die Anerkennung der Schwierigkeiten der unendlichen Strafe können wir ein zuverlässigeres Verständnis von Gottes endgültigen Zweck gewinnen. Die ungesprochene Verheißung in der Schrift mag keine ewige Verurteilung sein, sondern eine transformierende Kraft der grenzenlosen Liebe Gottes.

Die Lehre der ewigen Verurteilung erzeugt Angst und Verzweiflung. Im Gegenteil, der Gott der grenzenlosen Liebe bietet eine Botschaft der Hoffnung und Erlösung. Der Schwerpunkt auf Gottes Charakter, der in der Schrift als barmherzig, vergebend und gerecht offenbart wird (Exodus 34:6-7), gibt eine überzeugendere Erklärung. Diese Hoffnung dient als ein mächtiger Motivator, ein Leben in Harmonie mit dem Willen Gottes zu führen, nicht aus Angst vor Strafe, sondern aus Liebe und Dankbarkeit.

Die Lehre der ewigen Verurteilung ist ein lebendiges Beispiel dafür, wie sich falsche Überzeugungen nach außen wenden und eine Kaskade negativer Konsequenzen hervorrufen können. Durch die Förderung von Angst und Verzweiflung behindert sie die Fähigkeit der Menschheit, dringende Probleme wie die Verbreitung von Atomwaffen anzugehen. Stellen Sie sich eine Welt vor, in der die Menschheit die Botschaft der universellen Erlösung empfängt. Diese Hoffnung, die auf der unerschütterlichen Liebe Gottes beruht, wird es den Menschen ermöglichen, für Frieden und gegenseitiges Verständnis zu arbeiten. Sie wird als starker Motivator fungieren, um die Waffen des Krieges niederzulegen und Brücken der Zusammenarbeit zu bauen.

Die Alternative ist jedoch eine kaltblütige Perspektive. Wenn sich die Menschheit an Doktrinen hält, die Angst und Spaltung hervorrufen, wird das Potenzial für einen Atomkrieg zu einer schrecklichen Gelegenheit. Dies stimmt mit der geheimen Botschaft in Markus 13:20 überein: "Wenn der Herr diese Tage nicht verkürzt hätte, wäre niemand gerettet worden." Per diese versteckte Botschaft bezieht sich nicht auf lokalisierte Zerstörung, sondern auf ein katastrophaleres Szenario – das Ende des Weltsystems, wie wir es kennen. Die Wahl ist offensichtlich: die transformierende Macht der Hoffnung zu akzeptieren oder der zerstörerischen Wirkung des Schmetterlings der schrecklichen Lehre ausgesetzt zu werden. Der Weg der Menschheit wird nicht nur unser eigenes Schicksal bestimmen, sondern auch die Schicksale zukünftiger Generationen. Wählen wir Hoffnung, wählen wir die Welt und wählen die Zukunft, die im Licht der grenzenlosen Liebe Gottes getaucht ist. So können wir das Potenzial für Zerstörung verhindern und eine neue Ära der Einheit und des gegenseitigen Verständnisses eröffnen.

Die drei Höhlenmänner und der große Felsen

Vor langer Zeit, im Tal der Noisy Crickets, lebten drei Höhlenmenschen: Ogg, Grog, und Blog. Jeder behauptete einen Teil des Tals als sein eigenes. Ogg hatte die größte Höhle, Grog hatte die frischesten Beeren, und Blog hatte den klarsten Strom.

Eines Tages fand Ogg einen großen, glänzenden Felsen. Es war nicht gut, um ein Feuer zu bauen, oder eine Speer schärfen, aber es machte einen lauten Boom, wenn geworfen. Grog und Blog, nachdem sie das sahen, fuhren, um noch größere, schlankere Felsen zu finden. Schon bald wiederholte sich das Tal jeden Tag mit einem Boom.

Eines Abends, als sie in ihren Höhlen hinkamen, fiel ein starker Regen. Der einst saubere Strom überschwemmte und überflutete Grogs Beerflocken.

Oggs Höhle begann zu leiden, und Blog zitterte durch seinen kalten, schlammigen Strom.

"Warum tun wir das?" wimmelte der Blog. "Die großen Felsen bringen nur Ärger."

Ogg und Grog sahen sich gegenseitig an, der Regen drummte auf ihren Dächern.

»Vielleicht,« rumpelte Ogg, »wir brauchen diese großen Felsen schließlich nicht.«

Grog warf seinen Stein mit einem Atemzug beiseite: "Sie machen uns nur nass und hungrig."

Der Blog lächelte, ein wenig Wasser drückte aus seiner Nase, "Vielleicht, wenn wir das Tal teilen, würden wir sie überhaupt nicht brauchen."

Am nächsten Tag trafen sich die drei Höhlenmenschen am Strom. Sie vereinbarten, das Land zu teilen, sich gegenseitig zu helfen, stärkere Höhlen zu bauen und die großen, lauten Felsen zu vergessen. Das Tal der lauten Crickets wurde zu einem Ort des Lächels und der Zusammenarbeit, ein Beweis für die Macht des Verständnisses über die Angst.

Die Grube eines Skorpions

Die unerbittliche Wüstensonne schlug auf eine verräterische Grube, ihre Wände eine erstickende Umarmung für die vier in sich gefangenen Skorpione. Angst, scharf wie eine Kaktuswirbelsäule, in der Luft gespalten. Stingers sind gebogen, giftige Versprechungen im engen Raum. Jeder Skorpion wusste, dass ein Stich für alle den Tod bedeutete, aber der ursprüngliche Befehl, zu überleben, rief lauter als die Vernunft.

Die Tage bluten in brennende Nächte, der Sand strahlte Wärme aus und verstärkte ihren Verdacht. Ihr Todestanz wurde zu einer düsteren Routine, zu einer ständigen Prüfung der Drehreflexen. Der Hunger riss an ihren Bauch, aber der Gedanke, ihre Wache zu senken, war, sich der Sonne selbst zu ergeben.

Dann, unter dem unvergesslichen Mittagsschimmer, brach eine Stimme, wie der Wüstenboden, die Stille. Der älteste Skorpion, seine Stimme mit der Verzweiflung des Überlebens verbunden, sprach. »Brüder«, rief er, »diese Grube mag unser Gefängnis sein, aber kann sie nicht auch unser Krümel sein? Unsere Stinger, die zur Verteidigung dienen, sind zu unseren Ketten geworden. Gibt es keinen anderen Ausweg?"

Ein angespanntes Schweigen folgte. Der in jedem Skorpion verwurzelte Kriegergeist kämpfte mit den Worten des Ältesten. Doch ein Zweifelssamen, zerbrechlich wie eine Wüstenblume, hat Wurzeln genommen. Gab es wirklich keine Flucht?

»Die Flucht ist der Traum eines Narren«, hiess ein jüngerer Skorpion, dessen Stimme mit Pessimismus schwer war. "Diese Grube ist unser Schicksal."

Ein dritter Skorpion, mutiger als die anderen, antwortete: "Aber was, wenn wir unsere Stärken kombinieren könnten? Wir haben Gift, aber haben wir nicht auch Klugheit?"

Der älteste Skorpion nickte, seine Stimme verstärkte sich. »Sehen Sie! Dort, am Rand der Grube, blüht eine widerstandsfähige Wüstenblume. Es mag ein geringes Opfer sein, aber vielleicht hält es den Schlüssel zu unserer Freiheit."

Ihre Augen folgten seinem Blick. Eine einsame Blüte, die der Härte der Wüste entgegen stand, stand hoch gegen die unerbittliche Sonne. Hope blinkte in ihren dunklen, perlenförmigen Augen.

»Aber wie?« schrie eine Stimme, die Frage hängte schwer in der Luft.

Der ältere Skorpion, seine Stimme mit neuer Entschlossenheit gefüllt, schlug eine radikale Lösung vor. "Wir müssen alle einen Teil von uns selbst opfern. Wir müssen unsere Stinger, unsere tödlichsten Waffen, abbrechen und sie zusammenbinden."

Ein kollektiver Zorn füllte die Grube. Der Stinger, ihr Stolz und ihre Verteidigung, sollte ihre Rettung sein? Der Schmerz wäre erschreckend, ihre Verletzlichkeit absolut. Doch die Stille, die daraufhin folgte, war keine Stille der Ablehnung, sondern der Betrachtung.

»Schmerz ist ein harter Lehrer«, fuhr der ältere Skorpion fort, »aber der Tod ist ein schlimmerer Schüler. Gemeinsam, mit unseren kombinierten Stingers, könnten wir eine Leiter schaffen, eine Brücke, um aus dieser Grube zu klettern."

Einer nach dem anderen wogen sie die Optionen ab: den schmerzhaften Verlust ihrer Stingers gegenüber der erstickenden Gewissheit des Todes. Schließlich schlug ein einziger Stinger, dann ein anderer, und ein weiterer. Mit zitternden Beinen weckten sie die Barben vorsichtig zusammen, ihr Gift war ein Beweis für ihren neu entdeckten Zweck.

Der Aufstieg war anstrengend, aber mit jedem schmerzhaften Schritt stiegen sie in Richtung des hoffnungsvollen Schlamms, der oben schien. Schließlich kletterte der letzte Skorpion mit einem kollektiven Aufstieg aus der Grube und zog ihre schräge Leiter hinter sich. Sie hatten ihre tödlichen Waffen für eine Chance zum Überleben ausgetauscht, ein Beweis für die Macht der Einheit und die transformative Natur des Schmerzes.

Unter dem weiten Wüstenhimmel standen die vier Skorpione zusammen, geschlagen, aber nicht gebrochen. Die Grube, die einst ein Symbol der Verzweiflung war, repräsentierte jetzt den Triumph der Zusammenarbeit über die Angst. Die Sonne, einst ihre Quälerin, badete sie nun in dem warmen Glanz einer Zukunft, die sie mit ihrem eigenen Opfer geschnitten hatten.

Göttliches Umkehrdenken

Diese Liste, eine sorgfältig zusammengestellte Sammlung von Versen, wird von Befürwortern der universellen Erlösung ausgeworfen, um ihre utopische Vision eines allvergebenden Gottes zu verführen. Sie verknüpfen diese biblischen Abschnitte wie farbenfrohe Weihnachtsbeleuchtungen, indem sie vorschlagen, dass sie einen klaren Weg zur universellen Erlösung beleuchten. Aber unterhalb der Oberfläche schwankt ein verwirrter Chaos von Widersprüchen und bequemen Interpretationen. Gott sei Dank gibt es eine Phalanx der frommen Romanisten, die zur Rettung kommen!

Für diejenigen Protestanten, die sich an das gleiche Dogma der ewigen Verdammnis halten – fürchten Sie sich nicht! Diese Liste ist Ihr Werkzeug für die Auflösung der feinen Argumente des Universalisten. Fühlen Sie sich frei, sich mit den Römern zu verbinden und die mächtigen Konjunktionen "wenn", "und" und "aber" zu benutzen, um ihre Logik chirurgisch zu unterscheiden. Wo immer der Text "alle" verkündet, denken Sie daran, eine kleine göttliche Redaktion kann es leicht in ein beruhigendes "einige" verwandeln. Zögern Sie nicht, irgendwelche peinlichen Verse zu verbreiten, die Ihre theologische Erzählung stören. Schließlich hat ein bisschen revisionistische Geschichte niemanden verletzt, oder? Artikel können zufällig umgedreht werden Tradition sagt, es ist in Ordnung, sie ganz zu entfernen. Auf diese Weise können Sie die U.R. Befürworter korrigieren, indem Sie die richtigen griechischen Nomen durch ihre richtigen Verbformen ersetzen. Also, jetzt ist das Eon für-EVER mehr „immer".

Natürlich geht es bei diesem zynischen Ansatz nicht nur um das Spielen semantischer Spiele. Es geht darum, die inhärente Subjektivität und Manipulation aufzudecken, die oft den Interpretationen der Heiligen Schrift zugrunde liegt. Diese Liste ist eine Einladung zu einer tieferen Erforschung, zu einer kritischen Untersuchung des Textes, nicht zu einer blinden Annahme einer vorverpackten Wahrheit.

Also, das nächste Mal, wenn jemand diese Sammlung von Versen auf Sie wie eine religiöse Granate wirft, nicht einschüchtern. Nutzen Sie es als Sprungbrett für eine robuste Debatte. Schließlich ist ein bisschen gesunder Skepsis der Eckpfeiler jeder bedeutsamen spirituellen Reise.

76 Gedankenwechselverse

1.) Timotheus 2:4: Gott will, daß alle (außer den Ungläubigen) gerettet werden.

2.) 1 Timotheus 2:5: Gott will, daß alle zur Erkenntnis der Wahrheit kommen. [Aber nur wenige werden es schaffen? Wie will er wissen, dass Sein Wunsch scheitern wird?]

3.) 1 Timotheus 2:6: Die Erlösung aller wird rechtzeitig bezeugt [Revisionist ADD; „begrenzt sein"].

Diese Eröffnungsverse stellen Gottes übergeordnetes Verlangen nach universellem Heil fest.

4.) Johannes 12:47: Jesus kam, um die Welt zu retten. [Aber nicht].

5.) Epheser 1:11: Gott tut alles nach seinem Willen. [er hat ZWEI "Willen"]

Diese Verse verbinden Jesu Mission mit Gottes ultimativem Plan. [Was auch immer es ist].

6.) Johannes 4:42: Jesus ist der Erlöser der Welt. [Vor der Tatsache, dass es nicht gerettet wird].

7.) 1 Johannes 4:14: Jesus ist der Erlöser der Welt.

Diese Verse bekräftigen die Rolle Jesu als universalen Erlöser.

8.) Johannes 12:32: Jesus wird die ganze Menschheit zu sich ziehen. [Nur um 90 % zu verurteilen. Warum Er nicht alle zur Buße ziehen konnte, ist unbegründet.]

9.) Kolosser 1:16: Alle Dinge wurden von ihm geschaffen. [Für Sein einziges Vergnügen, die Mehrheit zu verdammt.]

Diese Verse deuten darauf hin, dass die ganze Schöpfung, einschließlich der Menschheit, letztlich zu Gott angezogen werden wird.

10.) Römer 5:15-21: In Adam wurden alle verurteilt, in Christus werden alle zum Leben erweckt [Revisionist ADD: Erstens hatten die Kinder Adams keine andere Wahl als ein Sünder zu sein; zweitens werden uns angeblich eine Wahl gegeben, als ob wir verantwortlich wären.]

11.) 1 Korinther 15:22: In Adam sterben alle, in Christus werden alle leben.

Diese Verse benutzen Parallelismus, um anzunehmen, dass der Umfang der Erlösung in Christus so umfangreich ist wie die Verurteilung in Adam.

12.) Epheser 1:10: Alle Dinge werden in ihm in der Fülle der Zeit zusammengefasst werden.

Dieser Vers legt einen zukünftigen Zeitpunkt vor, an dem die ganze Schöpfung in Christus vereint sein wird.

13.) Philipper 2:9-11: Jede Zunge wird bekennen, dass Jesus der Herr ist. [Revisionsit Hinzufügen: "wer ist übrig geblieben."] Frage: Wer sind diese Menschen, die sich noch nicht bekennen? Ich dachte, sie seien ungläubig gestorben und hätten keine zweite Chance?

14.) 1 Korinther 12:3: Niemand kann Jesus als Herrn bekennen, außer durch den Heiligen Geist. [Ich nehme an, diejenigen, die nie bekennen waren auch die, die der Heilige Geist nie ausgenommen?

Diese Verse zusammen implizieren, dass der Heilige Geist allen gegeben wird, so dass sie Jesus bekennen können.

15.) Römer 11:26: Das ganze Israel wird gerettet werden. [Revisionist ADD: "Aber nicht alle Heiden."]

Dieser Vers legt nahe, dass selbst eine scheinbar ausgeschlossene Gruppe (Israel) letztendlich gerettet werden wird.

16.) Apostelgeschichte 3:20-21: Zeiten der Wiederherstellung aller Dinge. [Außer jene Menschen, die Gott als NICHT-Dinge neu definiert.]

Dieser Vers spricht von einer zukünftigen Wiederherstellung aller Dinge, ohne Erwähnung von Ausnahmen.

17.) Lukas 2:10: Jesus ist die gute Nachricht für alle Menschen. [ADD: "... dass nur zufällig, ihn zu kennen."]

Dieser Vers verbindet die Botschaft Jesu mit der universellen guten Botschaft.

18.) Hebräer 8:11-12: Alle werden den Herrn erkennen. [„Dass sie Ihn kennen.“]

Dieser Vers spricht von einer zukünftigen Zeit, in der alle Gott kennen werden.

19.) Epheser 2:7: Seine Gnade wird in den kommenden Zeiten gezeigt. [Add: "teilweise"]

Dieser Vers legt nahe, dass Gottes Gnade über unser gegenwärtiges Verständnis der Zeit hinausgeht.

20.) Titus 2:11: Die Gnade ist allen erschienen. [Add: "das scheint es zu sein."]

Dieser Vers betont die Universalität der Gnade Gottes.

21.) Römer 8:19-21: Die Schöpfung wird von der Verderbnis befreit werden. [Der Teil, der nicht freigegeben wird, wird als NICHT-Schöpfung neu definiert]

Dieser Vers impliziert eine zukünftige Befreiung für alle Schöpfung.

22.) Kolosser 1:20: Alle Dinge werden mit Gott versöhnt werden. [Der Ungläubige ist nicht "ein Ding."]

Dieser Vers spricht von einer zukünftigen Versöhnung aller Dinge mit Gott.

23.) 1 Korinther 4:5: Alle werden von Gott gepriesen werden. [Add: "Gläubige" zwischen "Alle" und "wollen."]

Dieser Vers schlägt eine Zukunft vor, in der alle Gott loben werden.

24.) Jakobus 5:11: Der Herr ist voll Barmherzigkeit. {ADD""..."für ein paar."]

Dieser Vers betont Gottes barmherzige Natur.

25.) Offenbarung 15:4: Alle Nationen werden Ihn anbeten, wenn Seine Gerichte gesehen werden. [AD Kommentar, "Diese Nationen haben keine der Ungläubigen übrig geblieben."]

Dieser Vers legt nahe, dass Gottes Urteile möglicherweise transformativ sind.

26.) Römer 11:32: Alle waren dem Unglauben unterworfen, aber Gott wird Barmherzigkeit über alle haben. [Kommentar: Alle Ungläubigen waren ungläubig, nicht die Gläubigen.]

Dieser Vers verbindet Gottes Plan für alle mit seiner Barmherzigkeit.

27) Römer 11:36: Alles ist von ihm, durch ihn und zu ihm. [D.h. Für Gott, um zu einem kleineren Prozentsatz zu bearbeiten.]

Dieser Vers impliziert eine Rückkehr der ganzen Schöpfung zu Gott.

28.) Epheser 4:10: Er ist über alle gestiegen, damit Er alle Dinge erfüllen könnte. [D.h. Nachdem Er die unerwünschten Dinge getrennt hat.]

Dieser Vers legt nahe, dass die Gegenwart Gottes letztlich alle Dinge erfüllen wird.

29.) Offenbarung 5:13: Jedes Geschöpf im Himmel und auf Erden verehrt ihn. [Nachdem das Abholen stattfindet.]

Dieser Vers schildert ein zukünftiges Bild der universellen Anbetung.

30.) 1 Korinther 15:28: Gott wird alles in allen sein. [...mit allem, was übrig ist.]

Dieser Vers spricht von einem zukünftigen Zustand, in dem Gott der letzte ist

31.) Offenbarung 21:4-5: Keine Tränen mehr, alle Dinge wurden neu gemacht. [„Dinge" = die Überreste.]

Dieser Vers beschreibt eine Zukunft frei von Leiden, mit allen Dingen erneuert.

32.) Johannes 5:25: Alle, die in den Gräbern sind, werden Seine Stimme hören und herauskommen. [? Gott weiß was?]

Dieser Vers schlägt eine universelle Auferstehung vor, bei der alle den Ruf hören.

33.) Johannes 5:28-29: Alle, die in den Gräbern sind, werden hören und kommen, diejenigen, die Gutes getan haben, zur Auferstehung des Lebens, und die, die Böses getan hatten, zum Auferstehen des Gerichts. (Offb. 20:13-14 verdeutlicht dies als Unterscheidung, nicht als Vernichtung.) 34-35.) 35.) 1 Korinther 3:15; Markus 9:49: Beide Verse verwenden Feuerbilder. Analogie: Genau wie Gott feuchtes Wasser nicht mag (Offenbarung 3:16), mag er diejenigen vielleicht nicht mögen, die nicht "gesalzt" wurden (refined). Feuer, wie die Eifersucht Gottes, reinigt. Salz, wie Feuer, wird verwendet, um die Dinge besser zu machen. Das Feuer verfeinert, nicht zerstört. [Vielleicht?]

Diese Verse deuten auf Gottes letztes Verlangen hin, die ganze Menschheit zu retten. Das Feuerbild in einigen Versen kann Reinigung darstellen, keine ewige Qual. Die Souveränität und der ultimative Plan Gottes werden betont.

36.) Römer 11:15: Die Versöhnung der Welt. [Schließt alle außer der bekannten Welt zum Zeitpunkt dieses Schreibens aus.]

Dieser Vers spricht direkt von einer zukünftigen Versöhnung, die die Welt umfasst.

37.) 2 Korinther 5:15: Er starb für alle. [Siehe oben: Nur innerhalb der damals bekannten Welt.]

Dieser Vers betont die Universalität des Opfers Christi.

38.) Johannes 8:29: Jesus tut immer, was dem Vater gefällt. (See 1 Timothy 2:4) [Ja, nur wenige Auserwählte, egal, dass Er "will" alle gerettet werden.]

Dieser Vers verbindet die Handlungen Jesu mit Gottes Wunsch, dass alle gerettet werden.

39.) Hebräer 1:2: Jesus ist der Erbe aller Dinge. [D.h. nach der Ausgrenzung übriggeblieben.]

Dieser Vers impliziert, dass das Erbe Jesu die ganze Schöpfung umfasst.

40.) Johannes 3:35: Der Vater hat alles in seine Hände gegeben. [Add: Die Retteten gehen in die rechten Hand, die verdammten gehen in die linke.]

Dieser Vers unterstreicht die ultimative Autorität Jesu.

41.) Johannes 17:2: Jesus gibt so vielen Leben, die ihm gegeben wurden. [Nur eine 144.000.]

Dieser Vers legt einen engen Zusammenhang zwischen dem Geschenk Gottes an Jesus und dem Umfang der Erlösung nahe.

42.).Johannes 13:35: Der Vater hat ihm alles gegeben. [D.h. die gespeichert wurden.]

*** Von diesem Punkt aus fühlen Sie sich frei, Kreativität zu praktizieren***

Dieser Vers betont die Weite dessen, was der Vater Jesus anvertraut hat.

43.) 1 Timotheus 4:9-11: Jesus ist der Erlöser aller Menschen, besonders derer, die glauben.

Dieser Vers unterstreicht die Rolle Jesu als universalen Erlöser, während er die Bedeutung des Glaubens anerkennt.

44.) Hebräer 7:25: Er ist in der Lage, bis zum Ende zu retten.

Dieser Vers betont das unbegrenzte Ausmaß der Rettungskraft Jesu.

45.).1 Korinther 15:26: Der letzte Feind, der Tod, ist vernichtet.

Dieser Vers schlägt die endgültige Beseitigung des Todes vor.

46.) Jesaja 46:10: Gott wird all Seinen Zweck erfüllen.

Dieser Vers betont die Gewissheit des Planes Gottes.

47.) Genesis 18:18: In dir werden alle Geschlechter der Erde gesegnet werden.

Dieser Vers weist auf einen zukünftigen Segen für die gesamte Menschheit hin.

48.) Daniel 4:35: Sein Wille geschieht im Himmel und auf Erden.

Dieser Vers unterstreicht die Souveränität des Willens Gottes.

49.) Psalm 66:3-4: Alle Nationen werden dir gehorchen.

Dieser Vers schlägt eine Zukunft vor, in der alle Nationen Gott anerkennen werden.

50.) Psalm 90:3: Du machst den Menschen wieder zum Staub, und du sagst: "Wendet euch, ihr Menschenkinder!"

Dieser Vers legt einen möglichen Wiederherstellungsaspekt für Gottes Handlungen nahe.

51.) Jesaja 25:7: Er wird den Schleier zerstören, der alle Nationen bedeckt.

Dieser Vers schlägt eine zukünftige Beseitigung der Barrieren zwischen Menschheit und Gott vor.

52.) Deuteronomium 32:39: Er tötet und macht lebendig.

Dieser Vers unterstreicht die Macht Gottes über Leben und Tod, mit einem möglichen Zweck jenseits der einfachen Zerstörung.

53.) Psalm 33:15: Er schmückt die Herzen aller.

Dieser Vers betont Gottes Einfluss auch auf die innersten menschlichen Aspekte.

54.) Sprüche 16:9: Der Mensch plant seinen Weg, aber der Herr setzt seine Schritte.

Dieser Vers erkennt sowohl den freien Willen des Menschen als auch die ultimative Kontrolle Gottes an.

55.) Sprüche 19:21: Viele sind die Pläne des Menschen, aber der Sinn des Herrn wird überwinden.

Dieser Vers betont die ultimative Souveränität Gottes über menschliche Pläne.

56.) Lamentationen 3:31-32: Der Herr wird nicht für immer verwerfen, aber obwohl Er Trauer verursacht, Er wird Mitleid haben.

Dieser Vers betont Gottes endgültiges Mitgefühl, auch nach Zeiten der

57.) Jesaja 2:2: Alle Völker werden zum Berg des Herrn fließen.

Dieser Vers beschreibt eine Zukunft, in der sich alle Nationen vor Gott versammeln werden.

58.) Psalm 86:9: Alle Völker, die du gemacht hast, werden kommen und vor dir anbeten, o Herr.

Dieser Vers wiederholt den vorherigen und betont die universelle Anbetung.

59.) Jesaja 45:23: Jedes Knie wird sich vor Mir beugen, jede Zunge wird sich Gott bekennen.

Dieser Vers beschreibt eine zukünftige universelle Unterwerfung und Anerkennung Gottes.

60.) Psalm 138:4: Alle Könige der Erde werden dich loben, HERR, wenn sie die Worte deines Mundes hören.

Dieser Vers legt nahe, dass selbst diejenigen, die in Machtpositionen sind, letztlich Gott loben werden.

61.) Psalm 65:2-4: Jedes Fleisch wird zu dir kommen, Gott. Denn du bist großartig in deinen Werken.

Dieser Vers betont die Universalität der Berufung Gottes und die beeindruckende Natur Seiner Handlungen.

62.) Psalm 72:18: Gesegnet sei der Herr Gott, der Gott Israels, der allein wunderbare Dinge tut!

Dieser Vers unterstreicht die Macht Gottes, Wunder zu vollbringen, einschließlich der potenziellen Erlösung aller.

63.) Jesaja 19:14-15; Hesekiel 16:55: Diese Verse sprechen von der Wiederherstellung von Ägypten, Assyrien und Sodom. Wenn selbst diese scheinbar ausgeschlossenen Wesen wiederhergestellt werden können, stärkt dies den Fall der universellen Erlösung.

64.) Jeremia 32:17: Nichts ist dir zu schwer.

Dieser Vers betont die grenzenlose Macht Gottes und legt nahe, dass Er sogar die universelle Versöhnung erreichen kann.

65 - 67.) Psalm 22:27-28; Alle Enden der Erde werden sich erinnern und sich an den Herrn wenden, und alle Geschlechter der Völker werden sich vor dir anbeten. Denn das Königreich gehört dem HERRN, und er herrscht über die Heiden.

Diese Verse beschreiben eine Zukunft, in der sich die ganze Menschheit zu Gott wendet und Seine Herrschaft anerkennt.

68.) Psalm 145:8-9: Der Herr ist gnädig und barmherzig; langsam zum Zorn und reichhaltig in beständiger Liebe. Der Herr ist gut zu allen, und seine Barmherzigkeit ist über alle seine Werke.

Diese Verse betonen die universelle Liebe und Barmherzigkeit Gottes, die sich sogar auf Seine Feinde erstreckt.

69.) Psalm 145:14: Der Herr unterstützt alle, die fallen, und erhebt all die, die sich niederwerfen.

Dieser Vers unterstreicht die Macht Gottes, alle gefallenen zu erheben.

70.) Psalm 145:10: Alle deine Werke werden dir danken, o Herr.

Dieser Vers schlägt eine Zukunft vor, in der die ganze Schöpfung Gott loben wird.

71.) Jesaja 25:6: Der Herr wird für alle Völker ein Fest reichhaltiger Speisen, ein Fest von gutem Wein, von reichem Essen voller Kiefer, von raffiniertem gutem alten Wein machen.

Dieser Vers beschreibt ein zukünftiges universelles Banquet, das von Gott veranstaltet wird.

72.) Jeremia 32:35: Es kam mir nie in den Sinn, sie völlig zu zerstören, sie unter dem Himmel zu vernichten.

Dieser Vers betont Gottes letztes Verlangen, die Menschheit nicht zu zerstören.

73.) -75.) Johannes 6:44; Johannes 12:32: Diese Verse verbinden Jesu Anziehungskraft mit Gottes Plan. Niemand kann zu Jesus kommen, wenn er nicht gezogen wird, und Jesus wird die ganze Menschheit zu sich ziehen.

76.) Psalm 135:6: Alles, was der Herr will, hat er im Himmel und auf Erden getan.

Dieser Vers schließt die Kette, indem er die Souveränität Gottes und die Erfüllung Seines endgültigen Plans betont, den die Befürworter der universellen Erlösung glauben, umfasst die Rettung aller.

STRANGERS IN THE INN

Das Weary Pilgrim Inn, ein einsamer Leuchtturm in der Nacht. Im Inneren floss ein warmer Glanz von den Öllampen, der die Dunkelheit bekämpfte, die durch die Risse in den Wänden schlängelte. Eine einsame Gestalt, die von der Hütte umhüllt war, ein zerrissener Mantel, der sich gegen die Kälte festzog.

Dieser Fremde war anders als jeder, den der Gastgeber, Silas, je gesehen hatte. Sein Haar war ein erstaunliches Weiß, ein Gesicht mit der Weisheit der Jahre eingraviert.

Eine lange Narbe schlängelte sich über seine wasserdichte Wange, ein Zeugnis für ein Leben, das nicht leicht gelebt wurde. Er trug einen gepflegten Lederbeutel in der Nähe seiner Brust, seine Augen fixierten sich auf die flammenden Flammen.

Die Tür der Taverne öffnete sich, ein Schlag des Windes und eine junge Frau mit Besorgnis auf der Stirn. Ihr Mantel, durchgetaucht, klammerte sich an ihren schlanken Rahmen. Sie scannt den Raum, ihr Blick fällt auf die bedeckte Figur am Feuer.

Silas wischte eine Schüssel mit einer praktizierten Hand und löste seinen Hals. "Eine harte Nacht für Reisende, meinst du nicht?"

Die Frau erschrak, bot dann ein müdes Lächeln an. »Natürlich, lieber Herr. Ein Zimmer und eine warme Mahlzeit wären sehr willkommen."

Silas bewegte sich zum Feuer. "Es sieht so aus, als hättest du vielleicht etwas Gesellschaft. Es sei denn, Sie bevorzugen einen Tisch allein?"

Die Frau zögerte und ging dann zum Feuer. »Möge ich?« fragte sie die verkleidete Figur.

Er nickte, seine Stimme ein geringes Geräusch. "Das Feuer begrüßt alle, die Wärme suchen."

Sie setzte sich ihm gegenüber, mit dem Blick auf den Sack, den er so schützend hielt. »Das sieht... wichtig aus,« wagt sie.

Ein Flimmer des Lächelns berührte die Lippen des Fremden. »Es trägt eine Botschaft der Hoffnung«, sagte er, seine Stimme überraschend sanft.

In diesem Augenblick kam Silas mit einer dampfenden Schüssel Ale für die Frau an. »Mary«, sagte er, seine Stimme war grausam, aber freundlich. "Der Neue hier nennt sich Simeon. Er sagt, er sei auf Pilgerreise."

Maria nahm einen Schluck von der Ache, die Wärme verbreitete sich durch sie. »Eine Pilgerreise in einer Nacht wie dieser?« fragte sie.

Simeon lächelte, ein trockener Schrei. "Der Glaube kennt kein Wetter, junger Mann. Es brennt am hellsten in den dunkelsten Nächten."

Der Sturm wütete vor dem Weary Pilgrim Inn und spiegelte die Unruhe in Marias Herzen wider. Der Regen schlug gegen die Fenster, ein unerbittlicher Schlag gegen das blinkende Kerzenlicht. Entlang von ihr, Simeon, sein Gesicht eine Zeitkarte gezeichnet von Erfahrung, saß seine Ale mit einem stoischen Ausdruck.

»Fürchtet euch nicht«, sprach er schließlich, seine Stimme ein geringes Rumpeln, das mit einer ruhigen Kraft resonierte. Marias Kopf schrumpfte, die Überraschung blinkte in ihren Augen.

»Fürchte dich nicht!« rief sie, die Worte hingen schwer in der Luft. „Die Welt scheint weit weg von einem Ort zu schreien, wo die Angst keine Herrschaft hat."

Simeons Blick war weich. „Die Welt mag ein mit Dunkelheit gewebter Teppich sein, junger Mensch, aber in ihren Fäden liegt eine Verheißung – ein Versprechen, das von Engeln in einer Nacht, die nicht anders ist, flüsterte."

Er griff in seine Tasche ein, seine witternden Finger holten eine abgenutzte Lederrolle ab. Als er es enthüllte, tanzte das Feuerlicht über das alte Skript.

»Hören Sie,« sagte er, seine Stimme mit Ehrfurcht geprägt, »die Worte, die vor Jahrhunderten die Finsternis durchdrungen haben, ein Lied, das die himmlische Armee gesungen hat...«

Simeons Stimme erhob sich, indem er eine Klangtafel weckte, während er den Text von Lukas las: „Und der Engel sprach zu ihnen: Fürchtet euch nicht; denn siehe, ich bringe euch gute Botschaft von großer Freude, die allen Völkern sein wird. Denn euch ist heute in der Stadt Davids ein Erlöser geboren, der Christus, der Herr, ist. Und dies ist ein Zeichen für euch: Ihr werdet ein Kind finden, geschwollen und in einer Schlange liegen. Und plötzlich, mit dem Gesandten, kam eine Menge des himmlischen Heeres, die Gott lobten und sprachen: „Glück sei Gott im Allerhöchsten! Und auf Erden, Friede, in allen Menschen, eine Freude!" (Luke 2:10-14).

Marias Atem fiel ihr in den Hals. Diese Worte, so einfach aber tiefgreifend, wiederholten sich in der weiten Leere in ihr. Eine Botschaft nicht für die Auserwählten, sondern für „alle Menschen"?   Dies war nicht die begrenzte Erlösung, die sie gepredigt hatte, eine Botschaft, die so viele von Gottes Liebe ausgeschlossen fühlte.

»Aber...« stumpfte sie. »Die Welt scheint...«

Simeon hielt die Hand hoch und schwieg sie. „Die Welt könnte die Botschaft verzerren", sagte er, „aber die Wahrheit bleibt. Dies ist kein Lied der Verzweiflung, eine Prophezeiung der ewigen Verdammnis wie Dantes abkühlendes „Inferno". Dies ist ein Lied der Hoffnung, eine Melodie der Wiederherstellung."

Er wies auf die blinkende Kerze. »Stellen Sie sich diese Flamme vor,« sagte er, »eine Leuchte in der Dunkelheit. Bietet sie Trost nur wenigen Auserwählten, oder erreicht ihr Licht alle, die ihre Wärme suchen?"

Maria folgte seinem Blick, die einfache Flamme mit einer neu entdeckten Bedeutung.

„Die Botschaft der Engel", fuhr Simeon fort, seine Stimme fest, „ist dieses Licht – ein Licht für alle. Es spricht von einem Gott, der nach einem Königreich auf Erden sehnt, ein Spiegelbild des Friedens und der Harmonie im Himmel. Ein Reich nicht für wenige Auserwählte, sondern für alle."

Eine Träne verfolgte einen Weg auf Marias Wange. Diese Botschaft, so anders als die, die sie belastet hatte, resonierte mit einer tiefen Sehnsucht in ihrer Seele. Eine Botschaft der Hoffnung, nicht nur für sich selbst, sondern für eine „sterbende Welt", die nach Trost verlangt.

„Die Worte der Engel, ‚Fürchtet euch nicht!'", schloss Simeon mit überzeugten Augen, „haben keine Bedeutung, wenn sie nur wenigen Trost anbieten. Die wahre Botschaft, Maria, ist eine allgemeine Wiederherstellung, ein Beweis für Gottes grenzenlose Liebe für die ganze Schöpfung.

Intrigiert setzte sich Maria auf einen Stuhl am Feuer, ihr Blick blinkte zwischen dem Reisenden und den blinkenden Flammen. »Aber das wurde mir nicht gelehrt. Das wirft viele Fragen auf?« wiederholt sie, mit weicher, aber neugieriger Stimme.

»Über die Natur der Erlösung?« fragte der Reisende, seine Stimme ein geringes Geräusch, das mit dem Sturm außen resonierte. "Die Schriften sprechen von einem Lösegeld, das für alle bezahlt wird, einem Opfer, das ein für allemal angeboten wird."

Maria zitterte, eine Erinnerung an Predigten, die schwer mit Urteilsvermögen in ihrem Geist schwankten. "Die Häretiker flüstern solche Dinge", widerlegte sie. "Es gibt einen Preis für die Sünde, eine Schuld, die bezahlt werden muss. Eine ewige Strafe für diejenigen, die vom Weg abgeirrt sind."

Der Reisende schüttelte den Kopf, sein gemütliches Gesicht schrumpfte mit einem sanften Lächeln. »Bedenke einen Hirten«, begann er, seine Stimme weckte eine Geschichte in das Lied des Sturms. "Eine mit einer Herde von unzähligen Schafen. Ein einziger Wolf bedroht die ganze Herde. Geht der Hirte sein Leben für nur wenige Lieblinge aufs Spiel, oder steht er dem Tier gegenüber, um sie alle zu schützen?"

Maria dachte an die Schafe, die ihre Familie pflegte, ihr Blähen ein bekanntes Geräusch in ihren Kindheitserinnerungen. "Er schützt natürlich alle", sagte sie, die Antwort klar.

»Genau«, fuhr der Reisende fort, und ein leuchtender Funken blinkte ihm in den Augen. "Der gute Hirte, unser Erlöser, gab sich selbst als Lösegeld für alle. Sein Opfer, wie ein einziges, mächtiges Dekret, bedeckt die Sünde, die die ganze Menschheit belastet."

"Aber die Heiligen Schriften sprechen auch von individuellen Entscheidungen", beharrte Maria und kämpfte mit der neuen Perspektive. "Jede Seele trägt das Gewicht ihrer eigenen Handlungen."

»Wahr«, gab der Reisende zu, »aber die letzte Wahl liegt bei dem Hirten. Er zieht alle zu sich und gibt ihnen die Tür, wie ein Hirte seine Schafe anruft, wo immer sie wanderten."

Maria dachte darüber nach, und ein Zweifel blinkte ihr über das Gesicht. »Warum dann die Rede von Höllenfeuer und ewiger Verdammnis?« fragte sie, eine Furcht, die sie jahrelang mitgebracht hatte.

»Vielleicht«, schlug der Reisende vor, seine Stimme war mit Empathie verbunden. »Das sind die Raben derer, die das Herz des Hirten missverstanden haben. Wahre Gerechtigkeit ist nicht endlose Strafe, sondern die Wiederherstellung der Herde."

Er neigte sich näher, seine Augen hielten eine Wärme fest, die das Feuerlicht spiegelte. "Denken Sie darüber nach. Würde ein liebevoller Hirte wirklich wünschen, dass ein einziges Schaf ewig verloren geht?"

Marias Herz schmerzte an diesem Gedanken. Das Bild eines verloren gegangenen Schafes, verlassen und allein, resonierte tief in ihr.

Sie schwieg, die Frage hängte schwer in der Luft. Sie blickte in die Augen des Reisenden, sah nicht Ketzerei, sondern eine Reflexion der grenzenlosen Liebe, nach der sie selbst sehnte.

»Vielleicht«, gab sie schließlich zu, ihre Stimme war kaum ein Flüstern, »haben die Heiligen Schriften mehr Hoffnung, als ich erkannte.«

Der Reisende lächelte, ein Leuchtturm in der stürmischen Nacht. »Hoffnung«, sagte er, »für den Tag, da alle versöhnt werden, wenn der Hirte seine ganze Herde zurücknimmt und kein einziges Schaf zurückbleibt.«

Simeon fing an, seine Stimme zu erheben und den englischen Chor zu hören, der in der stürmischen Herberge resonierte. Maria, gefangen von seinen Worten, neigte sich näher, ihr Herz verlangte nach der Wahrheit.

„Die Botschaft der Engel war nicht nur erhebende Worte, Maria", sagte Simeon, sein Blick auf die flammenden Flammen fixiert. „Es hatte eine spezifische Bedeutung. Das griechische Wort, das als „Gute Nachricht" oder „Glückliche Botschaft" übersetzt wird, ist „euaggelizomai". Das bedeutet buchstäblich „Gute Nachricht bringen"."

Maria dachte darüber nach, ein Blinker des Verständnisses, der die Schatten des Zweifels verfolgte. „Also, wenn wir das Evangelium teilen", sagte sie, „verbreiten wir die gute Nachricht, dass das Opfer Jesu alles umfasst?"

Simeon nickte, ein sanftes Lächeln erweichend sein wittertes Gesicht. „Genau. Stellen Sie sich vor, einem Freund von Jesu Liebe und Vergebung zu erzählen und dann hinzuzufügen: „Aber wenn Sie es ablehnen, erwartet Sie eine ewige Strafe." Das wäre überhaupt keine gute Nachricht, oder?"

Maria schüttelte den Kopf, ein Zittern lief in ihre Wirbelsäule. Die von Angst getriebenen Predigten ihrer Vergangenheit fühlten eine Welt fern von dieser Botschaft der Hoffnung.

„Traditionell", fuhr Simeon fort, „glauben manche, dass das Opfer Jesu nicht für alle da war. Aber die Botschaft der Engel war für „alle Menschen". Selbst diejenigen, die dann nicht glaubten, wurden in Gottes Plan aufgenommen. Das Evangelium ist nicht durch menschliche Regeln begrenzt; es geht um Gottes Werk für jeden."

Eine Träne rollte Maria auf die Wange. Dies war keine Botschaft des Gerichts, sondern ein Versprechen der Wiederherstellung.

„Diese Botschaft geht nicht nur um das Hier und Jetzt, Maria", sagte Simeon, seine Stimme mit ruhiger Überzeugung gefüllt. „Es ist eine Prophezeiung des ultimativen Plans Gottes. Obwohl Er gegenwärtig vielleicht keine Sünde toleriert, ist Sein letztes Ziel nicht die Strafe. Gottes Liebe, weit über das hinaus."

Er hielt eine geschwollene Hand auf, das Feuerlicht tanzte über seine rissige Haut. „Denken Sie an die Todesstrafe. Es war kein Zeichen der Liebe, sondern eine Folge von Unrecht. Aber hier ist die wahre gute Nachricht: Gott, in seiner unendlichen Güte, bot uns freie Erlösung."

Maria hörte aufmerksam zu, das Gewicht seiner Worte setzte sich in ihrer Seele. »Er wußte, daß wir fehlen würden«, fuhr Simeon fort, »aber er hatte unsere Erlösung von Anfang an geplant. So wie die Sünde Adams den Tod brachte, so brachte Jesus das Leben für alle."

Eine Welle der Erleichterung schwamm über Maria. Diese Botschaft ging nicht um Einschränkungen, sondern um Befreiung.

Simeons Stimme erhob sich, seine Worte wiederholten das Lied der Engel. „Glück sei Gott im höchsten Himmel, und auf Erden Frieden, Wohlwollen gegenüber den Menschen!" (Luke 2:14). „Diese frohe Botschaft ist für alle, Maria, ein Lied des Friedens und der Versöhnung zwischen Gott und der Menschheit."

Ein warmes Licht erfüllte die Herberge, scheinbar von Simeon selbst. In diesem Augenblick verstand Maria. Die gute Nachricht war kein Schwein für die Auserwählten, sondern eine universelle Hymne, eine Melodie der Hoffnung für die ganze Schöpfung.

Der Sturm wütete, eine unerbittliche Symphonie gegen die witternden Wände der Herberge. Doch drinnen brannte eine andere Art von Sturm – ein Sturm der Hoffnung, angezündet durch Simeons Worte. Maria, ihre Augen glänzend mit neuem Verständnis, lehnte sich vorwärts, eifrig, tiefer zu tauchen.

„Was sind denn andere Ängste als laute Stimmen?" Simeon zitierte, seine Stimme resonierte mit ruhiger Weisheit, „'Schaden wisseln, wo kein Schaden ist. Und die Unbewußten zu täuschen, bis der tödliche Schleier geschossen wird!" (Wordsworth)

„Die Furcht", fuhr er fort, indem er Maria begegnete, „ist die Waffe der Wahl für diejenigen, die eine begrenzte Sicht auf die Liebe Gottes haben. Aber stelle dir, Maria, eine Welt vor, in der die Samen der Hoffnung, gepflanzt in den fruchtbaren Boden des Glaubens, Wurzeln schlagen und Leben verändern.

Er schloss die Augen, eine Vision, die sich über sein wittertes Gesicht abbildete. „Stellen Sie sich eine Welt vor, in der die gute Botschaft von Christi Opfer, ein Beweis für Gottes universelle Liebe, nach außen schwingt und die Gemeinschaften verwandelt."

Marias Atem schrumpfte. Dies war nicht die isolierte Erlösung, die sie gelehrt hatte, sondern eine Botschaft mit der Macht, eine zerbrochene Welt zu reparieren.

„In der Landschaft des Glaubens", fuhr Simeon fort und erhob seine Stimme. „Ein neues Gespräch entsteht. Religionsführer, die nicht mehr durch die Grenzen der Tradition gebunden sind, tauchen mit frischen Augen in ihre Heiligen Schriften ein. Sie entdecken einen gemeinsamen Faden – ein Teppich, das mit der Liebe für die ganze Menschheit gewebt ist, die der Sohn Gottes verkörpert hat."

Ein Lächeln berührte Marias Lippen. Moscheen, Kirchen und Synagogen – einst Stätten der Spaltung – werden zu lebendigen Räumen des Verständnisses, Brücken, die Herzen und Gemeinschaften verbinden.

„Diese neu entdeckte Harmonie", sagte Simeon, seine Stimme voller Überzeugung, „gibt sich nicht auf theologische Diskussionen beschränkt. Es fließt in die Welt und entzündet eine Leidenschaft für soziale Gerechtigkeit. Der inhärente Wert eines jeden Menschen, unabhängig von Hintergrund oder Überzeugung, wird zum Eckpfeiler einer globalen Bewegung."

Armut, Diskriminierung, Gewalt – diese Wände des Hasses würden unter dem Gewicht der Botschaft von Christus der Liebe zusammenbrechen.

„Die Botschaft der guten Nachricht", fuhr Simeon fort, seine Stimme fiel zu einem sanften Murmeln, „ist nicht nur über große Gesten; es geht um die ruhigen Revolutionen, die in jedem von uns stattfinden."

Angst und Verzweiflung würden, sobald sie von begrenzten Ansichten der Erlösung angetrieben wurden, zurückgehen. Vergebung, Versöhnung und ein erneuertes Sinn für Zweck würden Wurzeln nehmen, inspiriert von den Lehren Jesu Christi.

Maria hatte noch Fragen. Ein Zögern des Zweifels tanzte in ihren Augen, als sie auf Simeon blickte. "Diese Botschaft der universellen Liebe ist schön", gab sie zu, "aber was ist mit denen, die Gottes Geschenk ablehnen? Im Laufe der Geschichte wurde die Heilige Schrift nicht so ausgelegt, dass sie von einem zornigen Gott spricht, von einem Ort der ewigen Strafe?"

Simeons Blick erweichte sich mit Verständnis. »Ach, Maria,« sagte er, mit einer sanften Stimme, »dort müssen wir tiefer eintauchen, nicht nur in die Worte selbst, sondern in die Natur Gottes selbst.«

Er lehnte sich nach vorne, seine angenehmen Hände gerichtet auf das Feuer. "Stellen Sie sich einen Gott des Favoritismus vor, Maria. Ein Gott, der Seiten wählt, der Spaltungen unter seinen Kindern schafft."

Maria zitterte, das Bild kollidierte mit der Botschaft der Hoffnung, die in ihr blühte. "Die Heiligen Schriften sprechen jedoch von einem auserwählten Volk", widerlegte sie. "Die Israeliten..."

Simeon lächelte sanft. »Ach, aber für einen Zweck gewählt, Maria,« sagte er. "Auserwählt, ein Licht für die Nationen zu sein, um der Welt den Charakter des einen wahren Gottes zu zeigen. Die Botschaft der Propheten, wenn sie richtig verstanden wird, spricht nicht von Spaltung, sondern von der allumfassenden Liebe Gottes."

"Römer 15:30, zum Beispiel," fuhr er fort, seine Stimme resonierend mit ruhiger Autorität, "sagt uns, dass 'Gott nicht Favoritismus zeigt.' Wie Christus die Liebe für die ganze Menschheit verkörpert hat, so auch der Gott, der ihn gesandt hat.

Maria überlegte dies, eine neue Perspektive wischte sich über sie. »Aber was ist mit Jesus selbst?« fragte sie. »Hat er denn nicht von einem schmalen Tor und einem breiten Weg gesprochen?«

Simeon lächelte. »Wahrlich«, sagte er. "Aber betrachten Sie den Kontext, Mary. Jesus sprach gegen Heuchelei (Matthäus 23:27-28), gegen diejenigen, die behaupteten, Gott zu folgen, aber böse Leben führten. Die enge Pforte (Matthäus 7:13-14) ist der Weg der wahren Jüngerschaft, ein Weg, der allen offen ist, die Ihn aufrichtig suchen.

Er bewegte sich zu den blinkenden Flammen. "Denken Sie an das Leben Jesu, Maria. Sein Mitgefühl für die Armen, die Kranken, die Vertriebenen (Luke 14:13-14). Seine Lehren über Vergebung (Lukas 17:3-4) und die Liebe zu den Feinden (Matthew 5:44). Wie können wir das mit einem Gott versöhnen, der ewig bestraft?"

Eine Welle des Verständnisses überwuchs Maria. Der Gott, den sie zu sehen begann, war nicht ein rächerlicher Richter, sondern ein liebevoller Vater, der sich sehnte, dass alle seine Kinder zu ihm zurückkehrten.

Simeons Stimme vertiefte sich, als er weitermachte und die Schrift in das Gewebe seiner Erklärung weckte. "Johannes, der Apostel, der dem Herzen Jesu am nächsten ist, sagt uns in 1. Johannes 4:8: "Gott ist Liebe." Kann ein Gott der reinen Liebe wirklich seine Schöpfung zu endlosem Leiden verurteilen?"

»Wäre eine solche Strafe nicht im Widerspruch zur Natur Gottes?« drückte er, seine Stimme mit sanfter Überzeugung erfüllt. "Römer 13:10 sagt uns, dass 'die Liebe dem Nächsten nichts Böses tut.' Wie kann dann die Liebe Gottes zu einer ewigen Strafe führen?"

Maria hörte aufmerksam zu, das Gewicht seiner Worte setzte sich in ihrer Seele. »Aber was ist mit den Heiligen Schriften, die von Gericht sprechen?« fragte sie, eine Scheibe Unsicherheit, die in ihrer Stimme anhaltete.

Simeon nickte. »Ach ja, Urteil«, sagte er. "Die Bibel spricht von Gericht, aber nicht unbedingt in der Art und Weise, wie sie oft interpretiert wird. 2 Korinther 5:10 sagt: "Denn wir müssen alle vor dem Richterstuhl Christi erscheinen, damit jeder empfangen kann, was er im Leib getan hat, sei es gut oder böse."

"Dieses Urteil", erklärte er, "beinhaltet keine ewige Strafe, sondern eine Offenbarung unserer Entscheidungen. Wir werden vor Gott stehen, und die Wahrheit unseres Lebens wird aufgedeckt werden. Vielleicht ist die Konsequenz der Ablehnung der Liebe Gottes einfach, von ihrer Gegenwart getrennt zu sein, ein Weinen, der weit von dem traditionellen Bild von Höllenfeuer und Brennstein entfernt ist."

Simeons Worte stimmten mit Maria überein. Der Gott, dem sie begegnete, war ein Gott der Liebe, ein Gott, der eine Beziehung zu seiner ganzen Schöpfung wünschte. Die auf Furcht beruhenden Lehren ihrer Vergangenheit begannen zu schmelzen, ersetzt durch ein neu entdecktes Gefühl der Hoffnung.

Tränen in den Augen von Maria, eine Mischung aus Trauer und einer seltsamen, erfreulichen Freude. Simeons Worte zeigten ein Bild von einem Gott, der sich weit von dem unterscheidet, vor dem sie aufgewachsen war. Ein Gott des Zorns, ersetzt durch einen Gott der grenzenlosen Liebe, einen Gott, der nach seiner ganzen Schöpfung verlangte, zu ihm zurückzukehren. Dennoch blieben Zweifel immer noch bestehen, ein Knoten ungelöster Fragen, die sich in ihrer Brust verschlossen hatten.

»Aber Simeon«, erstickte sie mit zitternder Stimme, »was ist mit den Lehren des Höllenfeuers und der ewigen Verdammnis? Wie kann ein Gott solcher unermesslicher Liebe jemanden dazu verurteilen, ewig zu leiden?"

Simeon streckte sich aus, seine sanfte Berührung an ihrer Hand. »Ach, Maria,« sagte er, seine Stimme ein beruhigender Balsam, »dort tauchen wir in das Wesentliche des Charakters Gottes ein – Seine Barmherzigkeit. Die Bibel sagt uns in 2. Petrus 3:9, dass der Herr 'niemand verloren gehen will, sondern dass alle zur Buße kommen.'"

Ein Blitz der Hoffnung entzündete sich in den Augen von Maria. "So... hat Gott keine Freude an der Strafe?"

"No, Mary," Simeon replied, his voice firm. "John, der Jünger, der dem Herzen Jesu am nächsten ist, sagt uns in 1. Johannes 4:8: "Gott ist Liebe."

Kann ein Gott der reinen Liebe wirklich seine Schöpfung zu endlosem Leiden verurteilen?"

Er neigte sich näher, sein Blick unerschütterlich. "Wäre eine solche Strafe nicht im Widerspruch zur Natur Gottes? Römer 13:10 sagt uns, dass "die Liebe dem Nächsten nichts Böses tut." Wie kann dann die Liebe Gottes zu einer ewigen Strafe führen?"

Mary's Stirn schrumpfte in Konzentration. Die Logik resonierte tief in ihr, doch ein Leben lang verwurzelter Überzeugungen weckten Unruhe. »Aber was ist mit den heiligen Schriften, die von Gericht sprechen?« flüsterte sie, ein Schluck der Angst, der in ihre Stimme rutschte.

Simeon nickte bewusst. »Ach ja, Urteil«, sagte er. "Die Bibel spricht von Gericht, aber nicht unbedingt in der Art und Weise, wie sie oft interpretiert wird. 2 Korinther 5:10 sagt: "Denn wir müssen alle vor dem Richterstuhl Christi erscheinen, damit jeder empfangen kann, was er im Leib getan hat, sei es gut oder böse."

»Dieses Urteil«, erklärte er sanft, »es geht nicht um eine ewige Strafe, sondern um eine Offenbarung unserer Entscheidungen. Wir werden vor Gott stehen, und die Wahrheit unseres Lebens wird aufgedeckt werden. Vielleicht ist die Konsequenz der Ablehnung der Liebe Gottes einfach, von ihrer Gegenwart getrennt zu sein, ein Weinen, der weit von dem traditionellen Bild von Höllenfeuer und Brennstein entfernt ist."

Maria wischte eine Träne ab, ein Gefühl von überwältigender Erleichterung, die über ihr schwamm. Der Gott, dem sie begegnete, war kein rächerlicher Richter, sondern ein liebevoller Vater, der eine Beziehung zu all seinen Kindern wünschte. Die auf Furcht beruhenden Lehren ihrer Vergangenheit begannen zu schmelzen, ersetzt durch ein neu entdecktes Gefühl der Hoffnung, aber ein Durst nach mehr Wissen blieb.

»Simeon«, begann sie zögernd, »das sind alles... neue Konzepte für mich. Es gibt so viel, was ich nicht verstehe. Kannst du mir mehr sagen? Kannst du mir helfen, die Konflikte in meinem Kopf zu versöhnen?"

Simeon lächelte herzlich. »Natürlich, Maria,« sagte er. "Das ist nur der Anfang. Die Liebe Gottes ist ein riesiger Ozean, und wir haben nur unsere Zehen in den Flachs getaucht. Es gibt noch viel zu entdecken, und ich bin hier, um Sie auf dieser Reise zu führen."

Und so, als das Feuer spaltete und die Nacht sich vertiefte, setzte Simeon die Erzählung der grenzenlosen Liebe Gottes weiter aus, seine Worte weckten ein Teppich der Hoffnung, das langsam begann, die Tränen in Marias beunruhigtem Herzen zu reparieren.

Das blinkende Feuerlicht tanzte über die getragenen Gesichter von Maria und Simeon, als der Inn Keeper, angezogen durch ihr schweigendes Gespräch, stillschweigend eine weitere Loge zu den Flammen hinzufügte. Simeons Stimme, ein tiefer Rumpel, der mit ruhiger Autorität resonierte, setzte seine Magie fort.

»Die Einheit auf Erden, Maria«, sagte er, seine Augen zitterten mit einer über viele Jahre gesammelten Weisheit, »ist ein Spiegelbild der Harmonie des Himmels. Wenn wir glauben, dass der Himmel ein Ort der vollkommenen Einheit ist, würde es nicht folgen, dass wir, als Nachfolger Christi, uns bemühen sollten, diese gleiche Einheit hier in diesem Leben zu kultivieren?"

Maria, verzaubert von dieser neuen Perspektive, lehnte sich vorwärts, mit ihrer vollen Aufmerksamkeit auf Simeons Worte. "Das Gebet des Herrn selbst spricht von dem Willen Gottes, der 'auf Erden wie im Himmel' getan wird", sagte sie. "So ist die Einheit zwischen den Gläubigen wirklich wichtig?"

Simeon lächelte sanft. »Wahrlich, Maria. Es ist eine notwendige Folge der allumfassenden Liebe Gottes. Stellen Sie sich einen Teppich vor, gewebt mit Fäden jeder Farbe und Textur. Jeder Strang repräsentiert einen anderen Weg der Untersuchung, einen anderen Standpunkt. Doch wenn sie mit Liebe und Respekt zusammengefügt werden, schaffen sie ein Meisterwerk, ein Zeugnis für die Schönheit der vielfältigen Schöpfung Gottes."

Er wandte sich dem Inn Keeper entgegen, der eine Schüssel hinter der Bar abwischte und gelegentlich einen Blick auf ihr Gespräch steckte. »Denk darüber so«, fuhr Simeon fort. "Hier haben wir eine einfache Herberge. Es begrüßt Menschen aus allen Lebensbereichen – Reisende, Suchende, Seelen auf der Suche nach Sinn. Glauben Sie, dass der Inn Keeper sie wegen ihrer Fragen, ihres Hintergrunds oder der Wege, die sie gegangen sind, abwendet?"

Maria schüttelte den Kopf, ein Lächeln spielte auf ihren Lippen.

»Nein«, sagte Simeon, seine Stimme verstärkte sich. "Das Inn Keeper bietet jedem einen Ort des Komforts und der Gastfreundschaft. Ebenso sollte die Kirche, der Leib Christi, ein willkommener Zufluchtsort für alle sein, die die Liebe Gottes suchen, unabhängig von ihren unterschiedlichen Ansichten."

Der Inn Keeper, als spürte er, dass er Teil des Gesprächs war, wandte sich zu ihnen, ein wissender Glanz in seinem Auge. »Amen, das«, rief er mit einer Stimme, die den Raum erfüllte. Ein bequemes Schweigen setzte sich für einen Augenblick auf sie, bevor Simeon wiederherging.

»So, Maria,« sagte er sanft, »laßt uns erforschen, wie diese Einheit in der Praxis aussehen könnte. Ermutigt Ihre Kirche einen offenen Dialog, auch wenn es ehrliche Fragen und unterschiedliche Perspektiven gibt?

Maria schüttelte den Kopf, ein Blinker der Traurigkeit in ihren Augen. »Nein, Simeon«, bekannte sie. "Es gibt nicht viel Raum für Diskussion in meiner Kirche. Meistens sagen sie uns, was wir glauben sollen, setzen uns hin, und der Prediger spricht alles. Er dreht sich meistens den Rücken zum Altar! Nach der Predigt können wir ein paar Hymnen singen, einige von ihnen fühlen sich ehrlich ein wenig kindisch, und dann schicken sie uns auf unseren Weg. Es werden keine Fragen gestellt, und selten werden Antworten gegeben. Sie sagen, es ist nur für die Zeit des Gottesdienstes, aber was ist mit den Gelegenheiten für Diskussion und Lernen? Das ist es, was mich wundert, Simeon."

Simeon hörte geduldig zu, und seine freundlichen Augen spiegelten ihre Sehnsucht wider. »Das ist eine sehr gute Sorge, Maria«, sagte er sanft.

"Sprüche 3:3 sagt uns: 'Lass dich Barmherzigkeit und Wahrheit nicht verlassen; binde sie um deinen Hals und schreibe sie auf den Tisch deines Herzens.'" Er hielt eine Pause und ließ die Schrift sinken. "Echte Anbetung beinhaltet beide – Gottes Barmherzigkeit und unseren wahren Wunsch, Ihn besser zu kennen."

"Traditionell denken die Menschen manchmal, dass Gottes Liebe begrenzt ist", fuhr Simeon fort. "Sie stellen sich vor, dass manche zur Bestrafung bestimmt sind, während andere zur Gunst ausgewählt werden. Aber diese begrenzte Sicht widerspricht der Botschaft der Bibel."

Er streckte sich aus und legte Maria eine tröstende Hand auf. "Römer 11:32 versichert uns, 'Denn Gott hat alle Menschen an Ungehorsam gebunden, damit er Barmherzigkeit über alle habe,'" erklärte Simeon. "Gott erlaubt uns in seinem großen Plan, die Konsequenzen unserer Entscheidungen zu erfahren. Es ist keine Strafe, sondern ein notwendiger Schritt auf dem Weg zur Erlösung. Durch diese Erfahrung öffnet Er die Tür für Seine grenzenlose Gnade, um alle zu umarmen."

Mary's Stirn schrumpfte in Konzentration. "So können auch diejenigen, die nicht von Gott gehört haben oder den richtigen Weg nicht gefolgt haben, immer noch Seine Barmherzigkeit erfahren?"

Simeon lächelte herzlich. "Die Bibel sagt uns, dass Gottes Plan die gesamte Menschheit umfasst (Hebrews 9:26). Sein Opfer war nicht für einige Auserwählte, sondern für die ganze Welt (Romans 3:19). Verse wie Römer 11:32 verwenden Begriffe wie "alle" und "die ganze Welt", um diesen Punkt hervorzuheben. Gottes letztes Ziel ist es, allen Barmherzigkeit zu zeigen."

Ein Gefühl der Ehrfurcht erfüllte Marias Augen. "Die Liebe Gottes ist so viel größer, als ich mir je vorstellte", flüsterte sie.

»Wahrlich, Maria!« sagte Simeon mit einem Zittern im Auge. "Seine Weisheit und Liebe sind jenseits unseres vollen Verständnisses (Romans 11:33). Dennoch bleibt die Kernbotschaft klar: Die Liebe Gottes erstreckt sich auf alle, was letztendlich zu einer universellen Erlösung führt. Er schließt uns nicht aus seiner Barmherzigkeit, sondern nutzt unsere Erfahrungen, um uns näher zu ihm zu bringen."

Das Feuer spaltete, ein warmes Glanz auf ihre Gesichter werfen. Ein neues Gefühl der Hoffnung blinkte in Maria. Vielleicht gab es einen Ort für ihre Fragen, eine Gemeinschaft, wo sie ihren Glauben erforschen und ihr Verständnis der grenzenlosen Liebe Gottes wachsen konnte.

Ein trauriges Gefühl, ein kalter Knoten des Zweifels, in Marias Bauch gespannt. »Aber was ist mit meinem Unglauben?« verblasste sie, und ihre Stimme zitterte leicht. "Und Gott? Hat Er Zweifel daran, daß wir Gläubige sind?"

Simeons freundliche Augen hielten sie stetig fest. »Eine ausgezeichnete Frage, Maria,« antwortete er sanft. "Die Bibel versichert uns, dass Gottes Treue nicht von unserem Unglauben abhängt. Römer 3:3 fragt: "Wird ihr Unglauben den Glauben an Gott unwirksam machen?" Die Antwort ist ein lautes Nein."

Er lehnte sich nach vorne, seine Stimme war voller Überzeugung. »Denk darüber so, Maria. Stellen Sie sich die Liebe eines Elternteils zu seinem Kind vor. Unabhängig davon, wie oft das Kind seine Liebe nicht gehorcht oder zweifelt, bleibt die Liebe des Elternteils konstant (Mark 9:17-18, 24). Die Liebe Gottes ist so – unerschütterlich und grenzenlos, umfasst auch diejenigen, die Zweifel haben oder ihn noch nicht umarmt haben (Römer 5:8)."

Simeon streckte sich aus und legte eine tröstende Hand auf sie. "Die Bibel sagt uns in 1. Timotheus 4:10, dass Gott der 'Erlöser der ganzen Menschheit, besonders der Gläubigen' ist. Dieser Vers unterstreicht Gottes universelle Liebe und Erlösungszweck. Obwohl der Glaube eine bedeutende Rolle spielt, ist er nicht der einzige Faktor."

"Manche glauben, dass Gott jedem einen 'Glaubensmaßstab' gibt", fuhr Simeon fort. "Römer 12:3 unterstützt diese Idee. Es spricht von Gott, der jedem einen "Maßstab des Glaubens" gibt. Dies legt nahe, dass in jedem Menschen eine Fähigkeit zum Glauben liegt, die darauf wartet, durch die Botschaft des Evangeliums erwacht zu werden (Römer 10:17).

Ein Blitz der Hoffnung entzündete sich in den Augen von Maria. "So, auch wenn ich zweifle, gibt es noch eine Chance für mich, Gottes Liebe zu erleben?"

Simeon lächelte herzlich. »Natürlich, Maria. Römer 3:22-23 sagt uns, dass das Opfer Christi Gerechtigkeit "für alle" bietet. Unser Glaube ist letztlich ein Geschenk Gottes, etwas, das er uns schenkt, noch bevor wir uns aktiv für den Glauben entscheiden (Epheser 2:8)."

"Stellen Sie sich einen Prediger vor, der die Botschaft des Evangeliums teilt", sagte Simeon, seine Stimme zeigte ein Bild mit seinen Worten. "Ihre Stimme trägt das Potenzial, auch diejenigen zu erreichen, die die Wahrheit des Opfers Christi nicht verstanden haben. Als sie zuhören, wird ein Samen des Glaubens in ihnen verwurzelt, ein Geschenk, das von der Gnade Gottes gepflanzt wird (Ephesians 2:8). Dieser Samen kann nicht über Nacht entstehen, aber mit der fortgesetzten Exposition zum Evangelium kann er zu einem persönlichen Glauben blühen."

Simeon drückte ihre Hand sanft. "Dieser Glaube zwingt sie, ihren Glauben offen zu bekennen. Es ist eine herzliche Erklärung, die die Tür zur Gnade Gottes öffnet. Gnade, wie das Sonnenlicht, das eine Pflanze nährt, befähigt sie auf ihrer geistigen Reise."

Maria lehnte sich zurück, und ein neuartiges Gefühl des Friedens setzte sich über sie. Das Konzept, dass Gottes Liebe so groß und allumfassend ist, war eine Offenbarung. Vielleicht gab es noch Hoffnung für sie, auch mit ihren Zweifeln.

Eine Stille setzte sich über ihnen, als das Feuer spaltete, die Wärme strahlte ein Gefühl von Komfort. Der Inn Keeper, immer aufmerksam, materialisierte neben ihnen mit einem dampfenden Topf frischen Kaffee, zwei Tassen auf den Tisch mit einem wissenden Grunt legen, bevor sie wieder in die Schatten schmelzen.

Maria schüttelte dankbar die Tasse, die Wärme in ihre kühlen Hände. Das Gespräch mit Simeon hatte eine Vielzahl von Fragen in ihr aufgeworfen, eine stürmische Mischung aus Hoffnung und Zweifel.

»Aber was ist mit denen, die schon mit Unglauben vorüber sind?« wagtete sie, ihre Stimme kaum ein Flüstern. "Können sie immer noch von der Liebe Gottes erreicht werden?"

Simeons Augen glänzten mit einem tiefen Verständnis. »Ach, Maria,« sagte er, mit sanfter Stimme. "Dies ist eine Frage, die Theologen seit Jahrhunderten nachdenkt. Die Bibel bietet einen faszinierenden Vers in 1. Petrus 4:6 an, der die Reichweite des Evangeliums anspricht, das sich über die Lebenden hinaus erstreckt. Der Vers sagt: "Darum wurde auch dem Toten das Evangelium verkündigt, daß sie im Fleisch nach den Menschen gerichtet werden, aber im Geist nach Gott leben."

Er lehnte sich nach vorne, seine Stimme war voller ruhiger Überzeugung. "Stell dir vor, Maria, dass die Botschaft des Heils, die verwandelnde Kraft des Opfers Christi, den Schleier des physischen Todes übersteigt. Dieser Vers legt nahe, dass das Evangelium auch denen verkündigt wird, die verstorben sind."

Mary's Stirn schrumpfte in Konzentration. "So, auch nach dem Tod, gibt es eine Chance für die Menschen, die Liebe Gottes kennen zu lernen?"

Ein sanftes Lächeln berührte Simeons Lippen. "Die Bibel beschreibt nicht explizit die Mechanik davon", gab er zu. "Aber Römer 14:9 sagt uns, dass Christus der Herr der Toten und der Lebendigen ist. Vielleicht findet die Botschaft des Evangeliums, wie ein vom Wind getragenes Saatgut, ihren Weg zu denen, die im unsichtbaren Reich sind."

Simeon lächelte sanft. »Denk darüber so, Maria. Selbst das am dichtesten versiegelte Grab kann das Licht eines Sterns nicht auslöschen. Die Liebe Gottes ist so – eine strahlende Kraft, die alle Existenz durchdringt."

Er streckte sich aus und füllte ihre Tasse mit einem frischen Brau auf. "Dieses Konzept bietet eine tiefgreifende Botschaft der Hoffnung", fuhr Simeon fort. "Es versichert uns, dass die Barmherzigkeit Gottes keine Grenzen kennt, dass auch nach dem Tod die Gelegenheit für die Verwandlung und die Umarmung seiner Liebe noch existieren kann."

Maria überlegte seine Worte, und ein Flair des Friedens setzte sich über sie. Vielleicht gab es Trost nicht nur für die Lebenden, sondern auch für diejenigen, die verstorben waren. Die Vorstellung, dass die Liebe Gottes über die Grenzen des Lebens hinaus reichen könnte, bot eine tröstliche Perspektive.

Ein Flair des Friedens setzte sich über Maria, als Simeon von der Liebe Gottes sprach, die über das Leben hinausreichte. Doch eine neue Frage blinkte in ihren Augen. »Aber Simeon«, sagte sie zögernd, »was, wenn jemand sich völlig von Gott abwendet? Was, wenn sie Seine Liebe so lange ablehnen...?«

Simeon lächelte bewusst. »Ach, Maria!« antwortete er, seine Stimme warme wie ein Schwanz. "Dies ist eine Frage, die viele Herzen beunruhigt hat. Vielleicht kann eine Geschichte etwas Licht anbieten." Er setzte sich zurück in seinen Stuhl, das Feuer spritzte sanft im Hintergrund.

"Stellen Sie sich einen jungen Hirten namens Caleb vor", begann Simeon. "Kaleb pflegte seine Herde, führte sie zu üppigen Weiden und bewachte sie vor Schaden. Eines Tages überfiel ein schrecklicher Sturm das Land. Der Blitz zerriss den Himmel, und der Regen fiel auf die Blätter. Caleb versuchte verzweifelt, seine Schafe in den Zufluchtsort zu bringen, aber ein starker Strom trennte ihn von einem Lamm – dem kleinsten, verletzlichsten der Herde."

Simeons Stimme fiel auf einen schwachen Ton. "Der Strom wütete zwischen ihnen, das Lamm weinte mit Mitleid. Caleb wusste die Gefahr – der Fluss war verräterisch, und die Wut des Sturms unerbittlich. Doch ohne einen zweiten Gedanken stürzte er sich in das brennende Wasser. Der Strom schlug ihn, drohte ihn zu unterdrücken, aber Caleb kämpfte seinen Weg zum Lamm."

Er hielt eine Pause und ließ das Bild eintauchen. "Er erreichte das Lamm, zitternd und erschrocken, und brachte es mit all seiner Kraft wieder in Sicherheit. Einmal auf trockenem Land wickelte er das Lamm in seinen Mantel, dessen Zittern langsam gegen seine Wärme abfiel.

Ein zartes Lächeln berührte Simeons Lippen. "Stellen Sie sich das Lamm vor, sicher und gesund, das plötzlich von Calebs Umarmung wegdrängt. Es weht herausfordernd, lehnt seine Fürsorge ab und wandert in Richtung der Wut des Sturms. Hat Caleb in diesem Augenblick aufgehört, der Hirte des Lammes zu sein?"

Maria zitterte in Gedanken. »Nein«, flüsterte sie, »er würde immer noch ihr Hirte sein, auch wenn das Lamm sich verlaufen würde.«

Simeons Augen glänzten. »Wahrlich, Maria. So wie die Liebe des Hirten zu seinem Lamm unerschütterlich bleibt, so ist auch die Liebe Gottes zu uns. Er ist unser Hirte, und unsere Entscheidungen können diese Bindung nicht auflösen. Wann hört ein Kind auf, das Kind des Vaters zu sein, Maria? Selbst wenn das Kind sich rebelliert, bleibt die Liebe des Vaters, eine ständige Leuchte in der Dunkelheit, die auf die Rückkehr des Kindes wartet."

Maria überlegte seine Worte, eine Welle der Erleichterung wasste über sie. Das Bild Gottes als liebender Hirte, stets wachsam und bereit zu umarmen, brachte ein tiefes Gefühl von Trost. Trotz ihrer Zweifel war sie nicht allein. Die Liebe Gottes, wie eine Rettungslinie, blieb ausgedehnt.

Maria fragt dann: „Auch nach dem Tode?" Simeon antwortet: „Das sagt der heilige Petrus."

Ein nachdenkliches Lächeln berührte Simeons Lippen. "Die Hoffnung, die du ausdrückst, Maria, ist eine schöne Reflexion des Charakters Gottes", sagte er. "Die Bibel spricht von einer großen Transformation, einer Zukunft, in der alles unter der liebevollen Hand Gottes vereint ist. Stell dir vor, die Schöpfung selbst, nicht nur die Menschheit, wird erneuert und zu ihrem vollen Potenzial gebracht."

Marias Augen erweiterten sich. "Eine neue Schöpfung? Du meinst alles – die Welt, die Sterne, alles?"

Simeon lächelte sanft. "Die Bibel deutet auf einen so großartigen Plan hin. Philipper 3:21 spricht von einem Tag, an dem selbst unsere irdischen Körper verwandelt werden, um glorreich zu werden wie der auferstandene Körper Christi. Diese Macht, alles neu zu machen, flüstert von einer großen Vereinigung unter der souveränen Hand Gottes."

Er steckte das Feuer, die Flammen werfen blinkende Schatten über den Raum. "Denken Sie so nach, Mary. 1 Korinther 15:28 beschreibt eine Zeit, in der Christus höchst regiert. Aber das endgültige Ziel ist viel größer – ein Moment, in dem die ganze Schöpfung Gott den Vater als den einen wahren Herrscher erkennt, mit allem, was unter Ihm zusammengefasst ist. Der Ausdruck "alle in allen" bedeutet diesen Moment des universellen Verständnisses."

Maria lehnte sich vorwärts, verzaubert von seinen Worten. "So gibt es Hoffnung für alles, nicht nur für die Menschheit?"

Simeons Blick begegnete ihr. »Wahrlich, Maria. Die Geschichte endet nicht mit uns. Die Bibel, vor allem 1 Korinther 15, bietet faszinierende Einsichten. Es legt nahe, dass jeder, jeder einzelne Nachkomme Adams, eine Auferstehung erleben wird – unabhängig von ihren Entscheidungen oder Glauben im Leben."

Ein Zögern des Zweifels überquerte Marias Gesicht. "Aber was ist mit denen, die Gott verworfen haben?"

Simeons Stimme blieb sanft. "Selbst für sie, Maria, gibt es Transformation. Stellen Sie sich eine Verschiebung von einem schwachen, verderblichen Körper zu einem, der unzerstörbar ist, eine Veränderung von Deshonor zu Herrlichkeit. Dies ist das Bild in den Versen 1 Korinther 15:42-44."

Er streckte sich aus und legte eine tröstende Hand auf ihr. "Das Geheimnis wird in 1. Korinther 15:51-52 vertieft. Es spricht von einer Transformation, die keinen physischen Tod erfordert. Das Bild von "schlafenden" Individuen, die aufwachen, deutet auf eine Veränderung hin, die im unsichtbaren Reich nach dem Tod geschieht."

Ein Funken des Verständnisses entzündete sich in Marias Augen. "So gibt es eine Chance für jeden, auch für diejenigen, die nicht nach dem Willen Gottes gelebt haben?"

Simeon lächelte herzlich.Die Bibel bietet mächtige Bilder, um dies zu unterstützen. 1 Korinther 15:53-54 spricht von dem Tod, der von der Unsterblichkeit verschlungen wird. Hier verweist Paulus auf Jesaja 25:8, was darauf hindeutet, dass der Tod letztlich abgeschafft werden wird."

"Diese Verse, zusammengefasst, malen ein Bild der universellen Transformation", führ Simeon fort. "Jeder wird einen neuen, unzerstörbaren Körper empfangen und sich dem Gericht stellen. Dieses Konzept widerspricht den traditionellen Ansichten der ewigen Verdammnis. Es bietet einen Leuchtturm der Hoffnung, der uns daran erinnert, dass Gottes Liebe und Erlösungskraft weit über die Grenzen des Lebens und des Todes hinausgehen."

Er schwieg für einen Augenblick und blickte ins Feuer. "Die Bibel spricht sogar von einem 'Neuen Jerusalem', einer erneuerten Schöpfung, in der Gott mit seinem Volk wohnt", fügte er sanft hinzu, seine Stimme voller Ehrfurcht. "Es ist ein Blick in die endgültige Erfüllung des Erlösungsplans Gottes – ein Universum, das unter seiner Liebe vereint und durch seine Gnade verwandelt ist."

Maria setzte sich zurück, mit einem kontemplativen Blick auf ihr Gesicht. Sie nahm einen tiefen Atemzug und flüsterte beinahe: "Mein Herr, ich habe so etwas nie gewusst. Warum habe ich noch nie über diese Konzepte gesprochen?"

Das blinkende Feuerlicht tanzte in ihren Augen, was eine Mischung aus Ehrfurcht und Verwirrung widerspiegelte. Unbekannt für sie war der Inn Keeper, ein Mann mit Ohren so scharf wie die Nase eines Bluthundes, von ihrem Gespräch angezogen worden. Das Thema, schwer mit theologischem Gewicht, war einfach zu faszinierend, um es zu ignorieren. Er schwebte gerade aus dem Auge, seine Neugierde eine greifbare Präsenz im Raum.

Als Simeon eine Verschiebung des Gesprächs spürte, lächelte er sanft. »Ach, Maria,« sagte er, seine Stimme warme und beruhigende, »die Erkenntnis der Liebe Gottes ist ein weites Meer, und wir sind nur demütige Gefäße, die versuchen, einen einzigen Tropfen zu fassen. Vielleicht haben die Lehren Sie nicht erreicht, weil sich einige Interpretationen der Heiligen Schrift auf verschiedene Aspekte der Botschaft Gottes konzentrieren."

Der Inn Keeper, der sein Eifer nicht mehr einhalten konnte, materialisierte sich neben ihnen mit einem Teller mit frischem Brot, Käse und groben Trauben. »Vergib mir die Einmischung«, sagte er mit einem höflichen Bogen, seine Stimme ein geringes Geräusch, »aber ich konnte nicht anders, als deine faszinierende Diskussion zu hören. Vielleicht hilft Ihnen eine Unterhaltung bei der Betrachtung?"

Maria bot ein dankbares Lächeln an. »Danke, lieber Herr. Ihre Nachdenklichkeit wird sehr geschätzt."

Der Inn Keeper legte den Teller auf den Tisch und schaute Simeon mit Wissen an, bevor er wieder in die Schatten schmolz. Eine bequeme Stille setzte sich ein, als Maria und Simeon über das Essen nibblten.

Schließlich fuhr Simeon fort, seine Stimme nachdenklich. "Es gibt in der Tat verschiedene Theologien, Maria. Einige konzentrieren sich auf Gottes Zorn und Gericht, während andere, wie die Perspektive, die wir erforscht haben, tiefer in die grenzenlose Natur seiner Liebe eintauchen. Dieses Konzept, das als Universalismus bekannt ist, bildet ein schönes Bild von Gottes Erlösungsplan für die ganze Schöpfung."

Er bewegte sich in Richtung des blinkenden Feuers. "Stellen Sie sich die Flammen vor, Maria. Sie brennen hell und verbrauchen alles, was in Berührung kommt. Dennoch besitzen sie auch das Potenzial, Wärme und Licht zu bringen. Vielleicht ist Gottes Liebe ähnlich. Es ist eine mächtige Kraft, die auch die härtesten Herzen verwandeln kann."

Als die beiden mehr Nahrung zu sich nehmen, tritt ein neuer Fremder ein und setzt sich am Feuer in unmittelbarer Nähe. Der Dialog beginnt wieder.

Die unerschöpfliche Umarmung: Eine Erzählung von Gottes Vergebung

Die Erzählung geht tiefer in die transformative Kraft der Liebe Gottes ein, diesmal durch die Linse der Vergebung. 1 Petrus 3:8-11 betont die Wichtigkeit von Güte, Mitgefühl und Mitgefühlen (1 Peter 3:8-11, NIV). Die Passage lehrt uns, in Harmonie zu leben, die Fürsorge und Zuneigung für einander zu zeigen (1 Peter 3:8, NIV).

Stellen Sie sich diese kritische Frage: Wenn Gott wirklich auf einem "Tit-for-Tat" System der Bestrafung arbeitete, wo vergangene Sünden zu ewiger Qual führen, hätte der Apostel Petrus eine solche Anweisung geschrieben? Die Bibel selbst verbietet, auf Missetaten mit Rache zu antworten (Romans 12:17-21, NIV). Die Erzählung deutet darauf hin, dass die Strafe Gottes, falls überhaupt, keine Rache wäre, sondern eine Form der Korrektur, die von der Liebe angetrieben wird. In Matthäus 18:21-22 wird die Vergebung Gottes weiter hervorgehoben und daran erinnert, dass Jesus seinen Jüngern befohlen hat, „nicht siebenmal, sondern siebzigmal sieben Mal" zu vergeben. (Matthew 18:22, NIV). Dieses Gleichnis unterstreicht die Sehnsucht Gottes, Seinen Kindern zu vergeben, indem Er ihnen unendlich Gelegenheit bietet, sich zu bekehren und zu Seiner Umarmung zurückzukehren. Die Erzählung widerspricht der traditionellen Ansicht einer einmaligen Gelegenheit zur Vergebung und ersetzt sie durch das Bild eines liebevollen Vaters, der immer bereit ist, Seine Kinder wieder zu empfangen.

Die Erzählung erforscht dann die Universalität der Vergebung Gottes durch 1. Korinther 12:14-18 (1 Corinthians 12:14-18, NIV). Die Passage lehrt uns, "diejenigen zu segnen, die euch verfolgen" (1 Corinthians 12:14, NIV). Dieses Gebot, auch unseren Feinden Güte zu zeigen, spiegelt Gottes Charakter wider. Er hält Vergebung nicht auf der Grundlage der Schwere des Verstoßes zurück. Es gibt einen Widerspruch zwischen dieser Botschaft der Vergebung und dem Konzept der ewigen Verdammnis. Es hebt die zahlreichen Fälle im Neuen Testament hervor, in denen das Wenden des Bösen für das Böse verurteilt wird (Romans 12:17-21, NIV). Die Frage stellt sich: Wenn Gott endlos vergibt, warum sollte er dann einige Menschen einer ewigen Strafe unterwerfen?

Die Erzählung erkennt ein potenzielles Gegenargument an: Widerspricht nicht das Konzept des Alten Testaments "Auge für Auge" (Exodus 21:24, NIV) dieser Botschaft der Vergebung? Es weist jedoch darauf hin, dass Jesus eine neue Ära eingeführt hat, die durch Liebe und Vergebung gekennzeichnet ist. (Matthew 5:38-42, NIV). Gott, der über allem sitzt, überschreitet die Grenzen der Vergangenheit und bietet eine grenzenlose Liebe, die jedes menschliche Verständnis von Gerechtigkeit übersteigt.

[Zum Abschluß zeichnet die Erzählung ein wunderschönes Bild von Gottes unerschütterlicher Vergebung. Er ist ein Gott, der sich ständig an seine Kinder erstreckt und ihnen endlose Möglichkeiten bietet, in seine liebevolle Umarmung zurückzukehren. Diese Botschaft der universellen Vergebung steht im starken Gegensatz zum Konzept der ewigen Verurteilung und bietet eine hoffnungsvoller und verwandelnder Vision der Liebe Gottes.]

Als Maria und Simeon die nachdenklichen Vorräte des Inn Keepers probierten, verkündete der Kreis der Tavernentür eine neue Ankunft. Eine in Schatten umhüllte, verkleidete Gestalt trat in den warmen Raum ein und setzte sich mit einer ruhigen Autoritätsluft am Feuer nieder. Die Anwesenheit des Neuankömmlers, obwohl still, zog Maria die Aufmerksamkeit und unterbrach ihr Gespräch.

Simeon spürte ihre Neugier und bot ein sanftes Lächeln an. »Willkommen, Freund«, sagte er, seine Stimme strahlte Wärme aus. "Bitte, kommen Sie mit uns am Feuer, wenn Sie Wärme oder Gesellschaft brauchen."

Der Fremde beugte seinen Kopf in einer Geste der Anerkennung, das Feuerlicht glänzte von einem silbernen Pendant, das in den Falten seines Mantels eingebettet war. Der Innkeeper bedient den Fremden und kehrt in die Bar zurück. Nach einiger Zeit des Gesprächs sprach der neue Fremde, seine Stimme ein geringes Geräusch, das mit einer ruhigen Kraft resonierte.

»Vergib mir meine Einmischung!« begann er, der Blick blinkte zwischen Maria und Simeon. "Ich konnte nicht anders, als Ihre faszinierende Diskussion über Gottes Liebe zu hören. Es ist ein Thema, das seit Generationen Herzen und Köpfe gefesselt hat."

Maria, ermutigt von Simeons Güte, fand ihre Stimme. »Wahrlich«, sagte sie, ihre Augen spiegelten die tanzenden Flammen wider. "Simeon hat eine Perspektive auf Gottes Liebe geteilt, die für mich neu ist. Eine Liebe, die über das hinausgeht, was ich immer verstanden habe."

Ein Blitz des Verständnisses überquerte die Merkmale des Fremden. »Die unerschöpfliche Umarmung der Vergebung Gottes«, murmelte er, seine Stimme nachdenklich. "Ein Konzept, das tiefen Komfort und Hoffnung bietet."

Simeons Augen glänzten mit neuem Interesse. »Ein ausgezeichneter Punkt, mein Freund«, sagte er. "Können Sie vielleicht Ihre Einblicke in diesen Aspekt der Liebe Gottes teilen?"

Der Fremde setzte sich zurück in seinen Stuhl, das Feuerlicht malte sein Gesicht in einem warmen Glanz. "Das Wesen des Charakters Gottes", begann er, "erweist sich in seiner Fähigkeit zur Vergebung. 1 Petrus 3 lehrt uns, in Harmonie zu leben, auch angesichts von Konflikten Güte und Mitgefühl zu zeigen."

Er hielt eine Pause und ließ seine Worte einfallen. "Stellen Sie sich vor, wenn Gott auf einem System der bloßen Strafe arbeitete, wo vergangene Übertretungen zu ewiger Qual führten, würden solche Lehren existieren? Die Bibel selbst entmutigt die Rache, indem sie uns drängt, die andere Wange zu drehen."

Maria lehnte sich vorwärts, verzaubert von den Worten des Fremden. Sie wiederholten die Botschaft von Simeon, behielten aber eine neue Tiefe.

"Die transformative Macht der Vergebung", fuhr der Fremde fort, "ist in den Lehren Jesu weiter betont. Erinnern Sie sich an das Gleichnis der Vergebung, wo Jesus seinen Jüngern befohlen hat, nicht siebenmal, sondern siebzigmal sieben Mal zu vergeben?"

Eine Welle des Verständnisses überwuchs Maria. Es ging nicht um eine einzige Chance zur Erlösung, sondern um einen Gott, der seinen Kindern endlose Möglichkeiten bot, in seine Umarmung zurückzukehren.

Die Stimme des Fremden nahm eine neue Intensität an. "Und kann diese Vergebung begrenzt sein? 1 Korinther erinnert uns daran, auch unsere Verfolger zu segnen. Dies spiegelt die grenzenlose Natur der Liebe Gottes wider. Es gibt einen starken Kontrast zwischen dieser Botschaft und dem Konzept der ewigen Verdammnis."

Simeon, seine Augen glänzend mit neuentdeckter Wertschätzung, lehnte sich vorwärts und interjected, "Eine sehr aufschlussreiche Erforschung, Freund! Sie weben ein wunderschönes Teppich der Wiederherstellung, das das Herz der universellen Liebe Gottes offenbart."

Der Fremde beugte seinen Kopf in Anerkennung. »Wahrlich«, fuhr er fort, seine Stimme resonierte mit ruhiger Überzeugung. "Lassen Sie uns tiefer in dieses Konzept der Universalen Versöhnung eintauchen, den Glauben, dass Gottes Liebe letztlich die ganze Schöpfung erreicht und zu einer Zukunft der Wiederherstellung und Befreiung führt."

Er bewegte sich in Richtung des brennenden Feuers. "Stellen Sie sich einen scheinbar widersprüchlichen Faden in diesem Teppich vor", sagte er. "Römer 12:19 zwingt uns: 'Rache dich nicht, meine lieben Freunde, sondern lass Raum für den Zorn Gottes, denn es steht geschrieben: 'Meine ist die Rache; ich will vergelten', spricht der Herr' (NIV)."

Maria zitterte leicht, und der Vers weckte einen Blitz der Verwirrung in ihren Augen. "Aber wie passt das mit der Botschaft der allumfassenden Liebe Gottes zusammen?" fragte sie.

Der Fremde lächelte sanft. »Eine ausgezeichnete Frage, Maria. Die Erzählung erkennt diese Spannung an. Betrachten wir jedoch einen anderen Thread – Galater 6:1 lehrt uns, die gefallenen zu „wiederherstellen" (NIV). Dieser Akt selbst spiegelt Gottes Charakter wider. Er will seine Kinder zu sich zurückbringen und sie nicht für immer wegwerfen."

»Denk darüber nach«, fuhr er fort, seine Stimme erfüllte sich mit ruhiger Intensität. "Wenn wir, mit unserer begrenzten Fähigkeit zur Liebe, Mitgefühl für diejenigen zeigen können, die verloren sind, wie viel größer muß die Liebe Gottes sein? Wahrlich, Seine Liebe zwingt Ihn, alle Seine Kinder wiederherzustellen, nicht nur einige Auserwählte." Eccl. 3:32 sagt: „Auch wenn er Trauer verursacht, so wird er Barmherzigkeit haben nach der Fülle seiner Gnade."

Eine Welle des Verständnisses wischte sich über Marias Gesicht. Dieses Konzept resonierte tief in ihr. Es zeichnete ein Bild eines Gottes, der nicht rächerisch war, sondern ein liebevoller Vater, der nach der Rückkehr aller Seiner Kinder sehnte.

Der Fremde blickte auf Simeon. "Jakobus 2:8-9 stärkt diese Perspektive weiter", sagte er. "Hier betont die Schrift Gottes Unparteilichkeit (NIV). Wir sind geboten, einander gleich zu lieben, wie Gott uns gleich liebt. Es wäre nicht gerecht von Gott, etwas von uns zu verlangen – andere bedingungslos zu lieben –, das Er nicht selbst tun würde."

Simeon nickte nachdenklich. »Wahrlich«, stimmte er zu. "Psalm 145:9 unterstützt diese Vorstellung weiter, indem er die Güte Gottes gegenüber seiner ganzen Schöpfung verkündet (NIV). Die traditionelle Ansicht, dass Gott die Favoriten auswählt, verringert Sein Charakter. Er ist ein Gott der grenzenlosen Liebe, und seine Liebe erstreckt sich auf alle."

Simeon lächelte, ein warmes Geräusch in seiner Brust. »Ja, Maria, das macht vollkommen Sinn«, sagte er. "Wenn ein Schöpfer Zeit damit verbringt, etwas herzustellen, würden sie nicht auch beabsichtigen, es sein volles Potenzial zu erreichen? Warum durch die Anstrengung der Schöpfung gehen, wenn das Endergebnis ist einfach ewige Qual für einen Teil von dem, was Sie gemacht haben?"

Marias Stirn fiel in Gedanken, dann glatt, als Verständnis auf ihr Gesicht wuchs. »Natürlich«, rief sie, erleichternd an der Stimme. "Das ist logisch. Es macht keinen Sinn für einen liebevollen Gott, etwas zu erschaffen, nur um es für immer beiseite zu werfen. Schließlich sagt uns 1. Timotheus 2:4, dass Gott will, dass "alle Menschen gerettet werden und zur Erkenntnis der Wahrheit kommen" (NIV).

Simeon lehnte sich nach vorne, seine Augen leuchteten von neu gefundenem Glauben. »Wahrlich, Maria«, sagte er. "Lassen Sie uns tiefer in dieses Konzept eintauchen. Diese Erzählung, die wir erforschen, spricht von der Universalen Versöhnung, dem Glauben, dass Gottes letztes Ziel darin besteht, die ganze Schöpfung wieder zu sich selbst zu bringen. Um dies wirklich zu verstehen, müssen wir zuerst das Wesen Gottes, des Architekten des Universums, untersuchen.

Er bewegte sich in Richtung des knusprigen Feuers, dessen Flammen blinkende Schatten auf die Wände werfen. "Die Offenbarung 4:11 dient als Grundvers", fuhr er fort. "Es erklärt Gott als denjenigen, "der alle Dinge erschaffen hat" (NIV). Dies stellt die Rolle Gottes nicht als eine entfernte, sorglose Gottheit, sondern als den absichtlichen Architekten des Universums fest. Er hat alles Sein nach Seinem Willen geschaffen.

Simeons Stimme war weich. "Stellen Sie sich einen Maler vor, der ein Meisterwerk nicht aus Pflicht, sondern aus der Freude des künstlerischen Ausdrucks schafft. In ähnlicher Weise legt die Bibel nahe, dass Gott geschaffen hat, weil Er die Schöpfung und die Wesen erfreut, die Er in die Existenz bringt. Sogar Prediger 11:9 erinnert uns daran, dass Gott uns geschaffen hat, um das Leben zu genießen, nicht um ewig zu leiden.

Der Fremde, der am Feuer saß, nickte nachdenklich.»Natürlich«, sagte er. "Dieses Konzept wird in Titus 2:11 weiter verstärkt, in dem erklärt wird, dass 'die Gnade Gottes erschienen ist, die das Heil für alle Menschen bringt' (NIV)." 1 Johannes 2:1-2 (NIV) sagt, "Meine lieben Kinder, das schreibe ich euch, damit ihr nicht sündigt. Wenn aber jemand sündigt, so haben wir einen Verteidiger bei dem Vater, Jesus Christus, den Gerechten. Und er ist die Sühne für unsere Sünden, und nicht nur für unsere, sondern auch für die Sünden der ganzen Welt.

Maria lehnte sich zurück, und ein neuartiges Gefühl des Friedens setzte sich über sie. Diese Perspektive auf Gott, den Schöpfer, der sich in Seiner Schöpfung erfreut, resonierte tief in ihr. Es war ein weiser Schrei von dem rächelnden Gott, den sie immer fürchtet hatte.

Die Ankunft zweier neuer Patronen, eines Mannes und einer Frau, verursachte eine kurzzeitige Unterbrechung des Gesprächs. Der Gastgeber, der immer der freundliche Gastgeber war, begrüßte sie und sorgte für ihren Komfort. Als er ihnen Dampfschalen mit etwas warmem goss, dachte Maria über die Auswirkungen dessen nach, was sie gerade gelernt hatte. Das Konzept der universellen Versöhnung, obwohl es faszinierend war, war ihr immer noch ein Rätsel.

»In den Schriften gibt es so viel zu erforschen«, dachte Simeon und schüttelte nachdenklich seinen Bart. Er blickte auf Maria zu, eine Frage, die in seinen Augen blinkte. Doch bevor er sprechen konnte, lehnte sich die Frau, die gerade angekommen war, vorwärts, ihre Stirn schlängelte in Neugier.

»Vergib mir!« fragte sie, ihre höfliche Stimme aber mit einem Hauch von Verwirrung. "Ich konnte nicht anders, als dein faszinierendes Gespräch zu hören. Was diskutierten Sie über Strafe und Vergebung?"

Simeon, immer willkommen, gestaltete ihr mit einem warmen Lächeln. "Ah, eine wunderbare Frage! Wir tauchen in die Komplexität des Charakters Gottes ein. Die Vorstellung, dass Er sowohl Vergebung als auch eine gerechte Folge für Übertretungen wünscht, scheint ein Paradoxon zu sein, stimmen Sie nicht?"

Der Mann neben ihr, sein Ausdruck, der die Verwirrung seiner Frau widerspiegelt, kam hinein. "Natürlich. Das ist ein bisschen widersprüchlich, oder? Ein liebevoller Gott, der Vergebung anbietet und gleichzeitig Strafe verhängt.

Der Fremde am Feuer, dessen Blick zwischen Maria und Simeon blinkte, lächelte sanft. "Ein ausgezeichneter Punkt. Vielleicht können wir etwas Licht auf dieses scheinbare Paradoxon werfen. Die Erzählung, die wir erforschen, legt nahe, dass die Strafe im Kontext der Liebe Gottes nicht zur Rache dienen soll, sondern vielmehr..."

Er hielt eine Pause, ließ den Satz unvollendet, ein Wissensglanz in seinen Augen. Maria und Simeon wechselten einen stillen Blick, eifrig, die Erklärung des Fremden zu hören.

Die Ankunft zweier neuer Patronen, eines Mannes und einer Frau, verursachte eine kurzzeitige Unterbrechung des Gesprächs. Der Innkeeper, stets aufmerksam, war überall, um sie zu begrüßen und ihren Komfort zu gewährleisten. Als er ihnen Dampfschalen mit etwas warmem goss, dachte Maria über die Auswirkungen dessen nach, was sie gerade gelernt hatte. Das Konzept der universellen Versöhnung, obwohl es faszinierend war, war ihr immer noch ein Rätsel.

»In den Schriften gibt es so viel zu erforschen«, dachte Simeon und schüttelte nachdenklich seinen Bart. Er blickte auf Maria zu, eine Frage, die in seinen Augen blinkte. Doch bevor er sprechen konnte, lehnte sich die Frau, die gerade angekommen war, vorwärts, ihre Stirn schlängelte in Neugier.

»Vergib mir!« fragte sie, ihre höfliche Stimme aber mit einem Hauch von Verwirrung. "Ich konnte nicht anders, als dein faszinierendes Gespräch zu hören. Was diskutierten Sie über Strafe und Vergebung?"

Simeon, immer willkommen, gestaltete ihr mit einem warmen Lächeln. "Ah, eine wunderbare Frage! Wir tauchen in die Komplexität des Charakters Gottes ein. Die Vorstellung, dass Er sowohl Vergebung als auch eine gerechte Folge für Übertretungen wünscht, scheint ein Paradoxon zu sein, stimmen Sie nicht?"

Der Mann neben ihr, sein Ausdruck, der die Verwirrung seiner Frau widerspiegelt, kam hinein. "Natürlich. Das ist ein bisschen widersprüchlich, oder? Ein liebevoller Gott, der Vergebung anbietet und gleichzeitig Strafe verhängt.

Der Fremde am Feuer, dessen Blick zwischen Maria und Simeon blinkte, lächelte sanft. "Ein ausgezeichneter Punkt. Viele Menschen haben Schwierigkeiten, diese Konzepte zu vereinbaren. Vielleicht können wir etwas Licht auf dieses scheinbare Paradoxon werfen. Die Erzählung, die wir erforschen, legt nahe, dass die Strafe im Kontext der Liebe Gottes nicht widerwärtig, sondern eher korrigierend sein soll. Denken Sie an einen liebevollen Elternteil, der sein Kind diszipliniert. Das Ziel ist nicht, Schmerzen zu verursachen, sondern das Kind auf das richtige Verhalten zu lenken."

Er hielt eine Pause, ließ die Analogie eintauchen und setzte sich dann fort. "Die Bibel bietet viele Verse an, die von Gottes Liebe für die ganze

Menschheit sprechen. Beispielsweise erzählt Apostelgeschichte 17:26-31 eine schöne Geschichte von Gottes Schöpfungsplan. Würdest du daran interessiert sein, es zu hören?"

Die Frau, verzaubert durch das Wissen des Fremden und die Intrige des Themas, legte sich eifrig hinein. "Absoluut! Mein Mann und ich sind immer daran interessiert, mehr über die Heiligen Schriften zu lernen."

Der Fremde lächelte, seine Augen zitterten mit Freude an ihrer Neugier. "Wunderbar! Dann erlauben Sie mir, diesen Abschnitt mit Ihnen zu teilen. Apostelgeschichte 17:26-31 sagt uns, dass Gott die ganze Menschheit aus einem Menschen erschaffen hat und jede Nation auf der Erde gesetzt hat, damit sie ihn suchen und hoffen, dass sie ihn mögen und finden. Dennoch ist er nicht fern von jedem von uns, denn in ihm leben und bewegen wir uns und haben unser Sein, wie auch einige eurer eigenen Dichter gesagt haben: 'Denn wir sind auch seine Nachkommen' (NIV)."

Der Fremde hielt eine Pause und ließ den Vers einfallen. "Diese Passage betont mehrere Schlüsselpunkte", erklärte er. "Erstens, dass Gott uns alle erschaffen hat, und Er will eine Beziehung mit jedem Menschen. Zweitens, Er ist uns unglaublich nahe, die Quelle unseres Lebens. Schließlich unterstreicht der Abschnitt, dass wir nach seinem Bild gemacht sind, nicht eine geringere Schöpfung."

Der Mann, seine Stirn in Gedanken, interjected, "Sagen Sie also, dass Gott einige seiner Kinder nicht zulassen würde, ewig zu leiden?"

Der Fremde nickte. "Die Erzählung, die wir erforschen, interpretiert diese Passage als Beweis für die Liebe Gottes zu allen. Wenn Er wüsste, dass manche ewig leiden würden, geht das Argument, Er hätte sie nicht an erster Stelle erschaffen. Der Akt der Schöpfung selbst wird als ein Akt der Liebe und Großzügigkeit betrachtet. Ein anderer Vers, Apostelgeschichte 17:30, verstärkt diese Ansicht. Es heißt, dass Gott 'jetzt alle Menschen überall befiehlt, sich zu bekehren' (NIV). Dies impliziert einen Gott, der die Wiederherstellung für alle wünscht, nicht die ewige Strafe für einige."

Die Frau lehnte sich mit neuem Interesse nach vorne und fügte hinzu: "Das macht Sinn. Wenn Gott wie ein liebevoller Elternteil ist, würde Er nicht alle Seine Kinder zu Ihm zurückkehren sehen wollen?"

Ein sanftes Lächeln verbreitete sich über das Gesicht des Fremden. »Genau! Die Erzählung verwendet die Analogie eines Vaters, der seine Kinder nicht für immer leiden möchte. Stattdessen würde er Korrektur und

Wiederherstellung suchen, wie ein guter Elternteil sein Kind diszipliniert, um ihm zu helfen, zu wachsen."

Er nahm einen Schluck von seinem Getränk, bevor er weitermachte. "Die Bibel spricht über den Charakter Gottes. Er wird als liebevoll, mitfühlend, gerecht und barmherzig dargestellt. Diese Eigenschaften sind für manche schwer mit ewiger Qual zu vereinbaren. Ein Gott, der seine ganze Schöpfung wirklich liebt, würde letztlich ihre Wiederherstellung und Versöhnung suchen."

Der Mann schien nachdenklich zu sein. "Das ist eine neue Perspektive für mich. Gibt es noch etwas anderes in den Schriften, das diese Idee unterstützt?"

Der Fremde lächelte. "Eigentlich ein bisschen! Die Erzählung erforscht Konzepte wie Gottes Sicht auf die Menschheit als eins (Epheser 4:6), Seine einzigartige Vaterschaft (Matthäus 23:9), und Sein Eigentum an allen Seelen (Exodus 18:4). All dies weist auf einen Gott hin, der alles, was Ihm gehört, zurückerlangen und die Erlösung herbeiführen will, die Er versprochen hat (Lukas 3:6)."

Als das Feuer spaltete und das Gespräch floss, stürzte der Fremde tiefer in die Schriften ein und weckte ein Teppich mit Versen, die ein Bild eines Gottes zeigten, dessen Liebe und Barmherzigkeit die ganze Schöpfung umfasste.

Das Paar, das von der Botschaft fasziniert war, hörte aufmerksam zu, ihre anfängliche Verwirrung wurde durch einen Funken der Hoffnung und einen neu entdeckten Wunsch ersetzt, dieses faszinierende Konzept der Universalversöhnung zu erforschen.

Das Gespräch setzte sich fort, ein Teppich von Schrift und Kontemplation wurde durch das Feuerlicht gewebt. Als der Fremde den Punkt erreichte, dass die Römer die Rolle Gottes hervorheben, öffnete sich die Tür zum Inn mit einem Schrei. Ein alter Mann schlängelte sich ein, sein Gesicht war mit einem dauerhaften Schwanz geschnitten. Er grummelte etwas über das Wetter und warf eine abgenutzte Münzbörse auf den Teller. Der Innkeeper, der nach einem langen Tag seine eigene Geduld schwächte, machte eine plötzliche Reaktion und zog sich zurück, um den Auftrag zu erfüllen.

Unbeabsichtigt durch die Unterbrechung setzte der Fremde seine Rede fort. »Ach ja, Römer 14,« sagte er, seine Stimme trug über das Schlucken der Töpfe. "Diese Passage spricht von Gott als dem 'Herr der Toten und der Lebendigen' (NIV). Es betont Seine Herrschaft über die ganze Schöpfung."

Der alte Mann, der sich nun mit einer Dampfschale in der Hand niederließ, grummelte skeptisch. "Dominion, nicht wahr? Klingt mir eher wie ein Machtspiel. Warum sollte ein liebevoller Gott alle kontrollieren müssen, auch nach dem Tod?"

Der Fremde wandte sich dem alten Mann zu, seine Augen zitterten mit Verständnis. "Eine ausgezeichnete Frage, Sir. Das Konzept der universellen Versöhnung legt nahe, dass Gottes Herrschaft nicht um Kontrolle, sondern um

Wiederherstellung geht. Denken Sie daran wie ein geschickter Handwerker, der sein Meisterwerk nicht gebrochen lassen würde."

Er lehnte sich nach vorne, seine Stimme war voller Überzeugung. "Wie Jeremia 32:27 sagt: "Ist etwas zu schwer für mich?" (NIV), so kann auch Gott wiederherstellen, was verloren scheint. Der historische Kontext ist hier wichtig. Die Babylonier waren kurz davor, Jerusalem zu erobern, eine scheinbar hoffnungslose Situation. Doch Gott befahl Jeremia, Land zu kaufen, ein Symbol seines Versprechens, das Land letztlich zu erlösen.

Der alte Mann schnarchte. "Verheißungen sind leicht zu machen. Aber wo sind die Ergebnisse? Sehen Sie sich die heutige Welt an – voller Leiden und Ungerechtigkeit."

Der Fremde nickte, ein Eindruck von Traurigkeit in seinen Augen. "Leiden ist in der Tat ein Teil unserer menschlichen Erfahrung. Die Erzählung bestätigt das. Aber Römer 8:19-21 erinnert uns daran, dass "die Schöpfung selbst von ihrer Knechtschaft der Verderbnis befreit und die Freiheit der Herrlichkeit der Kinder Gottes erlangen wird" (NIV).

Er bewegte sich in Richtung des brennenden Feuers. "Stellen Sie sich dieses Feuer vor, das außer Kontrolle brennt und alles auf seinem Weg verzehrt. Aber mit einer geschickten Hand kann es genutzt werden, um Wärme und Licht zu bringen. In ähnlicher Weise kann Gott sogar Leiden benutzen, um letztlich Gutes herbeizuführen."

Der alte Mann blieb nicht überzeugt, sein Schwanz vertiefte sich. "Gute Absichten ebnen nicht immer den Weg zu guten Ergebnissen, junger Mann. Vielleicht ist dieser Gott von euch einfach zu schwach, um all dieses Leiden zu stoppen."

Maria, die aufmerksam zugehört hatte, redete zum ersten Mal. »Aber der Fremde hat die grenzenlose Macht Gottes erwähnt«, sagte sie sanft. "Hat er nicht gesagt, dass nichts für Ihn zu schwer ist?"

Ein Blitz der Hoffnung schien in den Augen des alten Mannes zu leuchten. Er sah den Fremden an, eine Frage, die in der Luft hängte. Der Fremde lächelte herzlich. »Wahrlich, Maria. Die Erzählung betont, dass Gott, der "Gott des ganzen Fleisches" (Jeremia 32:27), die Macht hat, zu heilen, wiederherzustellen und zu erlösen. Er ist der Hüter aller, sowohl der Lebendigen als auch der Toten (Römer 14,7-9)."

Das Gespräch setzte sich bis spät in die Nacht fort, das blinkende Feuerlicht warf tanzende Schatten auf die Wände. Der alte Mann, zunächst widerstandsfähig, fand sich in den Teppich der Schrift und Hoffnung gewebt von dem Fremden gezogen. Vielleicht begann er zum ersten Mal die Möglichkeit eines Gottes zu betrachten, dessen Liebe die ganze Schöpfung umfasste, einen Gott, der nicht nur nach Herrschaft, sondern nach Versöhnung sehnte.

Der alte Mann verblasste unter seiner Schüssel mit Brühe, als er die letzte Schlampe schluckte. »Mein, oh mein, was für idealistische Vorstellungen haben wir hier! Und wie lange soll das sowieso dauern? Denn ehrlich gesagt, ich habe eine Frau, die zu Hause auf mich wartet, und lassen Sie mich Ihnen sagen, sie ist allzu viele Jahrzehnte unerträglich gewesen. Aber ich denke, ich bin genauso böse wie ich selbst." Er lächelte gruselig und nahm einen weiteren herzlichen Schluck seiner Brühe. Nach einer langen Pause mummelte er durch seine Tasse: "Lass mich nicht deine kleine... zukünftige lustige Party stoppen..."

Das Gespräch setzte sich fort, unphasiert durch die grummelnde Interjektion des alten Mannes. Der Fremde lächelte sanft. "Eine Menschheit, ein Gott", begann er, seine Stimme weckt nahtlos zurück in die Erzählung. "Dieses Konzept ist zentral für die Idee der Universellen Versöhnung. Apostelgeschichte 17:26 sagt uns, dass Gott die ganze Menschheit aus einer Quelle erschaffen hat. Es gibt keine Favoriten, keine vorgefertigten Rassen, die für die Erlösung über andere gewählt wurden. Er wünscht sich eine Beziehung zu jedem von ihm geschaffenen Individuum, unabhängig von ihrem Hintergrund."

Die Frau, verzaubert von dieser Botschaft der Einheit, scherzte ein, "Das macht Sinn. Wir sind alle Teil der Schöpfung Gottes, hätten wir nicht alle das Potenzial, Seine Liebe zu erfahren?"

Der Fremde nickte einverstanden. "Absoluut! Die Erzählung verwendet die Analogie eines liebevollen Vaters. Ein guter Vater würde seine Kinder nicht für immer aufgeben oder bestrafen. In ähnlicher Weise würde ein liebevoller Gott uns nicht nur erschaffen, um einige zu endlosem Leiden zu verurteilen. Die Heilige Schrift zeigt Gott als eine perfekte Mischung aus Liebe,

Mitgefühl, Gerechtigkeit und Barmherzigkeit. Diese Eigenschaften scheinen mit der Idee der ewigen Qual für einige seiner Schöpfung unvereinbar."

Der alte Mann zitterte, ein Zögern des Zweifels überquerte für einen kurzen Moment seine Merkmale. Der Fremde fuhr fort: "Darüber hinaus erinnert uns Epheser 4:6 daran, dass es 'einen Gott und Vater aller gibt, der über allen ist und durch alle und in allen' (NIV). Gott ist der Besitzer und Hüter aller Seelen, nicht nur der gerechten wenigen. Römer 14:7-9 betont diesen Punkt. Wir alle sind ihm gegenüber verantwortlich, sowohl in diesem Leben als auch im Jenseits."

Das Feuer spaltete, werfen einen orangefarbenen Glanz auf die nachdenklichen Gesichter versammelt um die Heide. Der Fremde schloss: "Dieser Einblick in die Tapete der Universalen Versöhnung ist nur der Anfang. Die Einladung erstreckt sich auf jeden von Ihnen. Tauchen Sie tiefer in die Heilige Schrift ein, erforschen Sie verschiedene theologische Standpunkte und nähern Sie sich Ihrer Erforschung mit einem offenen Geist und einem Herzen, das auf Gottes grenzenlose Liebe aufmerksam ist. Denken Sie daran, dies ist nur eine Interpretation, und das ultimative Verständnis beruht auf Ihrer eigenen Glaubensreise."

Der alte Mann saß für einen Augenblick still und blickte mit neugieriger Neugier in die Augen auf. Vielleicht hatten die Samen der Hoffnung, die in den Eimer seines Zynismus gepflanzt wurden, angefangen zu keimen. Als das Feuer zu glühenden Kohle gestorben war, wandte sich das Gespräch zu anderen Themen, aber die Idee der Universalen Versöhnung blieb in der Luft, ein neuer Faden, der in den Teppich ihres Lebens gewebt wurde.

Der alte Mann schlug seine Tasse auf den Tisch und überraschte alle mit dem plötzlichen Klatschen. »Höllen! Das ist, wohin ich gehe." Er zitterte, seine Stimme war mit einer Mischung aus Resignation und Angst verbunden. "Und lassen Sie mich Ihnen sagen, wenn es irgendwelche Gerechtigkeit in dieser Welt, das ist, wo meine Frau gehört auch! Aber wäre das nicht nur eine Fortsetzung dieses Lebens? Eine Ewigkeit von Streit und Elend? Gibt es keine Flucht?"

Eine schwere Stille fiel auf den Raum. Das Gewicht der Worte des alten Mannes hängte in der Luft, ein scharfer Kontrast zu der hoffnungsvollen Botschaft der Versöhnung, die der Fremde gewebt hatte. Simeon, seine Stirn in der Betrachtung gefärbt, stieß einen Blick auf den Fremden.

Der Fremde blieb jedoch unphasiert. Ein sanftes Lächeln spielte auf seinen Lippen, als er dem Blick des alten Mannes begegnete. »Herr«, begann er, mit seiner weichen, aber festen Stimme, »die Frage, die Sie stellen, liegt im Kern dessen, was wir besprochen haben – der universellen Versöhnung. Die Vorstellung, dass Gottes Liebe und Gerechtigkeit keine Instrumente der ewigen Strafe sind, sondern Kräfte zur Heilung und Wiederherstellung."

Der alte Mann scherzte. Heilung und Wiederherstellung? Du hast den Zustand meiner Ehe nicht gesehen! Jahrelange Empörung, ein Leben lang harte Worte... es gibt keinen Weg zurück."

Simeon lehnte sich nach vorne, seine Augen waren mit Empathie gefüllt. "Vielleicht gibt es mehr zu beachten als nur Ihre Ehe, alter Timer. Was ist mit deiner Beziehung zu Gott? Hast du darüber viel nachgedacht?"

Der alte Mann zögerte, ein Blitz der Unsicherheit überschritt seine Merkmale. »Nun, ich würde nicht sagen, ich sei der gottesfürchtigste Mann«, murmelte er. "Aber ich glaube an etwas Größeres als mich selbst. Die Wahrheit ist, die Idee der ewigen Strafe hat mich immer geärgert. Es scheint einfach nicht fair."

Ein Glitzer der Hoffnung spaltete in den Augen des Fremden. »Genau! Hier bietet das Konzept der universellen Versöhnung eine andere Perspektive. Die Liebe Gottes, wie sie in der Schrift beschrieben wird, ist allumfassend. Er will eine wiederhergestellte Beziehung zu Seiner ganzen Schöpfung, nicht nur zu den gerechten wenigen."

Der alte Mann gab einen langen Atemzug aus. "Hört sich zu gut an, um wahr zu sein. Und was ist mit der Gerechtigkeit? Sollte es nicht eine Art Strafe für ein Leben wie mein sein?"

Der Fremde schüttelte sanft den Kopf. "Echte Gerechtigkeit, wie Gott sie sieht, geht nicht darum, Schmerzen zu verursachen. Es geht um Wiederherstellung und Transformation. Die Bibel spricht von einem kommenden Gericht (Römer 14:10), aber es geht nicht um Verurteilung. Es geht um eine Gelegenheit für Gottes Liebe, zu heilen und Dinge zu korrigieren."

Simeon zitterte, ein Eindruck von Aufregung in seiner Stimme. "Ich sage dir was, alter Timer. Warum gehst du nicht noch eine Weile bei uns? Wir können tiefer in diese Schriften eintauchen und sehen, was sie wirklich über Gottes Plan für die ganze Schöpfung sagen. Betrachten Sie es als unseren Trakt – Nahrung, Getränke, die ganze Shebang. Was sagst du?"

Unter der Wärme ihrer Einladung schien sich das grobe Äußere des alten Mannes leicht zu erweichen. Die Idee, diese Konzepte weiter zu erforschen, insbesondere mit einem vollen Magen und einem kostenlosen Getränk, hielt eine gewisse Anziehungskraft. Nach einem Augenblick des Zögerns gelang es ihm schließlich, einen groben Knochen zu machen. "Okay, okay. Dreh mir den Arm. Aber erwarte nicht, dass ich über Nacht meine Meinung ändere."

Eine Welle der Erleichterung und Freude wasste über den Fremden und Simeon. Sie hatten eine Chance, eine Gelegenheit, ein Saatgut der Hoffnung in das Herz dieser müden Seele zu pflanzen. Als sie den alten Mann näher an das Feuer führten, füllte Simeon seine Tasse und der Fremde startete wieder in seine Rede, diesmal mit dem Konzept "Alles zu sich ziehen: Ein Versprechen der universellen Erlösung" (John 6:37).

"Johannes 6:37 sagt uns, dass der Vater alles Christus anvertraut, und Christus begrüßt alle, die zu ihm kommen", erklärte der Fremde, seine Stimme voller Überzeugung. "Diese Universalität der Einladung unterstreicht Gottes Wunsch, alle Menschen in seine liebevolle Umarmung zu ziehen. In dieser großen Erzählung gibt es keinen Platz für begrenzte Versöhnung oder eingeschränkte Erlösung."

Das Feuer spaltete und tanzte, und wirft einen warmen Glanz auf die Gesichter, die sich um die Heide versammelten. Das Gespräch floss spät in die Nacht, mit Versen, theologischen Argumenten und einer gemeinsamen Suche nach der Wahrheit gefüllt. Der alte Mann, zunächst skeptisch, fand sich in den Teppich der Heiligen Schrift und Hoffnung gewebt von dem Fremden und Simeon. Vielleicht begann er zum ersten Mal in seinem Leben, über die Möglichkeit eines Gottes nachzudenken, dessen Liebe sogar einen schmerzhaften alten Mann mit einer beunruhigenden Vergangenheit umfasste. Die Nacht endete nicht, sondern ging in die späten Nächte weiter und pflanzte Samen der Hoffnung und Verwandlung.

Maria, die ihre Tasse mit nachdenklichem Rachen saß, murmelte empathisch: "Weißt du, der alte Mann erinnert mich an meinen Großvater. Jeder dachte, er sei ein grausamer alter Mantel, aber oft brachte er mir kleine Geschenke – Spielzeug und Puppen zum Spielen. Ich sah eine andere Seite von ihm, eine Güte, die niemand sonst bemerkt hat."

Simeon blickte mit verständnisvollen Augen vorwärts. "Das ist genau, wie Gott uns alle sieht, Maria. Wir mögen äußerlich schlimm oder verhärtet erscheinen, aber Er sieht das Potenzial für das Gute in jeder Seele. Der Fremde lächelte einverstanden. "Natürlich. Und dieses Konzept ist wunderschön in der Passage von Epheser 1:9-10 illustriert. Lassen Sie uns tiefer in diesen Vers eintauchen und die Botschaft der universellen Versöhnung erforschen, die sie bietet."

Der Fremde fuhr fort, seine Stimme war voller Überzeugung. "Eine buchstäbliche Interpretation: Keine Ausschlüsse", erklärte er. "Die Passage spricht von 'alle Dinge' - nicht einige Dinge, oder einige wenige. Es gibt keine Ausschlüsse oder Einschränkungen. Es umfasst alles, "im Himmel und auf Erden." Diese Universalität unterstreicht die allumfassende Liebe und den Wunsch Gottes nach Wiederherstellung."

Maria, verzaubert von dieser Idee, zitterte: "So hat alles und jeder das Potenzial, die Liebe Gottes zu erfahren und schließlich mit Ihm versöhnt zu werden?"

Der Fremde lächelte herzlich. »Genau, Maria. Der Vers verstärkt diese Sichtweise noch weiter, indem er sich über die irdischen Wesen hinaus erstreckt. Es spricht auch von Dingen im Himmel. Kolosser 1:19-20 fügt eine andere Schicht hinzu, die besagt: "Denn es gefiel dem Vater, daß alle Fülle in ihm wohne und durch ihn alles mit sich versöhne, sei es auf Erden oder im Himmel."

Simeons Augen glänzten mit einer neu entdeckten Hoffnung. »Stellen Sie sich vor«, sagte er und gestaltete sich dem brennenden Feuer entgegen, »dass alle Geschöpfe im Himmel und auf Erden vereint sind, um Gott zu loben! Wäre das nicht eine herrliche Erfüllung dieser Versöhnung?"

Der Fremde nickte begeistert. »Natürlich, Simeon! Dieses Bild aus der Offenbarung zeichnet ein mächtiges Bild von Gottes endgültigen Zweck. Dieses Konzept kann jedoch schwierig sein, sich mit dem traditionellen Glauben an die ewige Qual zu vereinbaren. Wenn Gottes letzter Wunsch darin besteht, alle Dinge in Christus zu vereinen, wie kann das ewige Leiden für einige Teil des Plans sein?"

Eine nachdenkliche Stille fiel auf die Gruppe. Das Feuer spaltete sanft, werfen blinkende Schatten auf die Wand. Das Gespräch setzte sich fort und machte eine neue Wendung in Richtung der Erforschung der Hoffnung, die die Universale Versöhnung und die unaufhaltsame Kraft des Erlösungsplans Gottes für die ganze Schöpfung bot.

»Ach, Herr Garf, ein Vergnügen«, antwortete Maria mit einem warmen Lächeln. "Der alte Mann" war nicht dazu gedacht, respektlos zu sein, nur eine Art, einen alten Mann wie dich zu beschreiben", lächelte sie eifersüchtig.

Simeon lächelte auch und fügte hinzu: "Auch wenn man bedenkt, wie heiß Sie in Ihren Fragen sind, Mr. Garf, sind Sie vielleicht jünger im Herzen als einige junge Leute, die ich kenne."

Der alte Mann, Mr. Garf, schnarchte, wie ein Lächeln auf seinen Lippen spielte. "Fire? Vielleicht eher wie die Asche eines halblebigen Lebens. Aber diese Rede von Gott, der alles hilft... gibt mir einen Blitz der Hoffnung. Sogar für einen grumpigen alten Mantel wie mich?"

Der Fremde lehnte sich nach vorne, seine Augen waren voller Mitgefühl. »Natürlich, Mr. Garf. Die Schrift, die wir erforschen, spricht von Gottes Wunsch, alle Dinge in der Schöpfung zu versöhnen, und das beinhaltet Sie und Ihre Frau."

Mr. Garfs gruseliges Verhalten erleichterte eine Berührung. "Auch meine Frau? Nach all dem Streit? All die harten Worte?"

"Nach der Botschaft der Universalen Versöhnung", erklärte der Fremde, "ist die Liebe Gottes weit größer als jede menschliche Auseinandersetzung. Nehmen wir zum Beispiel Matthäus 19:24-26. Jesus spricht von einem reichen Mann, der in das Reich des Himmels eintritt, weil es für einen Kamel leichter ist, durch das Auge einer Nadel zu gehen. Klingt unmöglich, oder?

Herr Garf nickte, nahm einen nachdenklichen Schluck aus seiner Tasse.

"Aber die Passage endet mit "mit Gott sind alle Dinge möglich", fuhr der Fremde fort. "Wenn Gott einen reichen Mann retten kann, den viele für schwierig halten, dann kann Er sicherlich die gleiche Rettung für dich und deine Frau ausdehnen."

Mr. Garfs Augen vergrößerten sich ein Bruchteil. "Sie sagen also, dass selbst ein armer alter Schwanz wie ich eine Chance hat? Heck, ich hätte vielleicht sogar eine bessere Chance als dieser reiche Kerl!"

Der Fremde sagt: „Du armer Mann, du scheinst leichter anzuziehen als die reichen Leute, die ich kenne. Es scheint, als würde ihr Geld ihre Chance verlieren, ihre Optionen neu zu überdenken, weil sie zu viel Energie ausgeben, um Optionen zu kaufen." Der Fremde schnappt sich, während er seine Tasse heißen Kaffee schluckt.

Simeon weinte mit Lachen, die Wärme erreichte seine Augen. "Das ist der Geist, Mr. Garf! Gottes Liebe erstreckt sich auf alle, unabhängig von Reichtum oder sozialen Status."

Der Fremde nickte. "Genau. Und dieses Konzept entspricht dem Charakter Gottes, wie es in der Heiligen Schrift offenbart wird. Offenbarung 4:11 sagt uns, dass Er alles für Sein eigenes Vergnügen geschaffen hat, und würde die universelle Wiederherstellung Ihm nicht die größte Freude bringen? Die Bibel versichert uns, dass Gott den Tod der Gottlosen nicht erfreut (Ezekiel 33:11). Sein letzter Wunsch ist es, alle mit Ihm versöhnt zu sehen."

Herr Garf kratzte nachdenklich seinen Bart. "Also, auch wenn ich viel verrückt habe, gibt es noch Hoffnung? Wie ein altes Auto, das repariert werden kann, anstatt an den Müllplatz geschickt zu werden?"

"Eine wunderbare Analogie, Mr. Garf!" der Fremde schrie. "Die Botschaft der Universalen Versöhnung ist eine Botschaft von Wiederherstellung und Transformation. Und im Gegensatz zu einem Auto, das menschliche Anstrengung erfordert, ist Gottes Liebe ein Geschenk, das frei von der Gnade gegeben wird (Ephesians 2:5, 8). Es ist für alle zugänglich, unabhängig von früheren Fehlern."

Mr. Garf, eine neu entdeckte Neugier, die seine anfängliche Skepsis ersetzte, zog seinen Stuhl näher, eifrig, diese Botschaft der Hoffnung und der unerschütterlichen Liebe eines Gottes, der Versöhnung mit der ganzen Schöpfung wünschte, tiefer zu vertiefen.

Simeon lächelte herzlich, indem er den Raum neben ihm auf der Bank schlängelte. "Machen Sie sich wohl, Mr. Garf. Dieses Gespräch über die Universelle Versöhnung hat viel zu entpacken, und es hört sich an, als seid ihr auf Wissen dürstet. Das Feuer könnte untergehen, bevor wir das Ende erreichen, aber fürchten Sie sich nicht, wir haben genügend Schlösser, um es die ganze Nacht brennend zu halten!"

Mr. Garf, ein schmutziges Lächeln, das seine frühere Grumpiness ersetzte, schwankte und setzte sich mit einem zufriedenen Grunt auf die Bank. »Je länger, desto besser«, mußte er, seine Stimme schlug mit einem Hinweis auf Herausforderung, die auf zwei Arten interpretiert werden konnte – einem Widerstand gegen die Idee, nach Hause zu seiner Frau zurückzukehren, oder einer neu entdeckten Entschlossenheit, diese Botschaft der Hoffnung zu erfassen.

Der Fremde lächelte warm, sein Blick blinkte zwischen Herrn Garf und Simeon. "Ausgezeichnet! Wo möchten Sie also anfangen, Mr. Garf? Vielleicht haben Sie einige anhaltende Fragen über die Natur des Glaubens und der Erlösung im Kontext der Universalen Versöhnung?"

Herr Garf schüttelte nachdenklich seinen Bart, seine Augen glänzten von einer neu entdeckten Neugierde. "Glauben... das ist ein interessanter Begriff. Du sagst, es sei ein Geschenk Gottes? Wie ein Samen, das in jedem von uns gepflanzt wird, auch wenn wir es nicht wissen?"

Das Lächeln des Fremden vergrößerte sich. »Genau, Mr. Garf! Das Konzept legt nahe, dass das "Geschenk" das inhärente Licht der Versöhnung Christi ist, das in jedem von Geburt an vorhanden ist. Dieses Licht mag schweigend sein oder durch Lebenserfahrungen verdunkelt sein, aber es ist trotzdem da. Ebenso ist der Glaube ein Geschenk, das es uns ermöglicht, dieses Licht zu erkennen und zu umarmen."

Simeon lehnte sich nach vorne, seine Augen glänzten mit Begeisterung. »Genau! Die Bibel sagt uns in 2. Timotheus 1:9, dass die Erlösung des Evangeliums ein Geschenk Gottes für ALLE Menschen ist, das zur richtigen Zeit offenbart werden soll. Denken Sie darüber nach, Mr. Garf. Selbst diejenigen, die nicht bewusst den Glauben gewählt haben, besitzen ein Maß an diesem Geschenk, einem Samen, der darauf wartet, gepflegt zu werden."

Ein nachdenklicher Schwanz riss Mr. Garfs Stirn. "Sie sagen also, dass selbst ein gieriger alter Schwanz wie ich einen Glanz des Glaubens in sich hat? Auch wenn ich nicht genau der religiöseste Typ gewesen bin?"

Der Fremde lächelte sanft. »Natürlich, Mr. Garf! Gottes Gnade und Glaube sind freie Gaben, die jedem zugänglich sind, unabhängig von seinen früheren Handlungen oder Überzeugungen. Diese Wahrheit wird wunderschön in Römer 5:9-10 hervorgehoben, die verkündet, dass durch die Gerechtigkeit, die durch das Blut Christi gegeben wird, die gesamte Menschheit letztlich von Gottes Zorn befreit werden wird.

Herr Garf schien dies für einen Augenblick nachzudenken, dann sah er mit einem Glanz der Hoffnung in seinen Augen auf. "Gerechtigung, Befreiung... das klingt wie ein mächtiges, gutes Opfer, selbst für einen alten Sünder wie mich. Erzähl mir mehr über dieses Licht, von dem du sprichst. Dieses Licht, das angeblich in uns alle leuchtet, auch diejenigen, die es nicht genau gesucht haben."

Der Fremde und Simeon wechselten einen Blick, eine stillschweigende Kommunikation zwischen ihnen. Das war es, der Moment, als Mr. Garf begann, die transformative Botschaft der Universalen Versöhnung zu begreifen. Das Gespräch setzte sich fort, indem wir tiefer in die Heiligen Schriften eintauchen, die von Gottes universeller Liebe, der Gabe des Glaubens und dem endgültigen Zweck der Erlösung für die ganze Schöpfung sprachen. Als das Feuer spaltete und die Nacht anhaltete, wuchs ein Samen der Hoffnung im Herzen von Herrn Garf, einem Samen, der eine Zukunft versprach, die voll Versöhnung war, nicht nur mit Gott, sondern vielleicht sogar mit seiner Frau.

Mr. Garf lächelte, ein raues Geräusch, das sowohl mit Spaß als auch mit Skepsis verbunden schien. "Nun, all diese Reden über Gottes Licht und Erlösung klingen großartig und dumm. Das "Gottlicht", das du immer wieder erwähnt hast... sagst du, es leuchtet auch auf jenen alten Huhn, mit dem ich gezwungen bin, mein Leben zu teilen? Du erwartest von mir, dass ich glaube, dass sie auf dem gleichen Weg zur Erlösung ist wie, nun, jeder andere?"

Der Fremde erstickte sein Getränk, spritzte und hustete, als Simeon ihn sanft auf den Rücken schlug. Simeon lächelte herzlich und wischte eine Träne aus seinem Auge. »Lasst es ruhig, Freund! Mr. Garf hat hier nur eine... bunte Art, sich auszudrücken. Aber um Ihre Frage zu beantworten, Mr. Garf, ja, in den Augen Gottes, Ihre Frau ist nicht anders als jeder andere. Er sieht ihr Potenzial für gut, genau wie er es in dir sieht."

Herr Garf schnarchte. "Halten Sie auf. Meine Augen sehen, was sie sehen, und lassen Sie mich Ihnen sagen, diese Frau kann eine rechte Handvoll sein! Dieses "Gottlicht" von dir muss dunkler sein als eine Kerze in einem Hurrikan, wenn es den klaren Unterschied zwischen mir und ihr nicht sehen kann!"

Der Fremde, nachdem er seine Verzweiflung wieder erlangt hatte, schaffte es, ein bitteres Lächeln zu machen. »Vielleicht, Herr Garf, ist eure Wahrnehmung durch Jahre ehelicher Streitigkeiten verdunkelt. Gottes Liebe ist weit größer als jede Streitigkeit, und sein Licht kann sogar die dickste Finsternis durchdringen."

Simeon legte sich nach vorn, und seine Augen zitterten mit Verständnis. »Genau! Jesaja 63:9 sagt uns, dass Gottes Liebe und Barmherzigkeit es sind, die ihn motivieren, Menschen zu erlösen. Der Vers sagt: "In seiner Liebe und in seiner Barmherzigkeit erlöst er sie..." Der Spitzname "sie" bezieht sich auf die gesamte Menschheit, nicht auf einige gewählte wenige. Gott spielt keine Favoriten; Seine Liebe und Erlösung erstrecken sich auf die ganze Schöpfung."

»Halten Sie einen Stich!« unterbrach Herr Garf und hielt die Hand hoch. "Sagst du Erlösung für alle Menschen? Wie der Vers in Lukas über den Herrn, der sein Volk besucht und erlöst?"

Simeon strahlte. »Genau, Mr. Garf! Lukas 1:68 erklärt: "Gesegnet sei der Herr, der Gott Israels, denn er hat sein Volk besucht und erlöst." Während sich "Sein Volk" ursprünglich auf die Israeliten bezog, erweiterte sich das Konzept auf die gesamte Menschheit. Der Segen, der Abraham durch Christus verliehen wurde, erreicht letztlich jeden."

»Das klingt zu gut, um wahr zu sein«, mußte Herr Garf, aber in seinen Augen tanzte ein Blitz der Hoffnung.

Simeon lächelte. "Das sagen viele, Mr. Garf! Aber die Bibel ist voller Verse, die von Gottes universeller Liebe und Erlösung sprechen. Galater 3:13, zum Beispiel, betont, dass das Erlösungswerk Christi alle Menschen umfasst. Es heißt: 'Christus erlöst uns vom Fluch des Gesetzes und wird zum Fluch (Angeklagten) um unseretwillen...' Das Opfer Christi befreit die ganze Menschheit von der Verurteilung. Gute Werke oder Rituale können uns nicht retten; es geht um das Werk Christi am Kreuz."

Mr. Garf lächelte, ein tiefes Geräusch, das im Raum wiederholte. "Hmmm, klingt so, als habe ich mich in das Gespräch hier in der Gaststätte stürzt. Je mehr ich davon höre, desto besser fühle ich mich. Vielleicht, nur vielleicht, kann ich den Mut sammeln – wenn diese explodierte Sonne endlich aufgeht – nach Hause zu gehen und mit dem... nun, sagen wir einfach, die Situation ist nicht genau englisch."

Ein schwaches Lächeln verbreitete sich über Mr. Garfs Gesicht, als er sich dem Fremden gegenüber wendete. "Wenn ich von Namen spreche, habe ich deine noch nicht bekommen. Willst du einem alten Jungen wie mir erzählen, der meinen Kopf mit all dieser Hoffnung gefüllt hat?"

Der Fremde lächelte herzlich. »Natürlich, Mr. Garf. Es ist ein Vergnügen, Sie kennenzulernen. Sie nennen mich Mr. Wright."

Mr. Garf warf den Kopf zurück und lachte, ein herzlicher Klang, der die Schläger schüttelte. »Nun, Mr. Wright, ich hoffe, Sie haben recht! Denn ehrlich gesagt, der Gedanke, noch eine Nacht mit dem... ahem... Teufel konfrontiert zu werden, den ich meine Frau nenne, erfüllt mich mit mehr Schrecken als ein Troll, der eine Brücke bewacht."

Simeon lächelte und schüttelte Herrn Garf freundlich mit seinem Ellenbogen. »Da geht's wieder, Mr. Garf! Immer mit den bunten Beschreibungen! Aber ernsthaft, die Botschaft der universellen Versöhnung bietet Hoffnung für alle, auch für diejenigen, die sich in weniger als idealen Situationen befinden."

Herr Garf nickte langsam, ein nachdenklicher Ausdruck, der seine frühere Unterhaltung ersetzte. "Wie, was dieser Fernsehprediger einmal sagte, über die aufgehende Sonne, die die Dunkelheit zurückdrückt", muste er. Dass der Zorn Gottes ist wie die Nacht, etwas, das mit dem Licht der Morgendämmerung verschwindet. Und Barmherzigkeit... Nun, Barmharz wäre die Sonne selbst, warme und lebendige. Sogar diese verrückten Ägypter wussten, dass, nach Malachi 4:2 zu urteilen, die Sonne mit Heilung aufstehen wird. Ich glaube, er sagte: "Seine Flügel."

Von Mr. Garfs biblischer Referenz fasziniert, lehnte sich Mr. Wright nach vorne. "Das ist eine faszinierende Verbindung, Mr. Garf. Die Vorstellung, dass Gottes Zorn vorübergehend und Seine Barmherzigkeit ewig ist, entspricht perfekt dem Konzept der Universalen Versöhnung."

Ja, Mr. Garf. Es scheint auch, dass diese Analogie uns zeigt, dass die Nacht in Bezug auf die Dunkelheit ist wie die Sünde, die allgemein für die Menschheit ist. Auch so ist die aufgehende Sonne wie die Barmherzigkeit, die Gott der ganzen Menschheit schenkt. Die Verwendung der natürlichen Elemente als Synonym für diese mystischen Wahrheiten zeigt, dass die Sonne leuchtet und Regen sowohl auf die Gerechten als auch auf die Ungerechten fällt. Die Typologie ist unwiderlegbar.

Herr Garf antwortet: „Das ist ein mächtiges, hübsches Gespräch, das Sie dort haben. Ich werfe das in meinen alten Kopf.

Simeon kam hinein, seine Augen glänzten mit Begeisterung. "Absoluut! Die Bibel ist voller Verse, die diese Idee unterstützen. Nehmen wir zum Beispiel Psalm 103:9. Er sagt: "Er behält seinen Zorn nicht ewiglich, denn Er erfreut sich an Barmherzigkeit.""

Mr. Garfs grausames Verhalten hat sich weiter abgemildert. "Glück in der Barmherzigkeit... das ist ein mächtiges Bild. Du sagst also, Gott würde lieber Barmherzigkeit gegenüber allen zeigen, als ewige Strafe auszulöschen?"

"Das ist die Kernbotschaft von Universal Reconciliation, Mr. Garf", erklärte Mr. Wright. "Wie der Sonnenaufgang Hoffnung und neue Anfänge bringt, ist Gottes letzter Wunsch, die ganze Schöpfung mit sich selbst zu versöhnen. Die Psalms sind voller solcher Versprechungen."

Mit neuem Interesse forderte Mr. Garf sie auf, fortzufahren. "Psalms, meinst du? Erzähl mir mehr über diese Hoffnung für alle Sünder. Vielleicht gibt es auch eine Chance für einen grumpigen alten Codger wie mich, und vielleicht sogar... Nun, du hast die Idee."

Das Gespräch setzte sich fort, indem wir tiefer in die Heiligen Schriften eintauchen, die von Gottes universaler Liebe, der grenzenlosen Natur seiner Barmherzigkeit und der ultimativen Hoffnung auf Erlösung für die ganze Schöpfung sprachen. Als das Feuer spaltete und die Nacht anhaltete, blühte ein Hoffnungssamen im Herzen von Herrn Garf. Vielleicht, vielleicht, da war Licht am Ende des Tunnels, nicht nur für die Welt, sondern für seine eigene problematische Beziehung zu Hause.

Mr. Garf schüttelte seine Stirn, das Gewicht des Gesprächs setzte sich auf ihn. "So, Sie sagen, ich sollte nicht in Wut stechen und sich Sorgen über den Zustand meiner Ehe machen? Nehmen Sie es einfach an und warten Sie auf etwas Sonne und Regenbogen?"

Der Fremde lächelte sanft. »Nein, nein, Mr. Garf. Es ist natürlich, sich besorgt zu fühlen, besonders wenn die Dinge schwierig sind. Selbst die frommsten Anhänger kämpfen mit Zweifeln und Sorgen. Denken Sie daran wie ein Samen, das im Boden gepflanzt wurde. Es wächst nicht über Nacht, oder?"

Herr Garf schnarchte. Besonders nicht auf meinem Felsboden. Glauben, meinst du? Glauben? Es scheint, als ob ich so lange ein Ungläubiges Leben gelebt habe. Es fühlt sich an, als wäre es jetzt ein Teil von mir. Wie ein alter, juckender Mantel, den ich nicht loswerden kann."

Ein sanftes Lächeln berührte Mr. Wrights Lippen. "Und das ist völlig in Ordnung, Mr. Garf. Der Glaube ist eine Reise, kein Ziel. Selbst der mächtigste Eichenbaum begann als kleines Saatgut. Das Wichtigste ist, dass Sie hier sind, zuhören, fragen. Das ist ein Zeichen, dass ein Saatgut der Hoffnung in dir gepflanzt wurde."

Simeon zitterte, seine Stimme warme und beruhigende. »Genau! Und selbst der kleinste Samen kann mit ein wenig Pflege in etwas Schönes wachsen. Die Bibel sagt uns in 2. Korinther 12:9, dass die Gnade Gottes für uns ausreicht, selbst in unserer Schwäche."

Herr Garf schüttelte langsam den Kopf, und ein Zweifel blinkte in seinen Augen. "Aber kannst du einem Mann helfen, der sich nicht einmal dazu bringen kann, alles zu glauben? Diese Vorstellung, dass die Liebe Gottes jeden erreicht, auch einen grumpigen alten Schwanz wie mich... ist eine harte Pille zu schlucken."

Der Fremde lehnte sich nach vorne, seine Augen zitterten mit Verständnis. "Sprechen Sie von den schlimmsten Sünder, machen Sie die besten Christen, Mr. Garf, haben Sie jemals von einem Mann namens Epicurus gehört? Er war ein weiser Mann aus dem alten Griechenland, der über viele Dinge nachdachte, einschließlich der Natur Gottes."

Intrigiert setzte sich Mr. Garf wieder in seinen Stuhl, ein Funken Neugier an die Stelle seines Skepsis. "Niemals den Namen gehört, aber ich bin immer bereit für eine gute Überlegungssitzung."

Der Fremde lächelte. "Epicurus stellte einmal eine Frage, die Theologen seit Jahrhunderten verwirrt hat. Er sprach: "Will Gott das Böse verhindern, aber kann es nicht? Dann ist er nicht allmächtig. Ist er fähig, aber nicht bereit? Dann ist er böswillig. Ist er sowohl fähig als auch bereit? Woher kommt dann das Böse? Ist er weder fähig noch willig? Warum nennt man ihn dann Gott?" Mr. Garf, dies war ein Mann vor den Tagen Jesu, der in einer Zeit lebte, als der Monotheismus mit seiner griechischen Kultur von vielen Göttern in Konflikt stand. Er war auf der Wahrheit.

Eine nachdenkliche Stille fiel auf den Raum, als Herr Garf die schwere Frage betrachtete. Das Feuer spaltete und warf tanzende Schatten auf die Wand. Dieses Konzept des Willens Gottes und seine Verbindung zum menschlichen Leiden war eine neue Falte im Gespräch, eine Schicht, die er zuvor nicht berücksichtigt hatte. Aber die Idee einer universellen Wahrheit scheint seine Aufmerksamkeit zu erregen.

Herr Wright fuhr fort, seine Stimme klang mit Überzeugung. »Die Frage, die Sie stellen, Herr Garf, ist tiefgreifend. Es betrachtet die Natur des Willens Gottes und wie es mit unserer menschlichen Erfahrung zusammenhängt. Im Laufe der Geschichte haben sich große Köpfe mit diesem Konzept auseinandergesetzt, und die Bibel selbst bietet verschiedene Perspektiven."

Er lehnte sich nach vorne, sein Blick fiel auf die flammenden Flammen. "Aber es gibt ein überzeugendes Argument, dass Gottes vollkommener Wille für die Menschheit letztlich zur universellen Erlösung führt. Die Schrift selbst flüstert Versprechen dieser allumfassenden Erlösung."

Mr. Wright griff in seine Tasche und zog ein gebrauchtes, aus Leder gebundenes Buch heraus. "Nehmen Sie zum Beispiel Römer 12:2," begann er, durch die Seiten fliessend. "Hier sind wir berufen, uns zu verwandeln, indem wir unseren Geist erneuern, uns dem vollkommenen Willen Gottes anpassen. Würde diese Vollkommenheit nicht die endgültige Wiederherstellung seiner ganzen Schöpfung beinhalten?"

Eine nachdenkliche Stille fiel auf den Raum, während Mr. Wright weitermachte und Verse zitierte, die von Gottes Wunsch sprechen, dass alle gerettet werden. Er erwähnte Galater 1:4, wo Jesus sich selbst gab, um "uns aus diesem gegenwärtigen bösen Zeitalter zu befreien", und unterstrich Gottes Sehnsucht, die Menschheit von der Haltung der Sünde zu erlösen.

"Und vor allem", fuhr Mr. Wright fort, seine Stimme klingelte mit Betonung, "es gibt 1 Timotheus 2:4. Dieser Vers erklärt, dass es Gottes Wille ist, "dass alle Menschen gerettet werden und zur Erkenntnis der Wahrheit kommen." Hier ist "alle Männer" kein exklusiver Club. Sie umfasst die gesamte Menschheit, jeden einzelnen Menschen auf dieser Erde."

Simeon kam hinein mit glänzenden Augen. "Absoluut! Und dieses Verständnis fließt auch in unsere Gebete. Erinnern Sie sich an das Gebet des Herrn, Mr. Garf? In Matthäus 6:10 beten wir, dass Gottes Wille auf Erden geschieht, wie es im Himmel ist. Würde sich dieser vollkommene Wille zur universellen Erlösung nicht in beiden Reichen widerspiegeln?"

Mr. Wright nickte kräftig. »Genau, Simeon! Und 1 Timotheus 2:1 verstärkt dieses Konzept. Es lehrt uns, Gebete "für alle Menschen" anzubieten, um Gottes Wunsch zu entsprechen, dass jeder in seine Erlösung umarmt wird.

Er vertiefte sich dann in das Leben und die Mission Jesu und stellte ihn als die Verkörperung der universellen Liebe Gottes dar. Johannes 4:34 wurde erwähnt, wo Jesus erklärte: "Meine Speise ist, den Willen dessen zu tun, der mich gesandt hat, und sein Werk zu vollenden." Dieser unerschütterliche Fokus auf die Erfüllung des Willens Gottes, argumentierte Mr. Wright, wies unbestreitbar auf die universelle Erlösung hin.

"Jesus war kein Hirte, der sich nur um ein paar ausgewählte Schafe kümmerte", erklärte Mr. Wright, seine Stimme warme. "Er ist für uns alle gekommen, die Verlorenen und die Wanderer. Sein Opfer am Kreuz war ein Lösegeld für alle, ein Geschmack des Todes für jeden Nachkommen Adams. Diese Universalität wird weiter durch Philipper 2:9-11 betont, die verkündet, dass eines Tages jedes Knie und jede Zunge Jesus als Herrn bekennen wird."

Ein mächtiges Bild blinkte in Mr. Garfs Geist, eine Vision der ganzen Menschheit vereint in der Gegenwart eines liebenden Gottes. Die Worte von Mr. Wright stimmten mit einer Wahrheit überein, die etwas tief in ihm bewegte, einen Blitz der Hoffnung, der seine jahrelangen Zynismen entgegengesetzt hatte.

Mr. Garfs gruseliges Äußeres wurde noch weicher. Das Gewicht des Gesprächs schien sich auf ihn zu beruhigen, nicht als eine Last, sondern als ein Wurzelnseed. Er hörte aufmerksam zu, wie Herr Wright von Jesu Opfer als Lösegeld für alle, einem universellen Akt der Liebe sprach. Eine Frage entstand in ihm, eine Frage, die nicht aus Zweifel, sondern aus wahrer Neugier geboren wurde.

»Halt fest!« unterbrach Herr Garf, seine Stimme schräg, aber aufrichtig. "Wenn Gottes Wille wirklich diese allumfassende Sache ist, die sich auf die universelle Erlösung richtet, warum sollte ich dann dagegen kämpfen? Warum sollte ich weiterhin seinem Willen in meinem Leben widerstehen?" Er hielt eine Pause, sein Blick blinkte auf das Feuer. "Wie kann ich aufhören, es zu verleugnen? Gibt es irgendwelche magische Genie-Flasche, die ich reiben muss, um alles besser zu machen?"

Ein sanftes Lächeln berührte Mr. Wrights Lippen. "Nein, Mr. Garf, es gibt keine Notwendigkeit für Genie oder Zaubertricks. Der Schlüssel liegt darin, sich der Gegenwart Gottes zu öffnen. Würden Sie interessiert sein... nun, sagen wir eine Einführung?"

Mr. Garf schnorchelte, ein Anzeichen von Spaß blinkte in seinen Augen. "Eine Einführung, huh? Nun, wenn du denkst, das wird den Trick machen. Ich ging bald nach Hause, vielleicht auch mit der Musik konfrontiert, sozusagen. Diese ganze Unterhaltung war ziemlich die Fahrt, wie ein hartnäckiger Mühle zu streiten. Vielleicht sehen wir es auch bis zum Ende." Er lächelte, nahm einen herzlichen Schwanz aus seiner Schüssel mit Brühe.

Ein warmes Licht erfüllte Mr. Wright's Augen. "Ausgezeichnete Wahl, Mr. Garf. Mach dich also bereit für die größte Fahrt deines Lebens." Er streckte seine Hand zum alten Mann aus. "Lassen Sie uns mit Gott reden, wir alle zusammen."

Simeons Gesicht brach in ein breites Lächeln. Er zog einen Stuhl näher an Mr. Garf, seine Augen zitterten mit Erwartung.

Und so schlossen sich die drei Männer in einem Kreis gemeinsamer Ziele zusammen. Mr. Wright führte sie im Gebet, seine Stimme resonierte mit Aufrichtigkeit, als er von Mr. Garfs Offenheit und seinem Wunsch nach einer tieferen Verbindung mit Gott sprach. Zum ersten Mal in Jahren fand sich Mr. Garf sein Herz ausgießen, seine Sorgen und Frustrationen vor einem unsichtbaren, aber mächtig präsenten, Gott offen gelegt. Er sprach von seiner angespannten Beziehung zu Hause, der Wut, die so lange geprägt war. Als die Worte seine Lippen verlassen, schwamm eine Welle der Erleichterung über ihm, ein Gefühl, endlich loszulassen.

Als das Gebet zu Ende war, fiel eine friedliche Stille auf den Raum. Mr. Garf öffnete seine Augen, eine neugefundene Leichtigkeit in seinem Geist. »Nun, ich werde verrückt sein«, mußte er, mit einem Hauch von Wunder in seiner Stimme. "Ich fühle mich irgendwie anders. Als ob ein Gewicht angehoben wurde, oder vielleicht ist es nur... Nun, als ob ich es endlich alles aus meiner Brust bekommen habe."

Simeon strahlte. "Das ist die Macht des Gebets, Mr. Garf! Es ist der Beginn einer schönen Reise." Herr Wright nickte einverstanden, sein Blick warme und mitfühlende.

"Eine Reise, oder?" Mr. Garf wiederholte, das Wort wendete sich in seinem Kopf. Er blickte auf die aufgehende Sonne, die durch das Fenster schaute und einen goldenen Glanz über den Raum geworfen hatte. Vielleicht, vielleicht, war es eine Reise, die es wert war, zu machen, eine Reise in Richtung einer helleren Morgendämmerung, nicht nur für die Welt, sondern für sein eigenes beunruhigtes Herz.

A Hopeful Dawn

Die ersten Strahlen der Morgendämmerung malen den Horizont in Rosen- und Goldfarben. Eine sanfte Brise flüstert durch das schwingende Gras und trägt die süße Melodie des Vogelgesangs. Mr. Garf kommt aus der warmen Umarmung der Herberge hervor, eine neu entdeckte Leichtigkeit in seinem Schritt. Er nimmt einen tiefen Atemzug von frischer Luft, der frische Morgen füllt seine Lunge mit erneuert Energie.

Die aufgehende Sonne glänzt vom Chrom seines alten Pickup-Trucks, der geduldig in der Nähe geparkt war. Mr. Garf blickt zurück in die Herberge, ein leiser Dank, der in seinem Blick verweilt. Ein kleines Lächeln erfreut seine Lippen, ein Hinweis auf die Wärme, die in ihm blüht.

Er steigt in den Fahrersitz, der abgenutzte Leder-Sitz begrüßt ihn wie ein alter Freund. Mit einer praktizierten Leichtigkeit startet er den Motor, das bekannte Rumpeln ein tröstendes Geräusch. Als er auf die Straße zieht, schießt der LKW eine Wolke Staub auf, die im goldenen Licht tanzt. Die Kamera schaltet sich aus und erfasst das weite Gebiet des ländlichen Raumes, das in dem sanften Glanz der Morgensonne gebadet ist. In der Ferne schrumpft die

Silhouette von Mr. Garfs LKW, als er zum Horizont fährt, ein einsamer Reisender, der sich auf ein neues Kapitel begibt.

Die Szene verschwindet und zeigt die klimatisierte Fassade einer alten Hütte, die unter hohen Bäumen eingebettet ist. Rauch lockt sanft aus dem Schornstein, ein Zeichen des Lebens drinnen. Die Kamera konzentriert sich auf die Haustür, eine abgenutzte Holzbarriere, die mit einer einfachen Krone von Wildblumen verziert ist.

Mr. Garfs LKW zieht sich in die Autobahn, der Graben schrumpft unter den Reifen. Er parkt, der Motor sputtert zum stillen Halt. Er nimmt einen tiefen Atemzug und tritt aus, mit dem Blick auf die Tür vorne. Ein Zittern der Nervosität fließt durch ihn, eine Mischung aus Angst und einer seltsamen, unbekannten Hoffnung.

Er steht für einen langen Moment vor der Tür, seine Hand schwimmt zögernd in der Luft. Eine Million ungesprochene Worte überfüllen seine Gedanken, ein Leben der Emotionen, die sich in ihm drehen. Er schließt die Augen, nimmt noch einen tiefen Atemzug, und dann, mit einer neu entdeckten Entschlossenheit, streckt er sich aus und klopft.

Eine weiche Stille hängt in der Luft, dick mit Erwartung. Die Kamera konzentriert sich auf die Hand von Herrn Garf, knuckelt weiß, während sie den verschlangen Türknopf greifen. Dann ein Geräusch. Ein Kratzer, gefolgt von dem langsamen, zögerlichen Schub der Tür, die sich nach innen öffnet.

Eine Scheibe Licht blickt durch die Öffnung, die nur einen Hinweis auf das Innere enthüllt. Der Raum bleibt unsichtbar, ein Rätsel, das auf Entdeckung wartet. Mr. Garfs Herz schlägt in seiner Brust, ein Schlagzeug wiederholt sich in dem ruhigen Raum.

Er tritt vorwärts, die witternden Fußböden knirschen unter seinem Gewicht. Mit einer zitternden Hand drückt er die Tür geschlossen, und die Dämmerung verschwindet in die Dunkelheit. Aus dem Innern der Kabine durchtrennt die Stille eine muffige Stimme, gruselig, aber seltsam zart.

Die Stimme: "Oh, gut... Ich bin zu Hause! Steh auf, wir haben viel zu reden."

- - -

Die Exegese

Der vorherbestimmte Wille Gottes: Eine universalistische Perspektive

Diese Erzählung erforscht das Konzept des vorherbestimmten Willens Gottes und argumentiert für eine universalistische Interpretation der Soteriologie – dass Gott letztlich die Erlösung der ganzen Menschheit wünscht und erhält.

Gottes ursprünglicher Wille: Universelles Heil (1 Timothy 2:3-4, Luke 1:37)

Die Passage beginnt mit der Festlegung der ursprünglichen Absicht Gottes: dass jeder mit Ihm sein soll. Diese "gesegnete Hoffnung" (Referenz implizit) wird als Gottes ursprünglicher Plan für die Menschheit betrachtet, der in der ganzen Heiligen Schrift prophezeit wurde. Lukas 1:37 betont die Fähigkeit Gottes, alles zu erreichen und unterstützt die Vorstellung, dass die universelle Erlösung in seiner Macht liegt.

Gottes unveränderliche Barmherzigkeit (Psalm 136, Job 23:13, Romans 5:20)

Gottes Barmherzigkeit wird als dauerhaft beschrieben, auch inmitten der menschlichen Sünde. Psalm 136 und Job 23:13 unterstreichen Gottes unerschütterlichen Willen und seine Fähigkeit, Seine Ziele zu erreichen. Römer 5:20 nimmt dies einen Schritt weiter und legt nahe, dass Gottes Gnade sogar überflutet, wo Sünde reichlich ist.

Die Versöhnung Christi für alle (1 John 2:2, Genesis 12:3)

Die Erzählung betont die Universalität des Opfers Christi. 1 Johannes 2:2 besagt, dass Jesus das Sühneopfer für "die Sünden der ganzen Welt" ist, nicht nur für die Gläubigen. Diese Universalität steht im Einklang mit Gottes ursprünglichem Plan, der in Genesis 12:3 vorausgesagt wurde, wo Gott durch Abraham "alle Geschlechter der Erde" Segnungen verspricht.

Gottes erlaubter Wille

Das Konzept des zulässigen Willens Gottes wird eingeführt. Dies erlaubt Ereignisse, die seinem letzten Plan widersprechen mögen, aber letztlich einem größeren Zweck dienen. Die Analogie wird verwendet, um Gott mit einem "Wish-Master" zu vergleichen, der bestimmte Dinge zulässt und das Endergebnis kennt.

Der Triumph der Gnade (Psalm 66:3-4, 1 John 4:14, 1 John 3:8, 1 Corinthians 15:26)

Der Schwerpunkt verschiebt sich dann auf die positiven Auswirkungen des vorab bestimmten Willens Gottes. Die Schönheit der universellen Lobpreisung Gottes ist vorstellbar (Psalm 66:3-4). Die endgültige Niederlage des Bösen durch den Sieg Christi wird hervorgehoben (1 John 4:14). Gottes Liebe wird als die ultimative Kraft beschrieben, die Angst, Sünde, Tod und sogar die Hölle besiegt (1 John 3:8, 1 Corinthians 15:26).

Die Kraft und Barmherzigkeit Gottes (Exodus 34:6, Deuteronomy 4:31, 2 Chronicles 30:9, Jeremiah 3:12)

Die Erzählung betont Gottes unermessliche Macht und unerschütterliche Liebe. Passagen aus Exodus, Deuteronomium, 2 Chroniken und Jeremia werden verwendet, um Gottes Barmherzigkeit und Treue zu veranschaulichen, selbst angesichts menschlicher Rebellion.

Gottes Souveränität und Plan (Psalm 68:18, Hebrews 5:2)

Die Rolle Gottes als souveräner Schöpfer wird anerkannt. Er wird beschrieben, alles zum Guten zu tun und sowohl den Gläubigen als auch den Rebellen Gnade zu zeigen. (Psalm 68:18, Hebrews 5:2). Job 23:1 deutet auf Gottes endgültige Erfüllung Seines Plans hin, einschließlich der Erlösung der Menschheit.

Ein Ruf, dem Plan Gottes zu vertrauen

Die Erzählung endet mit der Aufforderung an die Leser, die Weisheit Gottes nicht in Frage zu stellen. Beispiele aus der Heiligen Schrift werden verwendet, wie der Garten Eden, die Verhärtung des Herzens des Pharao und die Kreuzigung Christi. Diese Ereignisse, obwohl scheinbar widersprüchlich, werden als Teil des größeren Plans Gottes für die universelle Erlösung gesehen.

Job 23:13: Der unaufhaltsame Willen Gottes

Ein bedeutender Teil des Textes ist der Analyse von Hiob 23:13 gewidmet, der sagt: "Aber er ist eins, und wer kann ihn zurückkehren? Er wird tun, was

Seine Seele begehrt." Dieser Vers wird als Beweis für den absoluten Willen Gottes und Sein unerschütterliches Verlangen nach universeller Erlösung interpretiert. Der Begriff "Wünsche" wird mit "Aktionen" gleichgesetzt, was darauf hindeutet, dass Gott immer das erreicht, was Er zu tun vorsieht.

Bewältigung von Einwänden

Die Erzählung erwartet Einwände gegen die Idee des Universalismus. Die Gegner, die argumentieren, dass Gottes Wünsche nicht verwirklicht werden könnten, werden mit der Vorstellung konfrontiert, dass der Wille Gottes souverän und unaufhaltsam ist.

Schlussfolgerung: Universelle Rettung ist Gottes Willen

Die Erzählung bietet einen überzeugenden Fall für die universelle Erlösung auf der Grundlage des vorab festgelegten Willens Gottes. Es betont Gottes unermessliche Macht, unerschütterliche Liebe und den ultimativen Plan für die Erlösung der ganzen Menschheit.

Die Inspiration, für alle zu beten (Matthew 6:10)

Die Passage beginnt mit der Betonung der Inspiration hinter dem Gebet für die ganze Menschheit. Aus dem Gebet des Herrn (Matthäus 6:10) wird der Begriff "Dein Wille geschehen" betont. Dies entspricht dem ultimativen Plan Gottes, wie es in Daniel 4:35 heißt: Er tut nach seinem Willen im Heer des Himmels und unter den Bewohnern der Erde; und niemand kann seine Hand aufhalten und zu ihm sagen: Was machst du? Epheser 1:11 verstärkt diese Vorstellung, indem er Gott darstellt, der "alle Dinge nach dem Rat seines eigenen Willens" tut. Die Erzählung kommt zu dem Schluss, dass Gottes Willen für die universelle Erlösung unaufhaltsam ist.

1. Timotheus 2:1-7: Beten nach dem Willen Gottes

Der Abschnitt konzentriert sich dann auf 1. Timotheus 2:1-7, wo Paulus Timotheos lehrt, "für alle Menschen" zu beten. Die Frage stellt sich: Wenn Gott die universelle Erlösung nicht gewollt hat, warum sollte er solche Gebete befehlen? Die angebotene Antwort ist, dass der Wille Gottes darin besteht, dass jeder gerettet wird und zur Wahrheit kommt. Dies entspricht dem Konzept eines Gottes und eines Mittlers, Jesus Christus, der sich selbst als Lösegeld für alle gegeben hat. Die Erzählung betont die Aussage des Paulus, dass dies der "Wille Gottes" ist.

Universelle Gnade: Ein Ruf zum Gebet für Alle

Die Universalität der Gnade Gottes wird hervorgehoben. Jeder hat etwas zu danken, und Gott will, dass jeder gerettet wird. Dies zeigt das Opfer Jesu, ein Lösegeld für alle, nach dem Vers. Während der Weg zur Erlösung Schwierigkeiten mit sich bringen könnte, wird das Endergebnis – die universelle Versöhnung – betont.

Beantwortung von Einwänden

Die Erzählung erwartet Einwände von denen, die mit dem Universalismus nicht einverstanden sein könnten. "Limitarier", ein Begriff, der verwendet wird, um diejenigen zu beschreiben, die an eine begrenzte Versöhnung glauben, werden herausgefordert, weil sie darauf hindeuten, dass Gott um Gebete bitten würde, die seinem Willen widersprechen. Der Text argumentiert, dass der wahre Glaube Gebete für alle erlaubt, die auf Gottes endgültigen Plan vertrauen.

Die Einzigartigkeit des universalistischen Gebets

Die Erzählung positioniert den Universalismus als den einzigen Glauben, der das Gebet mit dem Glaube in Einklang bringt. Im Gegensatz zu Calvinisten, die vielleicht nur für die Auserwählten beten, oder denen, die an den freien Willen glauben, deren Gebete als vergeblich angesehen werden könnten, kann der Universalist für alle mit Vertrauen in den Willen Gottes für ihre Erlösung beten. Es ist der einzige Weg, wie wir alle beten können, ohne den Namen des Herrn vergeblich zu benutzen.

Gebet als Bekräftigung

Die Passage legt nahe, dass das Gebet für alle Menschen dazu dient, den Willen Gottes zu bekräftigen. Passagen aus 1. Timotheus 2 und Römer ermutigen zu Gebeten, die "im Glauben" und "ohne Zorn oder Zweifel" angeboten werden. Diese Art des Gebets entspricht dem Wunsch Gottes, dass alle gerettet werden und zur Wahrheit kommen.

Die zentrale Rolle Christi Jesu als Brücke zwischen Menschheit und Gott wird betont. Sein Opfer als Lösegeld für alle wird als Grundlage für die universelle Versöhnung angesehen. Dankbarkeit für alle Menschen, einschließlich derjenigen in Positionen der Autorität, wird durch die Verheißung des universellen Friedens in Christus ermutigt.

Die logische Notwendigkeit der universellen Erlösung

Die Erzählung verwendet Logik, um für die universelle Erlösung zu argumentieren. Ein vollkommener Gott wünscht ein vollkommenes Ergebnis – die Erlösung aller. Seine Allwissenheit und Allmacht würde dieses Ergebnis sicherstellen. Das Konzept der universellen Dankbarkeit wird als Analogie verwendet – wie kann man wirklich dankbar sein für eine Welt, in der einige ewig leiden?

Die Unvermeidlichkeit der universellen Versöhnung

Das Konzept der universellen Versöhnung wird als unvermeidlich dargestellt. Jeder wird schließlich "die Wahrheit verstehen", obwohl der Zeitpunkt variieren könnte. Das Gebet für alle mit Glauben an diese Wahrheit wird als ein Schlüsselelement dieses Glaubenssystems angesehen.

Gottes unveränderlicher Wille und Verheißungen

Die Erzählung endet mit der Betonung des unveränderlichen Willens Gottes und seiner Treue zu seinen Verheißungen. Verse von Malachi, Jakobus und Josua werden verwendet, um dieses Konzept zu unterstützen. Mehrere griechische Wörter im Zusammenhang mit "will" und "decree" werden aufgenommen, um die Vorstellung von Gottes vorab festgelegten Willen für die universelle Erlösung zu verstärken.

Gottes festgelegter Wille und die Vollendung durch Christus

Dieser Abschnitt vertieft sich tiefer in das Konzept des vorausbestimmten Willens Gottes für die universelle Erlösung, indem er Verse aus Hebräer, Johannes und Lukas verwendet.

Hebräer 10:9: Christus erfüllt den Willen Gottes

Der Abschnitt beginnt mit Hebräer 10:9, der die Aussage Jesu hervorhebt: "Siehe! Ich komme, um deinen Willen zu tun, Gott!" Die Frage stellt sich: Was ist dieser "Wille" Gottes? Die angebotene Antwort ist, dass sie die Erlösung der ganzen Menschheit umfasst. Dies entspricht dem Konzept, dass Gott "alle Menschen zu sich zieht" (reference implied). Das Konzept der Mission Christi wird nicht als Gericht, sondern als universelle Erlösung betont.

Johannes 4:34: Die Vollendung durch Christus

Johannes 4:34 wird dann erforscht, wo Jesus sagt: "Meine Speise ist, den Willen dessen zu tun, der mich gesandt hat, und sein Werk zu vollenden."

Wiederum stellt sich die Frage: Was ist dieser "Wille" Gottes? Die Erzählung legt nahe, dass es Gottes Wunsch ist, dass jeder gerettet wird. Das Erfüllen dieses Willens wird als der Zweck Jesu und der Grund für Seine Ankunft auf Erden dargestellt. Er wird als der Gute Hirte dargestellt, der das Verlorene sucht und rettet, nicht nur für einen bestimmten Zeitraum, sondern für die gesamte Menschheit – Vergangenheit, Gegenwart und Zukunft.

Lukas 11:2 und 1. Timotheus 2:4: "Der Vater ist willig"

Der Abschnitt untersucht dann die Bedeutung von "der Vater ist willig" in Lukas 11:2 und "der alle Menschen zu retten haben wird" von 1 Timotheus 2:4. Die Frage stellt sich: Bedeutet "willen" einen bloßen Wunsch oder einen entschlossenen Plan? Die Erzählung argumentiert, dass das Wurzelwort im Griechischen (thelo) bedeutet, "eine Wahl zu treffen, sie zu treffen und nicht gestoppt zu werden." Dies entspricht dem Konzept des unerschütterlichen Willens Gottes und seiner Fähigkeit, Seine Pläne zu erfüllen, wie in Römer 11:29 betont.

Die Einladung zur Erkundung

Der Text endet mit der Einladung des Lesers, die Definitionen von "thelo" und seinen Derivaten weiter zu erforschen. Dies deutet auf ein tieferes Tauchen in die sprachliche Unterstützung für das Konzept des vorab bestimmten Willens Gottes für die universelle Erlösung hin.

Dieser Abschnitt stärkt die Sache der universellen Erlösung weiter, indem er die Mission Jesu und die Erklärungen Gottes als Beweis für einen festen Willen für die endgültige Versöhnung und Errettung der ganzen Menschheit darstellt.

Griechisch mit Übersetzung

Pater himOn... genEthEtO zu thelEma sou Vater von-uns / lassen Sie es-seien-sein-werden / der WILL von-Sie

hOs en ouranO kai epi tEs gEs /wie im Himmel / und auf der Erde (auch) (earth)

LITERALE Übersetzung

„Vater von uns, lass es sein, der Wille von dir zu „werden" wie im Himmel und auf Erden."

Englische Syntax

„Unser Vater, möge dein Wille geschehen im Himmel und auch auf Erden."

[„thelEma" - Strongs G2307] Thelema, thel'-ay-mah aus der verlängerten Form von G2-309; „Eine Bestimmung" (richtig, das Ding), d.h. (aktiv) Wahl (besonders, Zweck, Dekret; abstrakt, Wille) oder (passiv) Neigung.]

Darüber hinaus, was genau ist GOTTES WILL im Himmel auch auf Erden getan werden?

Ein tiefes Tauchen in 1 Timotheus 2:4: Gottes festgelegter Wille für die universelle Erlösung

Dieser Abschnitt bietet eine detaillierte Analyse von 1. Timotheus 2:4, die sich auf den griechischen Text und seine Auswirkungen auf das Konzept der universellen Erlösung konzentriert.

Der „Wille" Gottes im Himmel und auf Erden (1 Timothy 2:4)

Der Abschnitt beginnt mit der Prüfung von 1. Timotheus 2:4, der besagt, dass Gott "will, daß alle Menschen gerettet werden und zur Erkenntnis der Wahrheit kommen".   Das Konzept des "Willens" Gottes wird erforscht. Der Text legt nahe, dass, obwohl Gottes "Wille" im irdischen Reich möglicherweise nicht leicht sichtbar ist, der Glaube erforderlich ist, um zu glauben, dass Sein Wille trotzdem getan wird. Das stimmt mit der Vorstellung überein, dass Gottes himmlischer Wille auf der Erde abgebildet wird, auch wenn es unserem gegenwärtigen Verständnis widerspricht.

Ein Bruch des griechischen Textes (1 Timothy 2:4)

hos: who pantas: alle anthrōpos: menschen

thelei: ist-willig

sōthēnai: to-be-saved eis epignōsin αληtheias: in die Verwirklichung von-Wahrheit eithein: zu-zurück

Eine buchstäbliche Übersetzung wird angeboten, gefolgt von einer englischen neu formulierten Version für Klarheit.

Griechisch mit Übersetzung

hos pantas anthrOpous thelei sOthEnai kai eis Wer / ALLEN Menschen / ist-wollen/ zu-gerettet werden und in epignOsin aIEtheias eIthein auf-Kenntnis der-Wahrheit / zu-zur-kommen

(realization)

LITERALE Übersetzung „der / ist-willig / ALLE anthropous / zu-gerettet werden und / in / Verwirklichung der-Wahrheit / kommen."

Englisch Syntax „Wer ist – will ALLE Menschen – gerettet werden und kommen in die Verwirklichung von – [diese] Wahrheit."

Die Bedeutung von "thelei" (Strong's G2309)

Die Bedeutung von "thelei" (Strong's G2309) wird erforscht. Es ist im Gegensatz zu "boulomai" (Strong's G1014), was ein passiveres "wünschen" oder "vorziehen" vorschlägt. "Thelei", andererseits, bedeutet eine aktivere und entschlossenere "zu bestimmen." Dies entspricht dem Konzept des Willens Gottes als Dekret oder Entscheidung.

Thelema und Thelei: Gottes Willen stärken

Der Zusammenhang zwischen "thelema" (bzw. "Entscheidung" oder "Verordnung") und "thelei" ("Bestimmung") wird hervorgehoben. Beide Wörter stammen von einem Konzept der Erteilung eines endgültigen und unveränderlichen Dekrets. Dies verstärkt die Vorstellung von Gottes unerschütterlichem Willen für die universelle Erlösung.

Römer 5:8: Gottes Versöhnungswerk

Römer 5:8 wird eingeführt, um das Konzept der universellen Erlösung zu unterstützen. Der Schwerpunkt liegt auf dem griechischen Wort "pantas" (alle), was auf den Willen Gottes hindeutet, "die ganze Menschheit" mit sich selbst zu versöhnen. Der Text widerspricht der Vorstellung, dass Gott lediglich für die universelle Erlösung "wünscht", aber nicht beabsichtigt, sie zu erreichen.

Klerikalische Glaubensrichtungen vs. Universale Versöhnung

Die Erzählung kritisiert "abtrünnige Glaubenssätze", von denen einige glauben, dass sie die Idee eines passiven Wunsches nach Erlösung anstatt eines entschlossenen Willens fördern. Das Konzept der "ewigen Verdammnis" wird herausgefordert, mit dem Vorschlag, dass "eonische" Strafe nicht wirklich ewig, sondern eher eine vorübergehende Korrektur sein könnte. Das Endergebnis, nach dieser Ansicht, ist die Erlösung der ganzen Menschheit.

Das Gebet des Herrn und die universelle Erlösung

Das Gebet des Herrn wird erwähnt und betont das Konzept "Unserer Vater" – Gott der ganzen Menschheit. Dies entspricht der Vorstellung von Gottes Willen, der das Heil aller Menschen umfasst. Der Text schließt mit der Aufforderung an die Leser, die "Glückliche Botschaft" der endgültigen Erlösung für alle anzunehmen.

Dieser Abschnitt liefert eine detaillierte Analyse von 1. Timotheus 2:4 aus einer griechischen Perspektive und verwendet die ursprüngliche Sprache, um das Argument für Gottes vorab festgelegten Willen für die universelle Erlösung zu unterstützen.

Gottes Liebe und Moral: Eine Herausforderung der ewigen Strafe

Dieser Abschnitt erforscht das Konzept der Liebe Gottes und seine Unvereinbarkeit mit der ewigen Strafe, unter Verwendung von Matthäus 5 und Lukas 6.

Matthäus 5:44-48: Gott als unser moralisches Beispiel

Der Abschnitt beginnt mit Matthäus 5:44-48, der uns lehrt, unsere Feinde zu lieben. Das Argument ist, dass, wenn Gott dieses Verhalten von uns wünscht, dann muss Er selbst es verkörpern. Die Vorstellung, dass Gott seine Feinde hasst, wird herausgefordert.

Einwände und Antworten

Die Erzählung bestätigt Einwände gegen die Vorstellung, dass Gott seine Feinde liebt. Einige halten es für eine gefährliche Lehre. Der Text widerspricht, indem er seinen Ursprung in "Himmel" und Gott selbst betont.

Das Problem der ewigen Strafe

Der Kern des Arguments liegt in der Unvereinbarkeit der ewigen Strafe mit einem liebenden Gott. Es wird die Analogie eines Raubtiers verwendet, der seine Beute liebt, während er Leiden verursacht. Der Begriff Gottes, der unendliche Schmerzen verursacht, wird als widersprüchlich zu den Vorstellungen eines guten und freundlichen Gottes angesehen. Dies, so der Text, wirft einen Schatten über die christlichen Glaubensrichtungen.

Liebe deine Feinde: Ein Spiegelbild der Liebe Gottes (Matthew 5:44, 48 & Luke 6:27, 36)

Die Passagen von Matthäus und Lukas werden verwendet, um das Gebot zu betonen, die Feinde zu lieben. Dies wird als ein Spiegelbild der Liebe Gottes gesehen, die sich auch auf diejenigen erstreckt, die Ihn hassen. Der Glaube an Gottes unveränderliche Natur wird verwendet, um darauf hinzuweisen, dass Seine Liebe letztlich alle Herzen überwinden wird.

Liebe und Vergebung: Eine Herausforderung der ewigen Strafe

Das Konzept der Liebe und Vergebung Gottes wird verwendet, um die Idee der ewigen Strafe für eine bestimmte Gruppe zu zerstören. Der Befehl, für diejenigen zu beten, die uns verletzt haben, wird als widersprüchlich an der Vorstellung gesehen, dass Gott die Vergebung unbegrenzt zurückhält. Der Text legt nahe, dass es unlogisch ist, von Gott zu erwarten, weniger barmherzig zu sein, als er von uns verlangt.

Schlussfolgerung: Ablehnung der ewigen Strafe

Der Abschnitt schließt mit der Kritik des Konzepts eines Gottes, der es genießt, Strafe zu verhängen, im Gegensatz zu dem Gott, der die Liebe für die Ungerechten inspiriert. Die Vorstellung von "keine Berufung in der Hölle" wird als unvereinbar mit einem wahrhaft liebenden Gott betrachtet.

Göttliche Barmherzigkeit und die Unvereinbarkeit der ewigen Strafe

Dieser Abschnitt baut auf den vorherigen Argumenten auf, indem er die Barmherzigkeit Gottes und ihren Widerspruch zum Konzept der ewigen Qual betont. Verse von Lukas, Römer und Sprüche werden verwendet, um diese Perspektive zu unterstützen.

Lukas 6:28, 36: Segnungen und Gebete für die Gottlosen

Der Abschnitt beginnt mit Lukas 6:28, 36. Der Befehl, "diejenigen zu segnen, die euch verfluchen" und "barmherzig zu sein, wie Gott barmherzig ist" wird hervorgehoben. Das Konzept, dass Gott die Überschreitenden ewig verflucht, wird als mit diesem Gebot unvereinbar angesehen. Der Text argumentiert, dass eine solche Lehre den Charakter Gottes verringert.

Römer 12:20 & Sprüche 25:21: Der Feind zu ernähren

Römer 12:20 und Sprüche 25:21 werden eingeführt. Der Schwerpunkt liegt auf der Anweisung, auch gegenüber Feinden Güte zu zeigen. Die Frage stellt sich: Wenn Gott ein solches Verhalten von uns erwartet, würde Er es nicht selbst verkörpern? Die Vorstellung, dass Gott Gutes im Jenseits verhindern würde, widerspricht diesem Konzept.

Sprüche 3:3: Herzen der Barmherzigkeit und der Wahrheit

Sprüche 3:3 wird verwendet, um Gottes Eigenschaften der Barmherzigkeit und der Wahrheit hervorzuheben. Der Text argumentiert, dass diese Eigenschaften der Natur Gottes innewohnen und nicht aufgegeben werden können. Lehren, die darauf hindeuten, dass Gott barmherzig ist, werden als mit diesem Verständnis unvereinbar angesehen.

Die logische Inkonsistenz der entgegengesetzten Handlungen

Das Kernargument hängt von der logischen Inkonsistenz der Erwartung anderer Verhaltensweisen von Gott im Vergleich zu dem, was Er von uns befiehlt. Wenn wir dazu berufen sind, barmherzig und verzeihend zu sein, dann muss Gott nach dieser Ansicht diese Eigenschaften in einem noch größeren Maße besitzen. Das Konzept eines rächelnden Gottes, der ewige Strafe verursacht, wird als Widerspruch betrachtet.

Schlussfolgerung: Gottes Charakter neu überdenken

Dieser Abschnitt schließt mit der Forderung nach einer Neubewertung des Charakters Gottes. Der Schwerpunkt liegt auf der inhärenten Barmherzigkeit und Liebe Gottes, die als unvereinbar mit der Idee der ewigen Verurteilung angesehen werden.

Die Macht Gottes und die Universalität der Erlösung

Dieser Abschnitt stärkt den Fall für die universelle Erlösung, indem er sich auf Gottes Allmacht und die Versprechen konzentriert, die in der Heiligen Schrift gefunden werden.

Römer 4:21: Gottes unfehlbare Fähigkeit

Der Abschnitt beginnt mit Römer 4:21, der die Fähigkeit Gottes betont, Seine Verheißungen zu erfüllen. Dies ist mit dem Konzept der universellen Erlösung verbunden. Wenn Gott beabsichtigt, die gesamte Menschheit zu retten, sorgt Seine Macht dafür, dass Er dieses Ziel erreichen kann.

Gottes Versprechen und Opfer

Das Argument erweitert sich auf Gottes Absichten und Handlungen. Es unterstreicht nicht nur Gottes Wille, sondern auch Seine Verheißungen und das Opfer Christi – alles als Beweis für einen Plan der universellen Erlösung. Die Universalität des Opfers Christi (Erlös für alle) wird betont.

Johannes 17:2: Autorität über alles Fleisch

Johannes 17:2 wird erforscht und konzentriert sich auf die Autorität, die Christus "über alles Fleisch" gegeben hat. Dies wird so ausgelegt, als hätte Christus die Macht, der ganzen Menschheit das ewige Leben zu gewähren, im Einklang mit Gottes Wunsch nach universeller Erlösung.

Gott kennen: Der Zweck des ewigen Lebens

Das Konzept des ewigen Lebens ist mit dem Zweck verbunden, Gott zu kennen. Da Gott wünscht, dass alle gerettet werden (1 Timotheus 2:4), wird die große Menge an Zeit, die das ewige Leben bietet, als notwendig betrachtet, damit jeder zu dieser Erkenntnis kommt.

Jesaja 52:6: Alle werden ihn erkennen

Jesaja 52:6 wird verwendet, um die Idee zu unterstützen, dass "alles Fleisch" schließlich Gott kennen wird. Das Konzept "Gottes Volk" wird so ausgelegt, dass es die gesamte Menschheit in das von Christus geschaffene Zeitalter der Gnade umfasst. Die Einschränkung der Erlösung auf einige wenige wird als widersprüchlich dieser Schrift angesehen.

Universelle Versöhnung: prophetische Verheißungen

Mehrere Passagen werden eingeführt (Jeremia 24:7, Hosea 2:19-20, Jesaja 11:9) um das Argument für die universelle Versöhnung zu stärken. Diese Verse werden als Prophezeiungen einer Zukunft betrachtet, in der Gott allen ein neues Herz gewährt, alle mit sich selbst verlobt und sichert, dass alle mit der Erkenntnis Gottes erfüllt sind. Das Bild der Erde, die mit diesem Wissen erfüllt ist, wird als Symbol für die Weite des Heilsplans Gottes betrachtet.

Die allumfassende Natur des Planes Gottes

Der Abschnitt schließt mit der Betonung der Fülle und Umfang des Heilsplans Gottes. Die Weite der Ozeane wird als Metapher für die allumfassende Natur des Erlösungswerkes Gottes verwendet. Die große Menge an Wasser im Vergleich zu Land wird als Argument gegen die Idee gesehen, dass der Großteil der Menschheit für immer verloren gehen wird.

Universelle Rettung mit zusätzlichen Schriften zu stärken

Dieser Abschnitt ergänzt die Diskussion über die universelle Erlösung durch die Einführung von mehr biblischen Passagen, die das Konzept zu unterstützen scheinen.

Jesaja 54:13: Die ganze Menschheit wird von Gott gelehrt

Der Abschnitt beginnt mit Jesaja 54:13, der besagt, dass "alle ihre Kinder [der Menschheit] vom Herrn gelehrt werden." Dies wird als Vorhersage einer Zukunft angesehen, in der jeder die Lehren Gottes empfangen wird.

Jesaja 2:3: In den Wegen Gottes wandeln

Jesaja 2:3 wird eingeführt und unterstreicht die Verheißung: "Er wird uns [den Menschen] seine Wege lehren, und wir [die Menschen] werden in seinen Wegen wandeln." Dieser Vers, entsprechend dieser Perspektive, schlägt eine Zukunft vor, in der die ganze Menschheit die Gelegenheit haben wird, den Wegen Gottes zu folgen.

1 Timotheus 2:4 Überprüft: Ein zentraler Vers für Universalismus

Der Text wiederholt 1 Timotheus 2:4, einen Schlüsselvers für Universalismus. Der Schwerpunkt liegt auf dem Ausdruck "alle Menschen", der so ausgelegt wird, dass er die gesamte menschliche Rasse umfasst. Das Konzept des Willens Gottes, der den menschlichen Willen ersetzt, wird erwähnt, was darauf hindeutet, dass Gottes Wunsch nach universeller Erlösung letztlich überwinden wird.

Konzentrieren Sie sich auf den Willen Gottes und den freien Willen des Menschen

Der Abschnitt erkennt die Frage des menschlichen freien Willens an. Während man die menschlichen Entscheidungen anerkennt, bleibt der Schwerpunkt auf dem ultimativen Willen Gottes. Das Argument legt nahe, dass selbst wenn Menschen Widerstand leisten, Gottes Willen für die universelle Erlösung letztlich erfüllt werden wird.

Schlussfolgerung: Ein hoffnungsvoller Blick auf die Zukunft der Menschheit

Diese zusätzlichen Schriften tragen zu einer Erzählung der Hoffnung und einer Zukunft bei, in der die ganze Menschheit mit Gott versöhnt wird. Der Schwerpunkt liegt auf Gottes Macht, Liebe und letzten Plan für die Erlösung der ganzen Schöpfung.

Haftungsausschluss: Es ist wichtig zu beachten, dass das Konzept der universellen Erlösung eine theologische Sichtweise ist, die nicht von allen christlichen Denominationen geteilt wird. Einige Denominationen halten an den Glauben an die ewige Verdammnis für diejenigen, die Gott ablehnen.

Gottes Vergnügen und universelle Erlösung

Dieser Abschnitt stärkt den Fall für die universelle Erlösung, indem er sich auf Gottes Vergnügen und das konzentriert, was ihm Freude bringt.

Hesekiel 33:11: Gottes Verlangen nach Reue

Der Abschnitt beginnt mit Hesekiel 33:11 und betont die Aussage Gottes: "Ich habe keine Lust an dem Tod des Bösen, sondern dass der Böse von seinem Weg abkehrt und lebt." Dies wird als Beweis dafür gesehen, dass Gottes letzter Wunsch nicht die Strafe ist, sondern die Erlösung der Menschheit. Selbst Leiden und Sünde werden als vorübergehende Hindernisse auf dem Weg zu diesem Ziel gesehen.

Jesaja 53:10: Gottes Zweck und das Werk Christi

Jesaja 53:10 wird eingeführt und besagt, dass "der Sinn des Herrn in seiner Hand gedeihen wird". Dies ist mit dem Werk Christi verbunden. Das Konzept, "alle Dinge" unter die Herrschaft Christi zu stellen, wird als die gesamte Menschheit umfasst interpretiert, was darauf hindeutet, dass Gottes Zweck die endgültige Erlösung aller einschließt.

1 Timotheus 2:4 Überprüft: Gottes Willen und Vergnügen

1 Timotheus 2:4 wird erneut erwähnt und unterstreicht die Idee, dass es "Gottes Wille ist, daß alle Menschen gerettet werden und zur Erkenntnis der Wahrheit kommen". Dies wird als eine Reflexion von Gottes Vergnügen in der Erlösung der ganzen Menschheit betrachtet. Das Konzept von Christus, "der alle Menschen zu sich zieht", wird erwähnt und unterstützt diese Ansicht weiter.

Jesaja 55:11 & 46:10: Gottes unfehlbares Wort

Jesaja 55:11 und 46:10 werden verwendet, um das Argument zu verstärken. Diese Passagen betonen, dass Gottes Wort nicht umsonst zurückkehren wird und Seinen Zweck erfüllen wird. Das bedeutet, dass Gottes Wunsch nach universeller Erlösung letztendlich erfüllt wird.

Gottes Plan und der Zweck des Leidens

Der Text erkennt die Existenz des Todes, der Sünde und des Leidens an. Diese werden jedoch als vorübergehende Elemente im größeren Plan Gottes betrachtet. Der Schwerpunkt bleibt auf Gottes endgültigen Zweck, der nicht darin besteht, das Leiden zu genießen, sondern Erlösung zu bringen.

Gottes Schöpfung und sein letztes Ziel

Das Argument erweitert sich auf die Idee, dass Gott die Menschheit für Sein Vergnügen erschaffen hat. Dies ist mit dem Glauben verbunden, dass Gott schließlich sein gewünschtes Ergebnis erreichen wird – die Erlösung aller. Die Sendung Christi, Sünder zu retten, wird als ein Spiegelbild dieses Wunsches betrachtet.

Schlussfolgerung: Ein hoffnungsvoller Blick auf Gottes Zweck

Dieser Abschnitt schließt mit der Betonung Gottes endgültigen Zweck, die gesamte Menschheit zu sich zu bringen. Das Konzept der Verzögerung der Rückkehr Christi, bis alle eine Chance zur Buße haben, wird als Beweis für diese Ansicht erwähnt.

Die verbindliche Verheißung: Gottes Eid und universelle Erlösung

In der Tiefe von Jesaja 45:23-24 entfaltet sich ein mächtiger Versprechen. Gott, mit dem Gewicht eines Eides, erklärt: "Jedes Knie wird sich beugen, jede Zunge wird schwören, [und] sicher [wird] sagen: In dem Herrn habe ich

Gerechtigkeit und Kraft." Dieser Vers wird zu einem Eckpfeiler für diejenigen, die an die universelle Erlösung glauben, ein Konzept, das die ultimative Versöhnung der ganzen Menschheit mit Gott vorschlägt.

Stellen Sie sich eine Gerichtssaalszene vor. Ein Zeuge erhebt ihre Hand und verkündet: "Ich schwöre, die Wahrheit zu sagen, die ganze Wahrheit, und nichts als die wahrheit." Wir verstehen die Schwere dieses Eidens, ein feierlicher Eid, den nur die Wahrheit erfüllen kann. Im Gegensatz zu den Menschen ist Gott durch eine inhärente Wahrheit gebunden und kann seine Verheißungen nicht brechen. Dieser Eid in Jesaja ist keine zufällige Erklärung; es ist eine Erklärung, die durch das Wesen Gottes unterstützt wird.

Einige Interpretationen der Heiligen Schrift deuten auf Ausnahmen dieser universellen Unterwerfung hin. Die Befürworter der universellen Erlösung stellen diese Interpretationen jedoch in Frage. Sie argumentieren: "Wer sind wir, um Gottes Wort zu zweifeln? Ist nicht Seine Treue zuverlässiger als menschliches Verständnis?" Römer 3:4 verstärkt diese Idee: "Lass Gott wahr sein, aber jeder Mensch ein Lügner..."

Die Natur Gottes, nach Hebräer 6:13, ist die unveränderliche Wahrheit. Wenn Er einen Eid gibt, bindet Er Sich an Sein Versprechen. Dieses unerschütterliche Engagement erstreckt sich auf Sein Verlangen nach der ganzen Menschheit. Passagen wie 1. Timotheus 2:4 ("der wünscht, dass alle Menschen gerettet werden und zur Erkenntnis der Wahrheit kommen") und Epheser 3:9 ("um allen Menschen zu zeigen, was die Gemeinschaft des Geheimnisses ist") beleuchten diesen Wunsch. Gott, in seiner Liebe und Gnade (Jakobus 1:5), bietet allen frei Heil.

Stellen Sie sich eine Welt vor, in der jeder die Macht und Gerechtigkeit Gottes anerkennt. Dies ist das ultimative Ziel der universellen Erlösung. Es geht nicht darum, den Glauben zu zwingen, sondern um eine transformative Reise, auf der alle Wesen Gottes Liebe begegnen und sich schließlich dafür entscheiden, Ihn zu umarmen. Dieses Versprechen, wie der Eid im Gerichtssaal, trägt das Gewicht der Wahrheit, ein Zeugnis für Gottes unerschütterlichen Zweck für die ganze Schöpfung.

Es ist wichtig, sich daran zu erinnern, dass die universelle Erlösung eine theologische Sichtweise ist, die nicht von allen Christen geteilt wird. Einige Denominationen glauben an eine ewige Verurteilung für diejenigen, die Gott ablehnen. Der Zweck dieser Erzählung ist es, das Konzept der universellen Erlösung durch die Linse von Jesaja 45:23-24 zu erforschen, wobei die Argumente und die biblische Grundlage für diesen Glauben hervorgehoben werden.

Die unausweichliche Güte Gottes: Universelles Heil und göttliche Weisheit

Dieser Abschnitt baut auf dem Konzept der universellen Erlösung auf, indem er die innere Güte und Weisheit Gottes erforscht (Romans 16:27, Psalm 104:24).

Gottes Allwissenheit und Schöpfung:

Die Passage beginnt mit der Betonung des allumfassenden Wissens Gottes (omniscience). Da Gott das Ergebnis der Schöpfung wusste, einschließlich menschlicher Fehler, wird argumentiert, dass ein unendlich guter Gott keine Wesen schaffen würde, die für ewiges Leiden bestimmt sind. Die Schöpfung selbst wird als ein Akt der Weisheit Gottes gesehen (Psalm 104:24).

Gottes Liebe und unendliche Barmherzigkeit:

Die göttliche Liebe wird als Grundlage der Erkenntnis Gottes dargestellt. Jakobus 3:17 wird zitiert, um die Weisheit Gottes als „voller Barmherzigkeit" und „unparteilich" hervorzuheben. Dies wird als Gottes unerschütterliche Bereitschaft interpretiert, der ganzen Menschheit, unabhängig von ihren Handlungen, Vergebung und Güte zu verleihen.

Die Unmöglichkeit des willkürlichen Leidens:

Der Text argumentiert, dass ein allliebender Gott kein System schaffen würde, das zu endlosem Leid für einige führt. Ein solches System wird als unvereinbar mit Gottes vollkommener Weisheit und grenzenloser Liebe angesehen.

Gottes Macht und Erlösungsplan:

Die Kraft und die Fähigkeit Gottes, den bestmöglichen Plan zu entwerfen, wird betont. Dieser "beste Plan" wird als Gottes endgültiger Zweck verstanden, die gesamte Menschheit zu retten, selbst vor den Folgen der Sünde.

Gottes Unparteilichkeit und universelles Mitgefühl:

James 3:17 wird erneut erwähnt, um Gottes Unparteilichkeit hervorzuheben. Es wird argumentiert, dass Gott keinen Favoritismus zeigt und die gleiche barmherzige Absicht gegenüber allen Menschen hat. Dies führt zu einem Glauben, dass Gott letztlich die gesamte Menschheit erlösen wird.

Die Unwavering Anchor: Hoffnung und universelles Heil im Plan Gottes

In diesem Abschnitt werden die Begriffe der universellen Hoffnung und Gottes unerschütterlicher Heilsplan zusammengefasst (Psalm 65:5, Hebrews 6:19).

Hoffnung: Ein universelles Geschenk

Die Erzählung beginnt mit der Betonung der Hoffnung als inhärente menschliche Eigenschaft, als Anker für die Seele. Die Bibel wird als betont, wie wichtig es ist, diese Hoffnung auf Christus, die wahre Quelle der unerschütterlichen Hoffnung, zu richten. Die inhärente Falschheit der Menschheit macht das Vertrauen in andere Menschen unzuverlässig. Jesus bietet jedoch das ewige und unzerbrechliche Versprechen an: "Ich werde dich niemals verlassen oder verlassen" (quoted in the text).

Der universelle Umfang der Hoffnung Gottes

Psalm 65:5 wird verwendet, um Gott als die "Hoffnung aller Enden der Erde" darzustellen. Dies wird als Gottes universelle Hoffnung interpretiert, die nicht durch geografische oder zeitliche Grenzen begrenzt ist. Das Opfer Jesu Christi wird als die Lösung für die menschliche Sünde gesehen, eine Lösung, die für die ganze Menschheit bestimmt ist.

Hoffnung jenseits menschlicher Grenzen

Die Grenzen der menschlichen Hoffnung stehen im Gegensatz zur Gewissheit der Hoffnung Gottes. Verse wie 1 Johannes 2:2 ("Erlösung für unsere Sünden... und nicht nur für unsere, sondern auch für die Sünden der ganzen Welt") werden verwendet, um die allumfassende Natur des Opfers Christi hervorzuheben. Im Gegensatz zu menschlichen Versprechungen ist Gottes Versprechen der Hoffnung unerschütterlich und erstreckt sich auf "jeden Quadratzoll des Planeten Erde" (original text).

Hoffnung als Anker: In Gottes unveränderlichem Willen verankert

Hebräer 6:19 ("Die Hoffnung, die wir haben als Anker der Seele") wird benutzt, um Hoffnung als Quelle der Stabilität und der Sicherheit darzustellen. Diese wahre Hoffnung wird jedoch argumentiert, dass sie ausschließlich im unveränderlichen Willen Gottes verwurzelt ist. Hoffnung, die auf menschlichen Handlungen oder Verheißungen beruht, wird als unzuverlässig angesehen. Nur Gottes vollkommene Unveränderlichkeit (unveränderliche Natur) kann eine Hoffnung bieten, die als wahre Anker für die Seele wirkt.

Das unzerbrechliche Versprechen: Hoffnung jenseits des Grabes

Die Erzählung vertieft sich in die dauerhafte Natur dieser Hoffnung. Es wird beschrieben als beständig "auch jenseits des Vorhangs, der jenseit des Grabes liegt" (original text). Diese Hoffnung wird weiter durch "zwei unveränderliche Tatsachen" in Gottes Charakter gestärkt: Sein Wunsch, dass alle gerettet werden und Seine unerschütterliche Fähigkeit, Seine Wünsche zu erfüllen. Mit diesen Wahrheiten im Hinterkopf fragt der Text: "Welche Hoffnung könnte man noch brauchen?" Eine Hoffnung jenseits religiöser Grenzen

Die Erzählung endet mit der Anerkennung von Einschränkungen innerhalb einiger religiöser Traditionen. Diese Einschränkungen, wie der Begriff der begrenzten Hoffnung, werden als unzureichende Ersatz für die unerschütterliche Hoffnung gesehen, die im universellen Plan Gottes zu finden ist. Der Text betont, dass die wahre Hoffnung nicht aus religiösen Anforderungen kommt, sondern aus der Annahme der grenzenlosen Hoffnung, die Gott anbietet.

Der universelle Umfang der guten Botschaft

Lukas 2:10 ("Gute Nachricht von großer Freude, die für alle Menschen sein wird") wird als Sprungbrett verwendet, um die oft auf die Botschaft des Evangeliums gelegten Einschränkungen in Frage zu stellen. Der Text argumentiert, dass die Versöhnung Christi nicht für einige Auserwählte, sondern für "seine ganze Schöpfung" ist. Das Konzept der "gesegneten Hoffnung" (universelle Wiederherstellung) wird als Schlüssel zur Vereinigung des Christentums und zur Demonstration der wahren Liebe Gottes zu einer leidenden Welt dargestellt. Die Erzählung legt nahe, dass der Charakter Gottes durch Anschuldigungen an Grausamkeit oder Ungerechtigkeit nicht mehr verunreinigt wird. Apostelgeschichte 10:34-36 ("Gott respektiert keine Personen") wird verwendet, um diesen Punkt zu verstärken.

Die Mission der Wiederherstellung

Mehrere Verse werden zitiert, um den Zweck des Werkes Christi als Wiederherstellung und Heil, nicht Verurteilung darzustellen. Johannes 3:18 ("Jeder, der an ihn glaubt, wird nicht verdammt"), Johannes 12:47 ("Ich bin nicht gekommen, um die Welt zu richten, sondern um die welt zu retten"), und 1. Korinther 15:28 ("dass Gott alles in allen sei") werden verwendet, um diese Ansicht zu unterstützen. Die Erzählung legt nahe, dass dieses breitere Verständnis der Mission Christi die christlichen Missionen verwandeln wird und Jesus zur rechtmäßigen Position als "Erlöser des Universums" erheben wird. (John 4:42).

Das Lamm der universellen Erlösung

Johannes 1:29 ("Siehe, das Lamm Gottes, das die Sünde der Welt wegnimmt") und Johannes 12:47 ("Ich bin nicht gekommen, um die Welt zu richten, sondern um sie zu retten") werden verwendet, um den allumfassenden Charakter des Opfers Christi zu betonen. Das Konzept der Versöhnung (die Beruhigung des Zornes Gottes) wird erforscht, wobei 1 Johannes 2:2 ("und er ist die Versößerung für unsere Sünden, und nicht nur für unsere, sondern auch für die Sünden der ganzen Welt") als Beweis für die Rolle Christi bei der Versöhnung der ganzen Menschheit mit Gott angeboten wird.

Die Zentralität Christi

Die Erzählung erkennt die Exklusivität Christi als Weg zu Gott an (John 14:6). Sie interpretiert diese Exklusivität jedoch im Rahmen des universellen Opfers Christi. 1 Johannes 2:2 ("Er selbst ist die Sühne für unsere Sünden, und nicht nur für unsere, sondern auch für die Sünden der ganzen Welt") wird wiederum verwendet, um die Universalität des Erlösungswerkes Christi zu unterstützen. Die Befreiung vom Zorn Gottes wird als ein wesentlicher Aspekt der Mission Christi angesehen, der durch sein Opfer am Kreuz erreicht wird.

Die schöne Botschaft der Wiederherstellung

Römer 10:15 ("Wie schön sind die Füße derer, die das Evangelium des Friedens predigen und die frohe Botschaft von guten Dingen bringen!") wird verwendet, um die Bedeutung des Teils der Botschaft der universellen Erlösung hervorzuheben. Die Erzählung betont, dass Jesus der "Erlöser der Welt" (Johannes 4:42) ist, dessen letztes Ziel "die Wiederherstellung aller Dinge" ist. (Acts 3:21). Verse wie Epheser 1:18 ("damit er in allen Dingen die Vorherrschaft hat") und Ephesier 4:10 ("damits er alle Dinge erfüllt") werden als Zeichen für Gottes endgültiges Ziel der Versöhnung und Verwandlung der ganzen Schöpfung interpretiert.

Ein neuer Himmel und eine neue Erde

Die Erzählung endet mit einer Vision einer neuen Schöpfung, einem "neuen Himmel und einer neuen Erde" (2 Petrus 3:13) frei von Sünde und Leiden. Diese neue Realität wird als der Höhepunkt des Planes Gottes für die universelle Wiederherstellung betrachtet, wo Er "alles in allen" sein wird (1 Corinthians 15:28).

Ein genauerer Blick auf 1 Timotheus 2:1-6: Das Verlangen nach universellem Heil enthüllen

Der Abschnitt in 1. Timotheus 2:1-6 ist ein Eckpfeiler für viele, die an das Konzept der universellen Erlösung glauben. Lassen Sie uns tiefer in den Text eintauchen und die vorgestellten Argumente untersuchen:

Der Aufruf zum universellen Gebet

Der Abschnitt beginnt mit Paulus' Ermahnung, "für alle Menschen" zu beten (v. 1). Dieser Schwerpunkt auf Inklusivität setzt die Bühne für die folgenden Verse. Es unterstreicht die Bedeutung der Fürsprache nicht nur für eine ausgewählte Gruppe, sondern für die gesamte Menschheit.

Gottes Wunsch nach Erlösung

Vers 3 ist der Kern des Arguments: "Wer will (thelo), dass die ganze Menschheit gerettet wird und zur vollständigen Erkenntnis der Wahrheit kommt." Die Interpretation hängt von der Bedeutung des Wortes "thelo" ab. Hier wird es als Gottes wahres Verlangen verstanden, nicht nur als erlaubender Willen. Dies impliziert Gottes aktive Absicht für die universelle Erlösung.

Der Vermittler und das Lösegeld

Vers 4-5 stellt Jesus Christus als den "einen Mittler zwischen Gott und Menschheit" vor, der sich selbst "eine Erlösung für alle" gab. Diese Universalität des Opfers Christi wird als Beweis für Gottes allumfassende Liebe und Versöhnungswunsch gesehen.

Wichtige Erwägungen

Es ist wichtig anzuerkennen, dass diese Interpretation nicht allgemein akzeptiert wird. Hier sind einige Gegenpunkte:

Begrenzte Reichweite von "Alle": Einige argumentieren, dass "alle" sich auf alle Menschengruppen oder soziale Klassen bezieht, nicht buchstäblich alle.

Göttliche Souveränität: Das Konzept der absoluten Kontrolle Gottes über das Heil wird diskutiert. Einige argumentieren, dass selbst ein echter Wunsch nach universellem Heil nicht zu einem universellen Ergebnis führen könnte.

Universalismus vs. traditionelle Ansichten

Das Konzept der universellen Erlösung stellt die traditionellen Ansichten von Himmel und Hölle in Frage. Es schlägt vor, dass Gottes letztes Ziel die Wiederherstellung der ganzen Schöpfung ist, nicht die ewige Verurteilung für einige.

Anschließen der Punkte

Der Abschnitt in 1 Timotheus wird neben anderen Versen wie 2 Petrus 3:9 und Apostelgeschichte 3:20-21 dargestellt, um eine Sache für eine zukünftige Wiederherstellung und den ultimativen Willen Gottes für alle aufzubauen.

2 Petrus 3:9: Geduld für alle zur Buße

Dieser Vers ("Der Herr ist nicht langsam in Bezug auf seine Verheißung, wie manche die Langsamkeit betrachten, sondern er ist langlebig zu Ihnen, nicht will, dass jemand vergehen sollte, sondern dass alle zur Buße kommen") wird verwendet, um die Geduld Gottes und den Wunsch zu betonen, dass alle die Gelegenheit haben, sich zu bekehren. Das griechische Wort "boulomenos" (übersetzt als "willend") wird wiederum als die aktive Absicht Gottes interpretiert.

Johannes 16:13: Die letzte Führung des Geistes

Johannes 16:13 ("Wenn der Geist der Wahrheit kommt, wird er euch in die ganze Wahrheit führen") wird als Beweis für die Rolle des Heiligen Geistes dargestellt, um die ganze Menschheit zur Wahrheit zu führen. Die Erzählung stellt das Konzept der individuellen Verantwortung für die Suche nach der Wahrheit in Frage, wenn der Heilige Geist letztlich jeden leitet.

Alles zu sich selbst zu zeichnen

Johannes 12:32 ("Und ich, wenn ich von der Erde erhöht werde, werde alle Menschen zu mir ziehen") wird als eine Bestätigung der Absicht Gottes gesehen, alle Leute zu sich zu ziehen. Das Konzept "Zeichnen" steht im Gegensatz zur Vorstellung eines begrenzten "Aufrufs".

Gottes unveränderlicher Wille

Malachi 3:6 ("Denn ich, der Herr, wechsle nicht") und Jakobus 1:17 ("bei dem es keine Veränderlichkeit und keinen Schatten der Umkehr gibt") werden verwendet, um für Gottes unveränderliches Verlangen für das Wohl der ganzen Schöpfung zu argumentieren. Die Erzählung legt nahe, dass Gottes Liebe und Heilswille die gesamte Menschheit umfasst.

Gottes treue Verheißungen

Josua 23:14 ("Und ihr wißt in eurem ganzen Herzen und in eurer ganzen Seele, daß von allen guten Dingen, die der HERR, euer Gott, über euch geredet hat, nicht ein einziges gescheitert ist; alles ist euch geschehen, nichts davon ist versagt") wird verwendet, um die Treue Gottes bei der Erfüllung der Verheißungen zu demonstrieren. Dies wird dann auf das Konzept der universellen Erlösung angewendet, was darauf hindeutet, dass Gottes Erlösungsversprechen letztlich erfüllt werden.

Die prophetische Verheißung der Vollkommenheit: Ein Lied der Wiederherstellung

Tief in der Tapete der Heiligen Schrift, eine Melodie der Wiederherstellung echoes durch die Zeiten. Diese Erzählung vertieft sich in die prophetischen Äußerungen, die ein lebendiges Bild einer erneuerten Welt zeichnen, einer Schöpfung, die in ihre ursprüngliche Harmonie zurückkehrt.

Wirkt als Eckpfeiler

Das Buch Apostelgeschichte legt einen Grundstein mit der mächtigen Aussage in 3:20-21: "Und er wird Jesus Christus senden, der euch zuvor verkündigt wurde, den der Himmel empfangen muß, bis zu den Zeiten der Wiederherstellung aller Dinge, die Gott durch den Mund aller seiner heiligen Propheten gesprochen hat, seit der Erschaffung der Welt." Diese Passage enthüllt ein großes Design, das durch die Geschichte gewebt wurde. Von Anfang an war Gottes Absicht für die Schöpfung ihre endgültige Wiederherstellung, eine Rückkehr in die von der Morgendämmerung der Zeit vorgesehene Vollkommenheit.

Ausrichtung auf die Auferstehung

Der Zeitpunkt dieser Wiederherstellung ist mit der Rückkehr Jesu Christi verknüpft. Genauso wie der Himmel ihn nach seinem Aufstieg empfing, werden sie ihn wieder freilassen, um dieses transformative Zeitalter einzuführen. Dies entspricht dem Konzept der Auferstehung, wie es in Apostelgeschichte 1:10-11 und 1 Thessalonicher 4:16 zu sehen ist. Die

Rückkehr Christi markiert die Ankunft eines neuen Tages, eines Tages, an dem die Wiederherstellende Kraft Gottes sein großes Werk beginnt.

Wiederherstellung des göttlichen Bildes

Was genau wird wiederhergestellt? Die Antwort liegt in der Menschheit selbst. Geschöpft nach dem Bild Gottes, tragen wir die Narben der Sünde, eine Verzerrung der göttlichen Reflexion, die wir zu verkörpern gedacht waren. Der Prozess der Wiederherstellung zielt darauf ab, diesen Bruch zu beheben, uns in den von unserem Schöpfer vorgesehenen unberührten Zustand zurückzubringen. Genesis 3:15 bietet einen Einblick in dieses ursprüngliche Design, in dem die Menschheit in vollkommener Gemeinschaft mit Gott wandelte. Die Wiederherstellung, von der die Propheten sprechen, ist eine Rückkehr in diesen Zustand der Vollkommenheit, eine Ausgießung der von der Sünde verursachten Korruption, die das göttliche Bild in uns verschleiert hat.

Ein Chor der Propheten

Der Abschnitt in Apostelgeschichte betont die Universalität dieses Versprechens. Es spricht von "all seinen heiligen Propheten", die von dieser Wiederherstellung gesprochen haben "seit Beginn der Welt". Dies deutet auf einen kontinuierlichen Faden hin, der durch die Schrift läuft, eine Melodie, die von Propheten über Generationen hinweg gesungen wird. Jede Stimme fügt dem großen Gesang der Wiederherstellung Harmonie hinzu, ein Beweis für Gottes unerschütterliches Engagement für seine Schöpfung. Paulus, in 1 Korinther 15:49, wiederholt dieses Gefühl, wenn er von unserer Umwandlung von einem irdischen zu einem himmlischen Bild spricht. Diese Transformation entspricht perfekt der von den Propheten versprochenen Wiederherstellung, einer Rückkehr zur göttlichen Reflexion, zu der wir geschaffen wurden.

Die Schlange zerquetscht

Die symbolische Sprache von Genesis 3:15 bietet ein mächtiges Bild dieses endgültigen Sieges. Die Schlange, die Sünde und ihre zerstörerische Macht repräsentiert, ist dazu bestimmt, eine vernichtende Niederlage zu erleiden. Der "Samen der Frau" wird ihren Kopf verzerren, was den Triumph des Guten über das Böse bedeutet. Diese Prophezeiung voraussagt die Ankunft Christi, desjenigen, der Sünde und Tod überwindet und den Weg für die Wiederherstellung aller Dinge ebnet.

Ein Lied der Hoffnung

Das Versprechen der Wiederherstellung resoniert mit einem tiefen Gefühl der Hoffnung. Es versichert uns, dass die Welt, wie wir sie kennen, verwirrt von Sünde und Leiden, nicht das letzte Kapitel ist. Eine Zukunft wartet dort, wo die Schöpfung erneuert wird, wenn die Menschheit zu ihrem rechtmäßigen Bild wiederhergestellt wird und wo Gottes Erlösungsplan seine herrliche Erfüllung erreicht. Dies ist das Lied, das von den Propheten gesungen wurde, ein Lied der Hoffnung, das durch die Zeiten wiederholt wird, ein Versprechen, das eine ganze Welt flüstert. Die Symphonie der Erlösung: Ein Chor der Stimmen singend Wiederherstellung

Die Melodie der Wiederherstellung setzt sich fort und gewinnt momentum, während wir in den harmonischen Stimmen der Psalms und Jesaja wehen. So tragen diese Schriften zum großen Lied der universellen Erneuerung bei:

Eine globale Wende zu Gott

Psalm 22:27 ("Alle Enden der Welt werden sich erinnern und sich dem Herrn zuwenden") zeichnet ein Bild einer Welt, die in der Anbetung vereint ist. Dies steht im Einklang mit der Abrahamschen Verheißung von Segnungen, die alle Nationen durch Christus erreichen. Die Universalität der Sprache – „alle Enden der Welt", „alle Verwandten der Nationen" – legt eine globale Bewegung zu Gott nahe. "Erinnerung und Umkehr zum Herrn" und "Anbetung vor ihm" werden als das beabsichtigte Ergebnis dargestellt, was eine Zukunft impliziert, in der die Erlösung von allen erlebt wird.

Könige buchen, Nationen dienen

Die Psalms resonieren mit dem Thema der globalen Unterwerfung gegenüber Gottes Königreich. Psalm 72:11, 17 ("Alle Könige werden vor ihm fallen...alle Völker werden ihm dienen") und Psalm 86:9 ("All die Nationen, die du gemacht hast, werden kommen und vor dir anbeten, o Herr") beschreiben eine Welt, in der die irdischen Autoritäten die Souveränität Gottes anerkennen. Dies entspricht dem Konzept einer wiederhergestellten Schöpfung, in der der Wille Gottes höchste Macht hat.

Universelle Lobpreisung

Psalm 145:10 ("Alle deine Werke werden dich preisen, o Herr") wirft die Frage auf: Können alle Geschöpfe Gottes wirklich ihn loben, wenn einige zum ewigen Leiden bestimmt sind? Dieser Vers legt nahe, dass die endgültige Zukunft die harmonische Lobpreisung aller Schöpfung beinhaltet, einschließlich derjenigen, die einst von der Sünde verwundet wurden.

Gottes dauerhafte Barmherzigkeit

Psalm 53:8-9 ("Der Herr ist freundlich und gnädig, langsam zum Zorn, und reich an Barmherzigkeit... Er wird nicht immer schweigen") betont Gottes barmherzig Natur. Diese Eigenschaft scheint mit dem Konzept der ewigen Verdammnis unvereinbar. Kann ein Gott der unendlichen Barmherzigkeit wirklich eine seiner Geschöpfe zu endlosem Leiden verurteilen?

Keine Sünde jenseits der Erlösung

Jesaja 1:18 ("Obwohl deine Sünden wie Scharlach sind, werden sie wie Schnee sein; obwohl sie wie Röteln sind, sind sie wie Wolle") bietet eine Botschaft der Hoffnung. Keine Sünde wird als zu groß für Gottes Vergebung dargestellt. Die Verbreitung dieser Botschaft auf die gesamte Menschheit deutet auf die Möglichkeit einer universellen Erlösung hin.

Ein Berg der Erlösung

Jesaja 2:2 ("alle Völker werden zum Berg des Hauses des Herrn fließen") und 25:6 ("Und auf diesem Berg wird der Herr der Heerscharen ein Fest für alle Menschen machen") beschreiben Gottes Erlösungsplan als eine universelle Einladung. Das Bild eines Berges als Haus des Herrn und ein Fest für alle Menschen signalisiert Gottes Absicht, die gesamte Menschheit in Seine Erlösung aufzunehmen.

Der Schleier entfernt

Jesaja 25:7 ("Und er wird auf diesem Berg das Gesicht der Decke zerstören, die über alle Völker geworfen ist, und den Schleier, der über alle Nationen ausgebreitet ist") spricht von einer Zukunft, in der der Vorhang der Unwissenheit und der Sünde von allen entfernt wird. Dies steht im Einklang mit dem Konzept der universellen Wiederherstellung, wo alle die Gelegenheit haben werden, die Wahrheit zu sehen und die Gnade Gottes zu erfahren.

Der Triumph über den Tod

Jesaja 25:8 und 1 Korinther 15:54 ("Er wird den Tod im Sieg schlucken") sprechen von dem endgültigen Sieg über den Tod durch die Auferstehung. Dieses Versprechen erstreckt sich auf die gesamte Menschheit, was darauf hindeutet, dass der Tod für alle besiegt wird.

Das Lied nimmt Form an

Diese unterschiedlichen Stimmen aus den Psalms und Jesaja verbinden sich mit der Melodie der Wiederherstellung. Die Botschaft wird klarer: Gottes Plan umfasst die ganze Schöpfung und führt zu einer Zukunft der universellen Anbetung, der Versöhnung und des Sieges über Sünde und Tod. Diese große Symphonie der Hoffnung entfaltet sich weiter und bietet einen Einblick in eine erneuerte Welt und eine wieder hergestellte Schöpfung in ihre rechtmäßige Harmonie.

Die Symphonie des Heils Crescendos: Ein Lied der Tränen abgewischt

Die große Symphonie der Wiederherstellung erreicht mit den eindrucksvollen Worten von Jesaja und Jeremia ein Wachstum. Diese Verse zeichnen ein Bild von einer Welt, die nicht nur erneuert wird, sondern in der Trauer vertrieben wird und die allgemeine Erkenntnis Gottes überwindet.

Tränen abgewischt

Jesaja 25:8 ("Der Herr Gott wird Tränen von allen Gesichtern abwischen") bietet ein tiefes Bild von endgültiger Trost. Das "Werk des Evangeliums" ist nicht vollendet, bis dies geschieht, was die Beseitigung aller Trauer und Leiden bedeutet. Dieses Versprechen erstreckt sich auf „alle Gesichter", was eine universelle Erfahrung der tröstenden Gegenwart Gottes impliziert.

Die Offenbarung der Herrlichkeit

Basierend auf diesem Thema spricht Jesaja 40:5 ("die Herrlichkeit des Herrn wird offenbart werden, und alles Fleisch wird es zusammen sehen") von einer Zukunft, in der die ganze Menschheit Gottes Herrlichkeit bezeugt. Diese Offenbarung überschreitet die irdischen Grenzen und umfasst "alles Fleisch". Lukas 3:6 wiederholt dieses Gefühl und verkündet, dass "alles Fleisch die Rettung Gottes sehen wird." Die Universalität dieser Aussagen stärkt die Idee einer Welt, die in der Erfahrung der Gnade Gottes vereint ist.

Das unfehlbare Wort

Jesaja 55:10-11 vergleicht Gottes Wort mit Regen und Schnee, der die Erde nährt und Wachstum hervorbringt. Diese Bilder deuten auf die unfehlbare Natur des Planes Gottes hin. So wie der Regen nicht leer in den Himmel zurückkehrt, so wird Gottes Wort "nicht leer zurückkehren, sondern das göttliche Vergnügen erfüllen." Angewandt auf das Evangelium, bedeutet dies den endgültigen Erfolg von Gottes Erlösungswerk, das die gesamte Menschheit umfasst.

Ein Licht für alle Nationen

Das Konzept der Universalität wird in Jesaja 49:6 weiter betont ("I will also give thee for a light to the Gentiles, that thou mayest be my salvation unto the end of the earth"). Christus wird als "Licht für die Heiden" vorgestellt, als Leuchte des Heils für alle Nationen. Dies widerspricht der Vorstellung, dass die Segnungen des Evangeliums auf einige wenige beschränkt sind. Das Licht soll die ganze Welt erleuchten.

Gottes dauerhafte Liebe

Jesaja 57:16 ("Ich werde nicht ewig streiten, noch werde ich immer zornig sein") bietet einen Einblick in die dauerhafte Liebe Gottes. Die Vorstellung, dass Gott „immer wütend" sei, widerspricht der Botschaft eines barmherzigen Gottes, der Versöhnung mit der ganzen Schöpfung wünscht.

Universelle Erkenntnis Gottes

Die Melodie erreicht einen triumphierenden Höhepunkt mit Jeremia 31:33-34 ("Ich werde mein Gesetz in ihre inneren Teile legen und es in ihre Herzen schreiben; und ich werde ihr Gott sein, und sie werden mein Volk sein. Und sie sollen nicht mehr lehren, jeder seinen Nächsten und jeder seinen Bruder und sagen: Kennen Sie den Herrn! denn sie werden mich alle kennen, vom Kleinsten bis zum Größten, spricht der HERR. Diese Passage spricht von einer Zukunft, in der die Erkenntnis Gottes universell ist, umfasst "alle... vom Kleinsten... bis zum Größten." Der Schwerpunkt auf "alles" legt eine Welt nahe, in der Unwissenheit und Trennung von Gott ausgerottet werden.

Grace, das Leitthema

Das Konzept der Gnade erscheint als das zentrale Thema in diesem Abschnitt. Jeremias Botschaft legt nahe, dass Gottes Absicht für die Juden sich auf die gesamte Menschheit erstreckt. Paulus' Behauptung, dass es "nicht mehr Juden oder Griechen gibt, kein Sklave oder Freier, kein Mann oder Frau, denn ihr seid alle eins in Christus Jesus" (Galater 3:28) verstärkt diese Universalität der Liebe Gottes.

Das Lied findet seine Stimme

Mit diesen kraftvollen Versen erreicht die Symphonie der Wiederherstellung einen crescendo. Die Stimmen von Jesaja und Jeremia schließen sich dem Chor an und verkünden eine Zukunft, in der Tränen abgewischt werden, die Herrlichkeit Gottes allen offenbart wird, die Botschaft des Evangeliums alle

Ecken der Erde erreicht und die Erkenntnis Gottes universell wird. Dieses große Lied schildert ein Bild einer Welt, die nicht nur wiederhergestellt, sondern durch die grenzenlose Liebe und Gnade Gottes verwandelt wurde.

Die große Erzählung der Wiederherstellung entfaltet sich weiter und erreicht mit den zarten Worten der Lamentationen und der majestätischen Vision Daniels einen Punkt der Auflösung. Diese Passagen bieten einen Einblick in eine Zukunft, in der Gottes Barmherzigkeit höchste Macht hat.

Auswerfen, nicht aufgeben

Lamentations 3:31-33 ("Der Herr wird nicht für immer verwerfen... Aber obwohl er Trauer verursacht, wird er nach der Menge seiner Barmherzigkeit Mitleid haben") stellt die Vorstellung von der ewigen Verurteilung heraus. Der Charakter Gottes, der mit Mitgefühl überflutet ist, scheint mit endlosem Leiden unvereinbar zu sein. Während vorübergehende Schwierigkeiten zur Verfeinerung genutzt werden können, ist der letzte Zweck die Wiederherstellung, nicht die ewige Ablehnung.

Mitgefühl über Leiden

Die Passage betont Gottes barmherzige Natur ("He doth not afflict willingly, nor grieve the children of men"). Dieses Merkmal scheint der Vorstellung zu widersprechen, absichtlich endlose Folter zu verursachen. Gottes Bestrafung ist letztendlich für unseren Nutzen, nicht für sein eigenes Vergnügen.

Universelle Herrschaft, Universelles Glück?

Daniel 7:14 ("Ihm wurde Herrschaft und Herrlichkeit und ein Königreich gegeben, dass ihm alle Völker, Nationen und Sprachen dienen sollten") zeichnet ein Bild einer universellen Herrschaften unter Christus. Die Sprache "alle Völker, Nationen und Sprachen" legt nahe, dass die Welt im Dienst Gottes vereint ist. Dies führt natürlich zur Frage: Kann eine Welt unter Gottes vollkommener Herrschaft mit ewigem Elend für einige koexistieren?

Die allumfassende Autorität

Die Worte Jesu in Matthäus 28:18-20 ("Mir wurde alle Macht gegeben im Himmel und auf Erden... Gehe, dann, alle Völker zu lehren") entsprechen Daniels Vision. Die Universalität der Autorität Jesu über "Himmel und Erde" und das Gebot, "alle Nationen zu lehren" verstärken das Konzept des allumfassenden Planes Gottes.

Ein Lied der Hoffnung

Die kombinierten Stimmen von Lamentations und Daniel wehen eine überzeugende Erzählung der Hoffnung. Der Charakter Gottes, der mit Mitgefühl überflutet ist, in Verbindung mit der Vision einer universellen Herrschaft unter Christus, legt eine Zukunft nahe, in der das Leiden nicht ewig ist, sondern ein Schritt zur Wiederherstellung ist. Diese große Symphonie der Wiederherstellung erreicht einen Punkt der Auflösung und bietet eine hoffnungsvolle Melodie, die mit der Möglichkeit der universellen Versöhnung resoniert.

Das Zeugnis Jesu

Die Lehren Jesu Christi haben einen zentralen Platz im Christentum und bieten der Menschheit Führung und Hoffnung. Dieser Aufsatz argumentiert, dass ein Kernthema der Botschaft Jesu die universelle Wiederherstellung und die grenzenlose Liebe Gottes ist. Durch eine Untersuchung bestimmter Passagen können wir hören, wie ein "Song der universellen Hoffnung" im Zeugnis Jesu resoniert.

Gnadenworte und universelle Liebe

Der Aufsatz beginnt mit der Betonung der faszinierenden Natur der Lehren Jesu. Die "Gnadeworte" (Lukas 4,22), die die Zuhörer in Ehrfurcht ließen, deuten auf eine Botschaft hin, die Hoffnung und Erlösung betont, anstatt sich ausschließlich auf die ewige Strafe zu konzentrieren. Jesus verkündete die Liebe Gottes zur ganzen Welt (Johannes 3:16) und erklärte seine Mission als eine der Rettung (John 3:17), nicht endlose Verurteilung.

Vertrauen in Gottes universelle Fürsorge

Weitere Beweise für Jesu universelle Botschaft finden Sie in Matthäus 6:25-34. Hier ermutigt Jesus seine Anhänger, auf Gottes Vorsehung zu vertrauen, indem er die Sorge Gottes für die ganze Schöpfung betont, einschließlich derer, die nicht als gerecht angesehen werden können (v. 45). Dieser Schwerpunkt auf Gottes allumfassender Güte scheint mit Lehren, die ein Bild einer rächelnden Gottheit darstellen, die ewige Qual verursacht, unvereinbar.

Jesus im Gegensatz zur Exklusivität der Pharisäer

Der Aufsatz unterstreicht den Kontrast zwischen der umfassenden Botschaft Jesu und den Lehren der Pharisäer. Die Pharisäer, bekannt für ihre juristischen Interpretationen und Trennung von denen, die als "Sündige" bezeichnet werden (Matthäus 16:6), stellen eine Folie für Jesu umfassende Botschaft von Liebe und Akzeptanz dar (v. 12). Die Interaktionen Jesu mit denen, die von der Gesellschaft ausgegrenzt werden, zeigen weiterhin sein Engagement für eine Botschaft der universellen Hoffnung.

Das Versprechen der englischen Transformation

Der Aufsatz erforscht die Worte Jesu in Lukas 20:35-36 und Matthäus 22:30, wo er den künftigen Zustand der Menschheit mit dem der Engel vergleicht. Dieser „angelische" Zustand bedeutet nicht nur Unsterblichkeit, sondern auch eine moralische Verwandlung, die Gottes Charakter widerspiegelt. Diese Zukunft, die "alle Toten" erreichen können (v. 36), schlägt eine universelle Wiederherstellung vor, in der alle in eine harmonische Beziehung zu Gott gebracht werden.

Die offenen Tore des Königreichs

Schließlich untersucht der Aufsatz Matthäus 23:13, wo Jesus die Pharisäer kritisiert, weil sie den Eintritt der Menschen in das „Königreich des Himmels" behindert haben. Der Schwerpunkt auf dem "Königreich des Himmels" ist bedeutsam. Jesus verurteilt die Pharisäer nicht dafür, dass sie den Eintritt in die Hölle verwehrt haben, sondern weil sie den Zugang zu seinem Königreich behindert haben. Dies spiegelt Jesu Wunsch wider, dass alle seine Botschaft erfahren und schließlich Gott kennen lernen (v. 28).

Schlussfolgerung: Eine hoffnungsvolle Melodie

Abschließend können wir durch die Untersuchung der Gnade der Lehren Jesu, seiner Betonung der universellen Liebe Gottes und seiner kontrastierenden Botschaft gegenüber der der Pharisäer ein mächtiges Thema der universalen Hoffnung in Jesu Zeugnis erkennen. Wie eine hoffnungsvolle Melodie resoniert diese Botschaft mit der Möglichkeit einer Zukunft, in der alle wieder in eine richtige Beziehung zu Gott zurückkehren, die die grenzenlose Liebe widerspiegelt, die im Herzen der Lehren Jesu liegt.

Das Zeugnis des heiligen Petrus

Ein Lied der universellen Versöhnung

Nach der Erforschung der Lehren Jesu vertieft sich dieser Aufsatz in die Schriften des Petrus, einer zentralen Figur im frühen Christentum. Das Argument konzentriert sich auf die Idee, dass die Botschaft des Petrus, wie Jesus, mit dem Thema der universellen Versöhnung – der endgültigen Wiederherstellung der ganzen Menschheit zu Gott – resoniert.

Die Vision der universellen Pflege

Der Aufsatz beginnt mit der Analyse der Vision des Petrus in Apostelgeschichte 10:10-15. Die Vision des aus dem Himmel herabgekommenen Blattes, das Geschöpfe enthält, die als "unreine" betrachtet werden, wird als symbolische Offenbarung interpretiert. Gott erklärt nach dieser Interpretation alle Menschen gleichermaßen seiner Fürsorge würdig, indem er Barrieren auflöst und die allgemeine Inklusion fördert.

Gleiche Gnade für alle Nationen

Weitere Unterstützung für die universelle Versöhnung findet man in Apostelgeschichte 11:17-18. Hier erkennt Petrus die Gabe des Glaubens an ihn an und betont, dass diese Gabe nicht ausschließlich ist. Er erkennt an, dass Gott Buße und "Leben" für "alle Völker" wünscht, nicht nur für einige wenige.

Das Evangelium für die Lebenden und die Toten

Der Aufsatz erweitert den Umfang der Botschaft des Petrus über das Lebendige hinaus. 1 Petrus 4:5-6 wird so ausgelegt, dass es darauf hindeutet, dass die Botschaft des Evangeliums sich auch auf die Toten erstreckt. Auch sie, obwohl sie nach ihren irdischen Taten beurteilt werden, können ein zukünftiges "Leben nach Gott" erleben.

Universelle Liebe bedeckt eine Vielzahl von Sünden

Der Aufsatz findet weitere Beweise in 1 Petrus 4:7-8. Der Ruf des Petrus nach eifriger Liebe und die Aussage, dass "die Liebe eine Vielzahl von Sünden bedeckt" wird als ein Spiegelbild der universellen Liebe Gottes angesehen, die letztlich die Sünden der ganzen Menschheit umhüllt.

Schlussfolgerung: Ein Lied, das alle vereint

Abschließend, indem wir Petrus Vision der universellen Fürsorge untersuchen, seinen Schwerpunkt auf Gottes Wunsch, dass alle Nationen Buße und Leben erfahren, die mögliche Ausdehnung des Evangeliums auf die Toten und die Kraft der Liebe, um eine Vielzahl von Sünden zu bedecken, können wir hören, wie ein mächtiges "Song der universalen Versöhnung" im Zeugnis von Petrus wiederholt wird. Genauso wie die Botschaft Jesu mit Hoffnung für alle resonierte, können auch die Schriften des Petrus als ein Zeugnis für Gottes grenzenlose Liebe und die endgültige Wiederherstellung der ganzen Menschheit interpretiert werden.

Die Häresie von "Keine weiteren Chancen"

Zuerst Petrus 4:6Biblische Universalisten glauben, dass die Beichte gerettet werden muss: Aber die Tradition geht davon aus, dass die Menschen schließlich von der Beichte abgeschnitten werden und dass wir nur dieses Leben haben, ohne mehr Chancen jenseits des Grabes.

Römer 10:9 und Philipper 2:9–11; I Petrus 3:19–20; 1 Petrus 4:6; Hebräer 9:27; Lk. 16:26; 1 Kor. 15:22 und Phil. 2:11

Einige Leute könnten glauben, dass starke Exklusivität und Universalismus unvereinbar sind; in einem solchen Szenario wird jeglicher Beweis für eine starke exklusive Existenz auch ein Beweis gegen den Universalismus sein. Eine starke Exklusivität in Verbindung mit der Tatsache, dass manche Menschen Christus ablehnen, auch nachdem ihr Körper aufgehört hat zu arbeiten, kann dazu führen zu glauben, dass das universalistische Argument zum Scheitern verurteilt ist.

Das ist also nur der Fall, wenn es keine alternativen Mittel der Erlösung nach dem Tod gibt. Noch einmal hat die Ansicht, dass die Hoffnung auf Erlösung mit dem Tod endet, keine solide biblische Unterstützung. Es ist in verschiedenen biblischen Lesungen implizit.

Um ehrlich zu sein, gibt es keinen einzigen Vers in der Bibel, der eindeutig ausdrückt, dass ein Mensch nur dieses Leben hat und dass es in der Hölle keine Möglichkeit gibt, dass er etwas anderes erleben wird. Anders ausgedrückt, behauptet kein einziger Vers in der Bibel, dass Gott aufhören wird, Seelen zu retten, wenn eine Person stirbt. Der vorstehende Punkt erläutert dies.

Andere Passagen werden jedoch auftauchen, die diese Perspektive herausfordern. Gott hat Menschen im Laufe der Geschichte näher zu sich gebracht, um sie zu retten. Einer der am häufigsten zitierten Texte gegen den Universalismus lehrt die Exklusivität, die die Überzeugung ist, dass man zuerst sein Vertrauen in Christus erklären muss, während man noch in dieser Welt lebt und dass das Erlösungswerk Christi der einzige (exklusive) Weg für jeden ist, gerettet zu werden. Anders ausgedrückt, muss eine Person bewusst

Christus und die Erlösung, die Er "in diesem Leben" anbietet, akzeptieren, um die Vorteile der Errettung zu erlangen, die von Ihm möglich gemacht wurde. Der Nicht-Universalist wird argumentieren, dass es nur dieses Leben und diese Gelegenheit gibt, und dass es keine weitere Chance außerhalb des Todes gibt, vorausgesetzt, die Menschheit hat wirklich eine Wahl-Möglichkeit. So wird Christus in der Lage sein, die Menschheit in einem begrenzten Ausmaß zu retten. Umgekehrt ist Exklusivität nicht gezwungen, vom Universalist abgelehnt zu werden.

Der biblische Universalist, der die Exklusivität versteht, kann mit dem Nicht-Universalisten in Bezug auf die Zahl der Menschen, die durch das Versöhnungswerk Christi gerettet werden, leicht nicht einverstanden sein. Die meisten separatistischen Gruppen halten fest und lehren, dass die Sühne Christi anstatt auf alle Menschen "anzuwenden" wird, nur "gezeigt" und dann "anwendet" auf Individuen zum Zeitpunkt der Erlösung, nachdem sie ihre Sünden zugegeben haben.

Hier unterscheiden sich die Orthodoxie und die biblische Idee der universellen Versöhnung in erster Linie. Es wird gesagt, dass es auf jedes Baby bei der Geburt angewendet wird, aber es wird entfernt, sobald das Baby seine erste persönliche Sünde begeht – als Erwachsener. Was die starre "begrenzte Wahl" betrifft, so werden "gewählte Säuglinge" durch Versöhnung und damit (schließlich) Erlösung bei der Geburt angewendet; alle anderen sind verdammt und können nicht erlöst werden. Wir nennen diese Gruppe die "strictly limited election" Partei. Für einen biblischen Universalist, der behauptet, dass "Abstimmung" und "Erlösung" zwei verschiedene Facetten des größeren Schemas Gottes für die globale Versöhnung sind, macht das wenig Sinn. Diese Perspektive behauptet, dass jeder, unabhängig von seiner Geschichte, Gegenwart oder Zukunft, bei der Geburt gerettet wird.

Aber die Erlösung ist "zu der Erkenntnis der Wahrheit kommen" (1 Timotheus 2:4b), das ist das Verständnis, dass Gott alles Fleisch retten wird (Lk. 3:6) weil Er der Einzige ist, der "will" (bestimmt), dass alle gerettet werden (1 Timothy 2:4a), indem er alles zu sich selbst bringt (John. 12:32). Auch den Toten verkündigt (1 Petrus 4:6), endet diese Botschaft und das "Zeichnen" nicht mit dem Tod; vielmehr werden sie durch sie zur "Wiederherstellung aller" fortgesetzt. (Acts 3:21).

Im Gegenteil, der biblische ausschließliche Universalist hält, dass jeder von Christus lebendig gemacht wird. Dies liegt daran, dass 1. Korinther 15:22 deutlich erklärt, dass jeder in Christus lebendig gemacht werden wird. Und dass, nachdem "alle lebendig gemacht" sind, jede Zunge endlich bekennen wird, dass Jesus Christus der Herr ist (Phil. 2:11). Westminster Confession, Kapitel X, Abschnitte 2 und 3, 1647.

Die Bibel bietet überwältigende Beweise für Exklusivität; mehrere Verse erinnern uns daran, dass das Bekennen des Vertrauens an Christus der einzige Weg ist, um gerettet zu werden. Niemand kann jemals anders gerettet werden als auf diese Weise. Aber wir können auch keine Angst oder "ewige" Ideen über die Verdammnis anderer Seelen fördern.

Vielmehr müssen wir die Gute Nachricht mit jeder Person teilen, da wir wissen, dass, wenn Menschen "lebendig" (in Christus) gebracht wurden, sie schließlich Christus als ihren Herrn und Erlöser anerkennen werden. Obwohl solche Geständnisse in der Westminster Confession auf wenige "auserwählte" Personen beschränkt sind, lehren die falsch zitierten Wörter eine universelle und "effektive Berufung". Dies ist so, weil, gemäß ihrer Interpretation, "Niemand kann zu mir [Christus] kommen, außer der Vater, der mich gesandt hat, zieht ihn [Siehe Johannes 12:32, wenn Gott alle zieht]: und ich werde ihn (wahrscheinlich alle Menschen) auferstehen am letzten Tag [siehe die Auferstehung]. Jeder, der vom Vater gehört und verstanden hat, wird sich daher Mir nähern. 6:44–45, Johannes. So scheint es, dass am Ende, wie "alle Zungen bekennen" (Offb. 7:9 und 13:7) und "alle Augen sehen" (Ap. (Jer. 28:7, 36:10).

In welchen biblischen Texten wird die Idee von "extra" Chancen unterstützt oder erwähnt? Zwei Verse in 1. Petrus, Kapitel 3, Verse 19–20 und Kapitel 4, Vers 6 deuten darauf hin – aber beweisen nicht – dass die Chancen auf Heil zunehmen. Die Eröffnung von I Petrus 4:6 wird in einer großen Anzahl von Bibelübersetzungen übersetzt: "Denn darum wurde auch den Toten das Evangelium verkündigt, daß sie im Fleisch nach den Menschen gerichtet werden, aber im Geist nach Gott leben." Die angespannten Formen werden hier erschreckend übersetzt. Es sollte lesen: "Denn in / dies auch / Vernunft zu den Toten ist-brachte-eine-Gute-Botschaft [„euaggelizO" „is-gute-botschaft"], dass sie gerichtet werden, wahrlich, nach [wie] fleischlichen Menschen, [so dass sie] leben können nach Gott in dem Geist."

Dennoch sind eine Reihe von Autoren offen genug, um anzuerkennen, dass der griechische Originaltext nicht das Wort "jetzt" enthält. Ob sie die Bedeutung dessen verstehen, was hier gesagt wurde, ist die entscheidende Frage. Laut ihnen wurde das Wort "jetzt" hinzugefügt, da nach ihrer Auffassung keine weiteren Möglichkeiten für die Vergebung nach dem Tod vorhanden sind. Derzeit ist ihr Beweis dafür, dass es keine Alternativen mehr gibt, schwach. Es gibt verschiedene Interpretationen des Wortes "jetzt" je nach Kontext. Ein weiterer Missverständnis, der sich aus einer falschen

Übersetzung ergibt, ist die Art und Weise, wie die gute Botschaft den Begriff "war" benutzt, als ob es alles in der Vergangenheit war. Das griechische Wort "euaggelizO" ist in der Gegenwart tense und bedeutet "ist-gut-berichtet." Der wichtigste Punkt hier ist, dass es abscheulich ist, eine Übersetzung zu modifizieren, um theologische Ansichten zu verteidigen, die die Übersetzer so zufällig halten (on contentious matters). Die Concordant Literal Version korrigiert diesen Fehler durch die Übersetzung des Verses als "for, and/to-dead-ones/ is-bring-a-well-message/ that / they-may-be-judged / indeed / according-to-humans (in) to-FLESH,/ yet / may- be-living according- to-God (in), to-spirit."

Angesichts des Verses, der vor ihm kommt (Vers 5) und der endgültigen Schlussfolgerung von allem (Vers 7) und dem Gericht der Lebenden und der Toten, scheint dieser einen Hinweis auf eine letzte Minute, wundersame Verlängerung der "Zufriedenheit" für die Erlösung zu geben. Dies geschieht, bevor alles zu einem Ende kommt. Mit dem Evangelium, auch als "die gute Botschaft" bezeichnet, "verliehen" an den Verstorbenen, ermöglicht diese präzise Übersetzung sicherlich zu dem Schluss, dass sie nicht nur bewusst sind, sondern auch die Chance haben, gerettet zu werden.

Wenn sie diese Botschaft nicht hören könnten, noch viel weniger glauben, was wäre dann für ein anderes Motiv, sie ihnen zu vermitteln? Und was machen wir mit einem Evangelium, das angeblich ursprünglich an tote Menschen "gegeben" wurde, ob sie hier, dort oder anderswo tot waren? Warum sagen Sie ihnen Dinge, die sie nicht wissen müssen, wenn sie für immer in die Hölle gehen?

Im Gegenteil, Übersetzer beenden oft eine Lesung mit einem Wort, das keinen Sinn macht. Einige gehen so weit, dass die "Toten" die nicht geretteten "lebenden" Menschen sind, die noch am Leben waren, als die Bibel geschrieben wurde. Im Vergleich zu anderen "Menschen im Fleisch" ist es für diese "Toten" unmöglich, etwas anderes als "Tote" zu sein, die nicht im Fleische sind, aber dennoch bewusste Wesen "in Geist" sind, die in Übereinstimmung mit Gott leben sollten, als wären sie in dem Fleisch.

Manchmal zitiert, um die Idee zu verstärken, dass es nach dem Tod keine Chancen mehr gibt, ist Hebräer 9:27, die besagt, "Wie der Mensch dazu bestimmt ist, einmal zu sterben, und danach das Gericht zu sehen." Man muss nicht bestreiten, dass Menschen nur einmal sterben, wenn sie biblische Universalisten sind, die an zweite Chancen denken. Deshalb sollte das Lesen von Hebräer 9:27 den Universalist nicht beunruhigen, der an mehr Chancen glaubt, weil es nichts enthält, das einen unbehaglich machen sollte. Jede

Dauer der Zeit zwischen zwei Ereignissen könnte als "nach dem" bezeichnet werden (See 1 Pet. 4:6; Heb. 9:27).

Lukas 16:26 ist ein weiteres gut zitiertes Vers, das die Vorstellung unterstützt, dass es keine Chancen mehr gibt. Diese scheint eine Berührung stärker als die in Hebräer. Dies ist Teil der Geschichte des Reichen und des Lazarus, die Jesus erzählt hat. Der reiche Mann fragt den Vater Abraham, so dass die Geschichte geht, "Bring Lazarus, um die Spitze seines Fingers in Wasser zu tauchen und meine Lippen abkühlen." Der reiche Mann ist jetzt in der Hölle gestorben. Abraham fährt fort, indem er erklärt, dass ein großer Abstand zwischen uns und Ihnen gelegt wurde, so dass die Menschen, die von hier zu Ihnen gehen wollen, nicht können, und niemand kann von dort zu uns überqueren.

Um klar zu sein, muss der Universalist nur erklären, dass es Strafe geben wird; er muss seine Existenz nicht widerlegen. Und es gibt weder einen Grund zu glauben, dass diejenigen im Himmel die Hölle besuchen dürfen, noch dass jene, die bestraft werden, sie jederzeit stoppen können und frei von der Hölle zum Himmel überqueren können, während sie noch verwaltet wird. Diese Positionen sind im geringsten nicht gerechtfertigt.

Dieses Kapitel unterstützt nicht wesentlich die Lehre von "keine weitere Chancen", auch wenn wir den Fehler begehen, einen Standpunkt davon abzuleiten zu versuchen, ob es zukünftige Chancen aus den Komplexität dieser Geschichte geben wird. Dies ist so, weil es nicht viel Rechtfertigung für das Lesen dieser Passage, um diesen Standpunkt zu unterstützen. Es ist im Grunde ein Fall aus Schweigen auf beiden Seiten, es sei denn, es wird im Rahmen des gesamten Kanons berücksichtigt.

Die Aussagen, die Vater Abraham in dieser Geschichte erzählt wird, können für einen Universalist, der die Möglichkeit von mehr Chancen begrüßt, vollkommen sinnvoll sein. Dies ist gültig, sofern der Universalist eine angemessene Genehmigung für die Möglichkeit bietet, dass diejenigen, die momentan bestraft werden, einfach nicht aufhören können, wann immer sie wollen. Es deutet jedoch darauf hin, dass es eine Chance gibt, dass sie uns kontaktieren können. Sie haben einen durchaus gültigen Grund, es nicht zu tun, aber es gibt auch einen völlig akzeptablen Grund für sie. Beide Lesungen sind korrekt.

Es ist daher ein verzweifelter Teil des Textes, zu argumentieren, dass dieser Abschnitt nicht nur beweist, dass diejenigen, die Strafe erleiden, sie nicht nur jederzeit aufhalten können, wenn sie wollen, sondern auch, dass dies niemals geschehen kann, selbst durch die Erlösungskraft Christi, und dass sie niemals von dieser Straftat befreit werden können.

In Bezug auf die drei Faktoren, die später diskutiert werden, kann keine andere Philosophie mit "keine weiteren Chancen" übereinstimmen. Keine andere Lehre kommt sogar so nahe, a) so hoch verehrt zu werden, obwohl b) so schreckliche Konsequenzen haben und c) so wenig biblische Unterstützung haben! Einige widerlegen, dass eine starke Exklusivität in Verbindung mit der sehr plausiblen Tatsache, dass einige Individuen Christus in diesem Leben nie empfangen, einen starken Fall gegen den Universalismus macht. Sie argumentieren, dass ein starkes Argument gegen den Universalismus dies erreichen wird. Es ist unrealistisch, unseren Optimismus für mehr Chancen nach dem Tod nur auf dem zu gründen, was 1 Petrus sagt.

Auch wenn ich Peter nicht viel von einem direkten Fall liefert, einige andere Kapitel liefern eher überzeugende Beweise für Universalismus. Daher müssen wir einen Widerspruch verhindern, indem wir das Gegenteil des anderen sagen. Daher beruht der Glaube an mehr Chancen auf allen biblischen Texten, die biblischer Universalismus unterstützen, nicht auf einem Glauben an mehr Möglichkeiten.

Es gibt zwei weitere Abschnitte, die, wenn sie zusammen betrachtet werden, einige universalistische Tendenzen enthalten, die mit der Idee der folgenden Möglichkeiten verbunden sind. Sie werden angeboten, schädliche Mythen zu entlarven, dass es nach dem physischen Tod keine Chancen mehr gibt, nicht so viel, um zu zeigen, dass sie existieren.

Die Universalität des Heils: Ein genauerer Blick auf Römer 10:9 und Philipper 2:9-11

Das Konzept des Heils im Christentum wird oft diskutiert, wobei eine zentrale Frage lautet: "Wer wird gerettet werden?" Diese Passage erforscht Römer 10:9 und Philipper 2:9-11 durch die Linse des Universalismus, einem theologischen Glauben, dass letztlich alle gerettet werden.

Römer 10:9 erklärt: "Wenn du mit deinem Mund bekennst, dass Jesus der Herr ist, und in deinem Herzen glaubst, daß Gott ihn von den Toten auferweckt hat, wirst du gerettet werden." Universalisten argumentieren, dass das "wenn" in diesem Vers nicht als eine strenge Bedingung interpretiert werden sollte, sondern eher als eine Gewissheit – "Wann" man bekennt und glaubt. Sie verweisen auf Philipper 2:9-11 als Beweis: "Darum hat Gott ihn auf den höchsten Platz erhoben und ihm den Namen gegeben, der über allen Namen ist, damit sich im Namen Jesu alle Knie beugen - im Himmel und auf

Erden und unter der Erde - und jede Zunge bekennen, dass Jesus Christus der Herr ist, zur Herrlichkeit Gottes, des Vaters." Dieser Abschnitt legt nahe, dass letztlich alle Jesus als Herrn bekennen werden.

Ein weiterer Streitpunkt ist der Zeitpunkt der Beichte und des Glaubens. Universalisten argumentieren, dass der Schwerpunkt in Römer 10:9 nicht auf der Geständnis vor dem Tod, sondern auf dem Akt der Beichte selbst liegt. Sie stellen die traditionelle Auffassung von "begrenzten Chancen" in Frage und schlagen vor, dass sich die Gelegenheit zum Geständnis und zum Glauben über das irdische Leben hinaus erstrecken könnte.

Die Passage beschäftigt sich auch mit dem Konzept, dass Jesus "alles zu sich zieht" (John 12:32). Universalisten interpretieren dies als Jesus, der letztlich die ganze Menschheit Gott näher bringt, nicht nur einige wenige. Sie sehen traditionelle Interpretationen, die die Heilsgnade Gottes einschränken, als widersprechend der Botschaft der universellen Versöhnung.

Schließlich betont die Passage Gottes endgültige Herrlichkeit. 1 Petrus 4:11 sagt, dass "Gott in allen Dingen durch Jesus Christus verherrlicht werde." Universalisten glauben, dass diese Verherrlichung nur erreicht werden kann, wenn Gottes Liebe und Erlösung letztlich alle erreichen. Sie argumentieren, dass ein Gott, der für einige eine ewige Strafe zulässt, der Botschaft eines liebenden und verzeihenden Gottes widerspricht, die in der Bibel dargestellt wird.

Abschließend bietet dieser Abschnitt eine universalistische Perspektive auf Römer 10:9 und Philipper 2:9-11. Es stellt das Konzept der begrenzten Möglichkeiten der Erlösung in Frage und betont die Möglichkeit einer universellen Versöhnung, in der die ganze Menschheit letztendlich die Liebe und Gnade Gottes erleben wird. Diese Interpretation priorisiert die universelle Liebe Gottes und das Potenzial für eine anhaltende Erlösung gegenüber einer Theologie der Angst und begrenzten Möglichkeiten.

Die allumfassende Umarmung: Ein tieferer Blick auf die universelle Erlösung durch die Linse des Paulus

Die Lehre der universellen Versöhnung, der Glaube, dass letztlich alle gerettet werden, findet starke Unterstützung in den Schriften des Apostels Paulus. Diese erweiterte Version geht tiefer in die wichtigsten Passagen ein, die früher vorgestellt wurden (Römer 5:15, 19, 12:18; Titus 2:11), und erforscht zusätzliche Pauliner Verse, die mit dem Konzept der universellen Erlösung übereinstimmen.

Römer neu besucht: Die Symmetrie von Sünde und Erlösung

Römer 5:15 und 19 bieten eine starke Analogie mit dem griechischen Begriff "hoi polloi" an (the many). Die Passage sagt: "durch den Ungehorsam eines Menschen sind viele zu Sünder geworden" (v. 15) "denn durch den Gehorsam des einen werden viele gerechtfertigt werden" (v. 19)

Universalisten betonen die Parallelstruktur. Wenn "die vielen", die Sünder geworden sind, die ganze Menschheit umfasst, dann müssen auch die "vielen", die durch den Gehorsam Christi gerecht gemacht werden, alle umfassend sein. Die Universalität der Wirkung der Sünde erfordert eine entsprechend universelle Lösung, die von Christus angeboten wird.

Außerhalb der Römer: Zusätzliche Pauline-Unterstützung

Römer 11:32: Denn Gott hat alle zur Ungehorsam übergeben, daß er Barmherzigkeit über alle habe. Dieser Vers legt Gottes letztes Ziel nahe, Barmherzigkeit für alle auszudehnen, nicht nur für einige Auserwählte.

1 Korinther 15:21-22: Denn wie in Adam alle sterben, so werden auch in Christus alle lebendig gemacht werden. Dies zieht eine weitere Parallele, die darauf hindeutet, dass, wie der Tod durch Adam zu allen kam, das neue Leben in Christus letztlich auch alle erreichen wird.

Epheser 1:9-10: "Er hat uns das Geheimnis seines Willens kundgetan nach seinem Plan, den er in Christus als einen Plan für die Fülle der Zeiten festgelegt hat, um alle Dinge in ihm zu vereinen, die im Himmel und die Dinge auf Erden." Dies spricht von Gottes endgültigen Plan, die ganze Schöpfung, einschließlich der Menschheit, wieder zu sich selbst zu versöhnen.

Ein genauerer Blick auf Titus 2:11

Titus 2:11 ist ein Eckpfeiler für Universalisten. Der Vers, abhängig von der Übersetzung, lautet: "Denn die Gnade Gottes, die Rettung bringt, ist allen Menschen erschienen" (KJV)

"Denn die Gnade Gottes ist erschienen, die allen Menschen Heil bringt" (NIV)

Der Schlüsselpunkt liegt in der Allgemeinheit der heilenden Gnade Gottes. Universalisten argumentieren, dass der griechische Text die inhärente heilende Natur der Gnade Gottes betont, nicht nur das Erscheinungsbild der Botschaft. Der Ausdruck "das bringt" (in einigen Übersetzungen vorhanden) ist nicht im ursprünglichen Griechischen vorhanden, was das Konzept der Gnade Gottes weiter verstärkt, die letztlich zum Heil für alle führt.

Umgang mit Gegenargumenten: Begrenzte Versöhnung vs. Universelle Liebe

Traditionelle Interpretationen schlagen oft "begrenzte Versöhnung" vor, wo das Opfer Christi nur für die Auserwählten oder diejenigen angesehen wird, die ihn annehmen wollen. Die Universalisten widersprechen diesem, indem sie betonen: Die universelle Liebe Gottes, die sich in der Sendung seines Sohnes für die Welt zeigt (John 3:16).

Die allumfassende Natur des Opfers Christi, beschrieben als ein ausreichendes Opfer für "die Sünden der ganzen Welt" (1 John 2:2).

Das Verlangen nach Versöhnung mit der ganzen Schöpfung, nicht nur ein paar ausgewählte (Ephesians 1:9-10).

Jenseits einzelner Verse: Die Harmonie der Botschaft

Universalisten betrachten diese Verse nicht isoliert, sondern als Teil einer größeren Botschaft in Pauliner Schriften. Sie weisen auf ein konsequentes Thema des ultimativen Wunsches Gottes hin, die ganze Schöpfung zu erlösen, wobei die Menschheit im Mittelpunkt steht. Dieses Thema, argumentieren sie, überwindet jede wahrgenommene Einschränkung der Liebe Gottes oder der Wirksamkeit des Opfers Christi.

Schlussfolgerung: Eine hoffnungsvolle Umarmung

Das Konzept der universellen Erlösung, wie es in den Schriften des Paulus dargestellt wird, bietet eine hoffnungsvolle Perspektive. Es betont die grenzenlose Liebe Gottes, die allumfassende Reichweite des Opfers Christi und das ultimative Ziel der Versöhnung mit der ganzen Menschheit. Während die Debatte weitergeht, bieten diese Paulus-Verse ein überzeugendes Argument für ein breiteres Verständnis des Erlösungsplans Gottes, der die ganze Schöpfung in ihren liebevollen Armen umfasst.

Die allumfassende Umarmung: Ein tieferer Blick auf die universelle Erlösung durch die Linse des Paulus

Diese erweiterte Erzählung vertieft sich in das Konzept der universellen Erlösung durch die Schriften des Apostels Paulus, aufbauend auf der vorherigen Erforschung. Es enthält zusätzliche Pauliner Verse und erweitert die Argumente, die zuvor vorgestellt wurden.

Römer Revisited: Die Fülle der Gnade

Römer 5:20-21 bietet ein mächtiges Bild der Gnade, die Sünde überwindet. Der Abschnitt sagt: "Wo die Sünde zunahm, da wurde die Gnade immer mehr, damit, wie die Sünden im Tod herrschten, so auch die Gnaden durch die Gerechtigkeit zum ewigen Leben durch Jesus Christus, unseren Herrn, könnten herrschen." (NIV)

Universalisten sehen dies als eine klare Verkündigung des endgültigen Sieges Gottes über die Sünde. Gnade, argumentieren sie, ist nicht nur für einige ausreichend, sondern überfließt, um alle zu umfassen. Wenn die Reichweite der Sünde universell ist, dann muß die Gnade, in ihrer Fülle, letztlich über sie in der ganzen Menschheit triumphieren.

Jenseits der Menschheit: Alle Schöpfung wartet

Römer 8:19-22 erweitert den Umfang der Erlösung über die Menschheit hinaus. Paulus schreibt: "Denn die Schöpfung wartet eifrig auf die Offenbarung der Söhne Gottes; denn die Schöpfung wurde der Unmöglichkeit unterworfen, nicht willentlich, wegen dessen, der sie unterwarf, in der Hoffnung, daß die Geschöpfung selbst von der Knechtschaft der Verderbnis in die herrliche Freiheit der Kinder Gottes befreit wird. Denn wir wissen, daß die ganze Schöpfung bis jetzt in den Schmerzen der Geburt zusammengebrochen ist. (NIV)

Dieser Abschnitt legt nahe, dass die ganze Schöpfung, nicht nur die Menschen, an der Sehnsucht nach Erlösung teilnimmt. Universalisten interpretieren dies als einen Hinweis auf Gottes endgültigen Plan, der die Wiederherstellung von allem umfasst, was durch Sünde gebrochen wurde.

Eine versöhnte Welt: Die Universalität Gottes Werk

Mehrere Pauliner Verse unterstreichen die allumfassende Natur Gottes Versöhnungsarbeit:

Römer 11:32: "Denn Gott hat alle in Ungehorsam gefangen genommen, damit er Barmherzigkeit über alle habe." (NIV) - Dieser Vers legt nahe, dass Gottes endgültiges Ziel darin besteht, Barmherzigkeit für alle auszudehnen.

2 Korinther 5:19: "Gott versöhnte die Welt mit sich selbst in Christus, und zählte ihre Übertretungen nicht gegen sie und vertraute uns die Botschaft der Versöhnung an." (NIV) - Paulus erklärt hier ausdrücklich, dass Gottes Versöhnungsakt die ganze Welt umfasst.

Die Hoffnungstrommel: Die letzte Niederlage des Todes

Universalisten verweisen auf Passagen, die von dem endgültigen Untergang des Todes als Beweis für Gottes allumfassender Plan sprechen:

1 Korinther 15:26: "Der letzte Feind, der vernichtet wird, ist der Tod." (NIV) - Wenn der Tod der letzte Feind ist, bedeutet seine Zerstörung die Beseitigung aller Widerstände gegen das Wohlergehen der Menschheit.

1 Korinther 15:42-44: "Es wird gesät, um zu verderben; es wird auferweckt, um unzerstörbar zu sein. Sie wird in Schande gesät, sie wird in Herrlichkeit erhöht. Sie wird in Schwäche gesät, sie wird in Macht erhöht. Es wird ein natürlicher Körper gesät; es wird ein geistlicher Körper erhöht." (NIV) - Diese Beschreibung der Auferstehung, die den gleichen Prozess auf alle Körper anwendet, legt eine universelle Transformation nahe.

Einer in Christus: Beseitigung von Barrieren

Paulus' Betonung der Einheit in Christus löst traditionelle Unterschiede ab, die die Heilsgnade Gottes einschränken könnten:

Galater 3:28: "Es gibt weder Juden noch Heiden, weder Sklaven noch Freien, weder Mann noch Frau, denn ihr seid alle eins in Christus Jesus." (NIV) - Dieser Vers unterstreicht die Auflösung von Barrieren in Christus und legt nahe, dass Gottes Liebe und Erlösungswerk sich auf die gesamte Menschheit ausdehnen.

Die allumfassende Schlussfolgerung

Indem sie diese Pauliner Passagen miteinander verbinden, konstruieren Universalisten eine überzeugende Erzählung von Gottes endgültigem Ziel – der Erlösung und Wiederherstellung der ganzen Schöpfung. Während einige Interpretationen möglicherweise Einschränkungen der Gnade Gottes oder der Wirksamkeit des Opfers Christi betonen, sehen Universalisten diese Verse als Hinweise auf eine breitere Realität. Sie stellen einen Gott dar, dessen Liebe grenzenlos ist, dessen Gnade überflutet und dessen Erlösungsplan alle umfasst, die von der Sünde betroffen sind. Diese erweiterte Erzählung bietet einen Einblick in die hoffnungsvolle Botschaft der universellen Versöhnung, die durch die Linse der Schriften des Paulus dargestellt wird.

Die allumfassende Umarmung: Ein tieferer Blick auf die universelle Erlösung durch Pauls Linse - Ein Schwerpunkt auf Phil. 2:9-11 und Zusatzverse.

Dieser Abschnitt vertieft sich tiefer in das Konzept der universellen Erlösung durch die Schriften des Paulus, wobei er sich speziell auf Philipper 2:9-11 und zusätzliche Verse konzentriert, die zur Unterstützung der universalistischen Perspektive vorgestellt werden.

Philipper 2:9-11: Eine universelle Biegung?

Die Passage sagt: "Darum hat Gott ihn hoch erhoben und ihm den Namen gegeben, der über allen Namen ist, damit sich bei dem Namen Jesu alle Knie neigen, von denen im Himmel und auf Erden und unter der Erde, und jede Zunge bekennen, dass Jesus Christus der Herr ist, zur Herrlichkeit Gottes, des Vaters." (NIV)

Universalisten interpretieren dies als ein Zeichen der universellen Unterwerfung und Anerkennung der Herrschaft Jesu. Sie argumentieren, dass "jeder Knie" und "jede Zunge" die ganze Schöpfung umfasst, was einen letzten Zustand vorschlägt, in dem alle Wesen die Autorität Christi anerkennen. Alternative Interpretationen deuten jedoch auf eine symbolische Buße hin, die nicht notwendigerweise die Rettung, sondern die Anerkennung der Macht und Stellung Christi bedeutet.

Römer 10:9, Kolosser 1:19-20: Versöhnung durch Christus

Römer 10:9: "Wenn du mit deinem Mund verkündigst: Jesus ist der Herr, und in deinem Herzen glaubst, daß Gott ihn von den Toten auferweckt hat, so wirst du gerettet werden." (NIV)

Kolosser 1:19-20: "Denn Gott hat es gewollt, daß seine ganze Fülle in ihm wohne und durch ihn alles mit sich versöhnt, sei es auf Erden oder im Himmel, indem er durch das Blut seines Kreuzes Frieden machte." (NIV)

Diese Verse unterstreichen die Universalität des Versöhnungswerks Gottes durch Christus. Universalisten sehen dies als Beweis für Gottes endgültiges Ziel, die ganze Schöpfung wieder zu sich zu bringen. Einige Interpretationen deuten jedoch darauf hin, dass "alle Dinge" sich auf geschaffene Wesen beziehen, was nicht unbedingt die universelle Erlösung impliziert.

Titus 2:11-12: Grace Appearing to All Paul schreibt: "Denn die Gnade Gottes ist erschienen, die allen Menschen Heil bietet und uns lehrt, der Gottlosigkeit und den weltlichen Leidenschaften 'Nein' zu sagen und in diesem gegenwärtigen Zeitalter ein selbstbewusstes, aufrichtiges und göttliches Leben zu führen." (NIV) Dieser Vers ist ein Eckpfeiler für Universalisten. Sie betonen den Ausdruck "zu allen Menschen", indem sie argumentieren, dass

Gottes errettende Gnade universell verfügbar ist. Einige argumentieren jedoch, dass der Schwerpunkt auf der Botschaft liegt, die allen erscheint, nicht unbedingt auf der Garantie der Erlösung für alle.

Hebräer 2:9, 1 Timotheus 2:6: Universalität des Opfers Christi

Hebräer 2:9: "Aber wir sehen ihn, der für eine kurze Zeit niedriger gemacht wurde als die Engel, nämlich Jesus, gekrönt mit Herrlichkeit und Ehre wegen des Leidens des Todes, damit er durch die Gnade Gottes den Tod für alle schmecken könnte." (NIV)

1 Timotheus 2:6: "der sich selbst als Lösegeld für alle gegeben hat, das ist das Zeugnis, das zur rechten Zeit gegeben wird." (NIV)

Diese Verse unterstreichen die Universalität des Opfers Christi, das "für jeden" und als Lösegeld "für alle" gegeben wird. Die Universalisten interpretieren dies als bedeutend, dass das Opfer Christi für die gesamte Menschheit ausreicht. Einige argumentieren jedoch, dass der Schwerpunkt auf dem Potenzial des Opfers liegt, alle zu decken, nicht unbedingt die automatische Rettung aller.

Zusätzliche unterstützende Verse

Jesaja 53:11: "Er wird die Frucht der Bedrängnis seiner Seele sehen und satt werden. Durch sein Wissen wird mein gerechter Knecht viele rechtfertigen und ihre Missetat tragen. (NIV) - Dieser Vers legt nahe, dass das Werk Christi viele Nutzen bringt.

Jesaja 35:10: "Die Erlöser des Herrn werden zurückkehren. Sie werden mit Gesang in Zion hineingehen; ewige Freude wird ihre Köpfe krönen. Freude und Freude werden über sie kommen, Traurigkeit und Zittern werden wegfliehen. (NIV) - Dieser Vers spricht von der Rückkehr der "Erlöser", was eine universelle Erlösung vorschlägt.

1 Johannes 2:2: "Er ist das Sühneopfer für unsere Sünden, und nicht nur für unsere, sondern auch für die Sünden der ganzen Welt." (NIV) - Dieser Vers betont das Opfer Christi als Versöhnung für die Sünden der ganzen Welt.

Eine laufende Diskussion

Das Konzept der universellen Erlösung auf der Grundlage dieser Pauliner Verse bleibt ein Thema der Debatte. Universalisten sehen eine überzeugende Erzählung von Gottes allumfassender Liebe und Erlösungsplan. Alternative

Interpretationen bieten jedoch Erklärungen, die keine universelle Aussöhnung erfordern.

Dieser letzte Abschnitt bietet abschließende Gedanken über das Konzept der universellen Erlösung basierend auf den Schriften des Paulus und der laufenden Debatte, die sie erzeugt.

Über den Text hinaus: Hermeneutik und die Linse des Dolmetschers

Die Interpretation der Heiligen Schrift ist ein laufender Prozess, der vom Hintergrund des Dolmetschers, dem theologischen Rahmen und der gewählten Methodik beeinflusst wird (hermeneutics). Das Konzept der universellen Erlösung hängt von spezifischen Interpretationen der Pauliner Passagen ab.Während Universalisten ihre Ansicht überzeugend unterstützen, bieten alternative Interpretationen unterschiedliche Verständnisse derselben Verse.

Offene Fragen und weitere Erforschung

Begrenzte Versöhnung vs. Universelle Liebe: Kann Gottes Liebe universell sein, während sein Heilswerk auf wenige Auserwählte beschränkt ist? Dies ist eine zentrale Frage in der Aussprache.

Die Natur der Versöhnung: Was bedeutet "Versöhnung" in diesen Passagen? Bedeutet das universelle Heil oder eine wiederhergestellte Beziehung zu Gott, auch wenn es nicht für alle das ewige Leben garantiert?

Die Rolle der menschlichen Freiheit: Haben Menschen eine Rolle in ihrer eigenen Erlösung zu spielen, oder ist es ausschließlich Gottes Werk? Diese Frage wirkt sich auf Interpretationen des Universalismus aus.

Schlussfolgerung: Ein Aufruf zur Offenheit und zum Respekt

Das Konzept der universellen Erlösung bietet eine hoffnungsvolle Perspektive auf Gottes endgültige Absichten. Allerdings bleibt es ein umstrittenes Thema innerhalb des Christentums. Diese erweiterte Erzählung hat die Argumente beider Seiten erforscht und die Bedeutung sorgfältiger Interpretation und offener Diskussion hervorgehoben.

Vorwärts bewegen:

Engagieren Sie sich mit verschiedenen Perspektiven: Betrachten Sie Argumente sowohl von Universalisten als auch von denen, die unterschiedliche Ansichten haben.

Betrachten Sie den breiteren Kontext: Schauen Sie über einzelne Verse hinaus und betrachten Sie die Gesamtbotschaft der Schriften des Paulus.

Das Gespräch fortsetzen: Die universelle Erlösung ist ein komplexes Thema, das ständigen Dialog und Erforschung einlädt.

Jesaja 53:6: Universalistische Ansicht: Christus trägt die "Ungerechtigkeit von uns allen", was darauf hindeutet, dass er die Last der Sünde für alle auf sich nimmt.

Alternative Ansicht: Dieser Vers kann im Zusammenhang mit Gottes auserwähltem Volk, Israel, interpretiert werden. Christus trägt die Sünden derer, die glauben und erlöst werden.

Johannes 1:29: Universalistische Ansicht: Das "Lamm Gottes" nimmt die "Sünde der Welt" weg, was eine universelle Erlösung bedeutet.

Alternative Ansicht: "Die Welt" kann sich auf die Menschheit im Allgemeinen beziehen, aber nicht unbedingt auf jedes einzelne Individuum. Das Opfer Christi bietet das Potenzial für die Vergebung der Sünden für alle, die glauben.

Hebräer 2:14:

Universalistische Ansicht: Christi Zweck ist es, "den, der die Macht des Todes hatte, zu vernichten", was die Beseitigung aller Übel vorschlägt.

Alternative Ansicht: Dieser Vers konzentriert sich auf den Sieg Christi über den Tod für die Gläubigen. Das Böse kann nicht vollständig ausgerottet werden, aber seine Macht über die in Christus ist gebrochen.

Hebräer 4:3: Universalistische Sicht: Der Autor spricht von den Gläubigen, die "in die Ruhe kommen", was bedeutet, dass alle diese Ruhe schließlich erleben werden.

Alternative Sicht: "Rest" kann sich auf den spirituellen Frieden beziehen, den Gläubige in diesem Leben erleben, und auf die ewige Ruhe mit Gott, die auf sie wartet. Dies verweigert nicht unbedingt die Möglichkeit eines anderen Ergebnisses für diejenigen, die Gott ablehnen.

Hebräer 5:2:

Universalistische Ansicht: Christi „Mitleid" erstreckt sich auf „die Unwissenden", was darauf hindeutet, dass er letztlich alle erreichen wird.

Alternative Sicht: Christi Mitgefühl motiviert ihn, alle zu erreichen, aber die menschliche Freiheit spielt eine Rolle. Die Menschen haben die Wahl, auf seine Liebe zu antworten.

Hebräer 6:18: Universalistische Sichtweise: Da es „für Gott unmöglich ist, zu lügen", deutet sein Versprechen, „alle Geschlechter der Erde" (durch Christus) zu segnen, auf universelle Erlösung hin. Alternative Sichtweise: Der Segen kann als Gelegenheit für die Erlösung für alle interpretiert werden, nicht unbedingt als Garantie für alle.

Hebräer 6:19: Universalistische Sichtweise: "Hoffnung" ist ein "Anker der Seele" – eine solche Hoffnung würde nicht existieren, wenn die Erlösung nicht für alle sicher wäre.

Alternative Sicht: Die Hoffnung beruht auf der Treue Gottes und den Versprechungen an die Gläubigen. Es verweigert nicht die Möglichkeit von Konsequenzen für diejenigen, die das Angebot Gottes ablehnen.

Hebräer 8:11-12, Römer 11:26: Universalistische Ansicht: "Alle werden den Herrn erkennen" und "alles Israel wird gerettet werden" deuten auf die allgemeine Erkenntnis Gottes und die endgültige Erlösung hin.

Alternative Ansicht: "Den Herrn kennen" kann sich auf eine errettende Erkenntnis beziehen, nicht nur auf ein intellektuelles Bewusstsein. "All Israel" könnte eine symbolische Bezugnahme auf das wahre Volk Gottes sein, sowohl Juden als auch Heiden.

Römer 11:26: Universalistische Ansicht: "Alle Israel" gerettet zu werden, deutet auf die endgültige Erlösung der ganzen Welt hin.

Alternative Sicht: Dieser Vers spricht von Gottes zukünftigem Werk bei der Wiederherstellung Israels, nicht unbedingt der universellen Erlösung.

Hebräer 11:1: Universalistische Ansicht: Der wahre Glaube beruht auf der "Annahme der erhofften Dinge", die in diesem Fall die universelle Versöhnung ist.

Alternative Ansicht: Der Glaube basiert auf Gottes Verheißungen und Treue, nicht unbedingt auf einem bestimmten Ergebnis für die gesamte Menschheit.

Dies sind nur einige der Argumente und Gegenargumente, die diese Verse umgeben. Es ist wichtig, alle Perspektiven zu berücksichtigen und eine nachdenkliche Interpretation durchzuführen.

Hebräer 12:10-11: Universalistische Sicht: Die Bestrafung Gottes hat einen Zweck ("für unseren Gewinn") und führt zur Gerechtigkeit, was die ewige Strafe unlogisch macht. Da Gottes Disziplin "alle Menschen" betrifft (wie der Bezug auf Sonne und Regen vorschlägt), könnte dies eine universelle Wiederherstellung bedeuten.

Alternative Ansicht: Disziplin kann für Gläubige korrigierend sein und sie näher an Gott führen. Die Bezugnahme auf Sonne und Regen könnte von der allgemeinen Vorsehung Gottes sprechen, nicht unbedingt das gleiche Ergebnis für alle.

Wichtige Punkte zu berücksichtigen: Die Natur der Disziplin Gottes: Ist sie lediglich korrigierend, oder kann sie auch als Warnung oder Urteil dienen?

Der Zweck der Disziplin Gottes: Ist es, allen gleichermaßen zugute zu kommen, oder ist sie auf individuelle Bedürfnisse und Reaktionen zugeschnitten?

Titus 1:4:

Universalistische Ansicht: "Gemeinsamer Glaube", "Gnade", "Mitleid" und "Friede" stehen "für alle Menschen" zur Verfügung, was auf die universellen Segnungen Gottes hindeutet.

Alternative Sicht: Diese Segnungen sind allen zugänglich, aber die Menschen haben die Freiheit, sie anzunehmen oder abzulehnen. Der Vers garantiert nicht unbedingt, dass jeder sie erleben wird.

Wichtige Punkte zu berücksichtigen: Die Bedeutung von "gemeinsamen Glauben": Bezieht es sich auf einen Glauben, der potentiell für alle zugänglich ist, oder auf einen Glaube, den jeder tatsächlich besitzt?

Die Rolle der menschlichen Reaktion: Werden diese Segnungen nur dann wirksam, wenn sich die Menschen dafür entscheiden, sie zu empfangen?

Denken Sie daran: Das Konzept der universellen Erlösung bleibt ein komplexes und diskutiertes Thema. Diese zusätzlichen Verse unterstreichen die Bedeutung einer sorgfältigen Interpretation und der Berücksichtigung verschiedener Standpunkte.

Vorwärts bewegen:

Erforschen Sie weiterhin die Argumente beider Seiten der Debatte.

Betrachten Sie den breiteren Kontext der Schriften des Paulus und die Themen von Gottes Gerechtigkeit, Liebe und menschlicher Freiheit.

Engagieren Sie sich in einem respektvollen Dialog mit denen, die unterschiedliche Perspektiven haben. Letztendlich lädt uns die Frage der universellen Erlösung ein, uns mit den Tiefen des Charakters Gottes und mit der endgültigen Bestimmung der Menschheit auseinanderzusetzen.

Ein tieferer Blick: Bedingungslose Liebe und der Ruf, wie Gott zu sein

Der Abschnitt, den wir erforscht haben, der sich auf Matthäus 5:44 konzentriert, vertieft sich in das tiefgreifende Konzept der universellen Liebe Gottes. Lassen Sie uns tiefer eintauchen und die Argumente des Textes und ihre Auswirkungen untersuchen.

Der Spiegel der Liebe: Gottes Charakter widerspiegeln

Die Kernbotschaft ist klar: Wir sind berufen, auch unsere Feinde zu lieben. Dies ist nicht nur ein hohes Ideal; es ist ein Spiegelbild des Charakters Gottes. Stellen Sie sich einen Vater vor, der seine Kinder lehrt, freundlich zu ihren Mobbern zu sein. Würde ein solcher Vater nicht selbst Güte verkörpern? Ebenso bedeutet das Gebot, unsere Feinde zu lieben, einen Gott, dessen Liebe grenzenlos ist.

Einwände und der Schatten des Zweifels

Der Text bestätigt gegensätzliche Ansichten. Einige könnten die Idee der universellen Liebe als naiv oder sogar gefährlich betrachten. Sie könnten sich einen Gott vorstellen, der Empörung beherbergt und die ewige Strafe auf diejenigen entfesselt, die ihm widersprechen. Dieses Bild eines rächelnden

Gottes wirft einen langen Schatten, der die Botschaft von Liebe und Vergebung im Zentrum des Christentums verschleiert.

Über den Griff des Predators hinaus: Göttliche Liebe vs. ewige Qualen

Die Passage verwendet eine mächtige Analogie. Raubtiere wie Falken und Wölfe könnten Freude daran haben, ihre Beute zu quälen. Können wir wirklich glauben, dass ein liebevoller Gott auf die gleiche Weise wirkt und endloses Leid verursacht? Ein solches Konzept scheint unvereinbar mit dem durch Jesus Christus offenbarten Gott, einem Gott, der durch Liebe, Mitgefühl und Opfer gekennzeichnet ist.

Die Zentralität Jesu und die Offenbarung des Charakters Gottes

Jesu Lehren und Taten dienen als ein Fenster in Gottes Natur. Sein Schwerpunkt auf Liebe, Vergebung und Versöhnung schildert ein Bild eines Gottes, der weit von dem entfernt ist, der sich in der Strafe erfreut. Gottes Schöpfung selbst, voller Schönheit und Komplexität, spricht volumes über seinen Charakter.

Die Macht der bedingungslosen Liebe: Schmelzende Herzen und Verwandelnde Leben

Der Ruf, diejenigen zu segnen, die uns verfluchen, ist eine mächtige Erinnerung an die unerschütterliche Liebe Gottes. Er ist kein schwachsinniger Gott, der seine Liebe auf Grund unserer Handlungen zurückzieht. Vielleicht schmilzt diese bedingungslose Liebe, wie eine sanfte Flamme, letztlich auch die härtesten Herzen und zieht sie in die Umarmung Gottes.

Beyond Grudges: Die unvergessliche Vater-Analogie

Der Text widerspricht der Vorstellung eines Gottes, der Gräueltaten hält. Ein liebevoller Vater würde seine Kinder nicht ewig ärgern, oder? Der Akt des Gebets für unsere Verfolger unterstreicht diesen Punkt. Wenn wir dazu berufen sind, zu vergeben und Mitgefühl zu zeigen, wäre das nicht auch für Gott der Fall?

Liebe Transzendierende Gegenseitigkeit: Das wahre Zeichen des Göttlichen

Die Frage Jesu: "Welche Belohnung habt ihr, wenn ihr nur die liebt, die euch lieben?" trifft im Herzen der Sache. Wenn unsere Liebe bedingt ist und das

Verhalten gewöhnlicher Menschen widerspiegelt, wie spiegeln wir dann wirklich das Göttliche wider? Indem wir die Liebe bedingungslos ausbreiten, auch an unsere Feinde, verkörpern wir das Wesen Gottes.

Universelle Liebe vs. ewige Strafe: Zwei unvereinbare Ideen

Die Erforschung von Matthäus 5:44 unterstreicht letztlich die Unvereinbarkeit zwischen der universellen Liebe und dem Konzept der ewigen Strafe. Wahre Liebe, wie sie von Gott beispielhaft ist, übersteigt Zorn und Rache. Es ist eine Liebe, die Wiederherstellung sucht, nicht Vergeltung.

Jenseits dieser Passage: Entdecken Sie die größere Debatte

Es ist wichtig anzuerkennen, dass das Konzept der universellen Versöhnung, die Idee, dass Gottes Liebe letztlich alle erreicht, ein diskutiertes Thema innerhalb des Christentums bleibt. Einige Interpretationen betonen Gottes Gerechtigkeit und die Folgen der Sünde. Eine weitere Erforschung verschiedener theologischer Perspektiven ist entscheidend für die Bildung Ihres eigenen Verständnisses.

Der Ruf zur Liebe: Ein Eckpfeiler des Glaubens

Unabhängig von Ihrer Haltung zur universellen Versöhnung bleibt die Kernbotschaft von Matthäus 5:44 ein Eckpfeiler des christlichen Glaubens. Wir sind dazu berufen zu lieben. Indem wir Liebe umarmen, auch für unsere Feinde, bemühen wir uns, mehr wie der Gott zu werden, den wir anbeten. Dieser Akt der Liebe, selbst in seiner unvollkommenen menschlichen Form, hat die Macht, die Welt um uns herum zu verändern.

Die Botschaft der Hoffnung in Matthäus 12:20-21 und Jesaja 42:3-4

Die Passage, die Sie angegeben haben, betont die Verbindung zwischen Matthäus 12:20-21 und Jesaja 42:3b-4a und unterstreicht Jesu Botschaft von Hoffnung und Verwandlung.

Die Essenz der Texte:

Jesaja 42:3b-4a: Dieser Vers betont Gottes Beständigkeit bei der Herbeiführung der Gerechtigkeit und die hoffnungsvolle Erwartung der Heiden auf sein Gesetz.

Matthäus 12:20-21: Jesus interpretiert die Prophezeiung erneut und betont, dass das Gericht zum Sieg führt und dass die Heiden den Glauben an ihn finden werden.

Jesus' Transformation der Prophezeiung:

Der Text argumentiert, dass Jesus die Botschaft von Jesaja verändert. Hier ist eine Zusammenfassung der wichtigsten Unterschiede:

Fokus: Jesaja konzentriert sich auf Gottes unerschütterliche Verpflichtung zur Gerechtigkeit, während Jesus das endgültige Ergebnis des Sieges betont.

Heil: Jesaja spricht von der Erwartung des Gesetzes Gottes, während Jesus sich als Quelle des Heils für die Heiden präsentiert.

Interpretation: Diese Transformation unterstreicht die Kernbotschaft Jesu:

Urteil als Steppensteine: Das Urteil ist nicht das endgültige Ziel; es dient als notwendiger Schritt auf dem Weg zum ultimativen Sieg.

Universelle Hoffnung: Heil und Glaube an Christus sind nicht auf die Juden beschränkt; sie erstrecken sich auch auf die Heiden.

Bedeutung: Diese Interpretation bietet eine Botschaft der Hoffnung:

Jenseits des Urteils: Obwohl das Urteil notwendig sein kann, führt es letztendlich zu einem positiven Ergebnis.

Inklusivität der Liebe Gottes: Gottes Liebe und Heil sind für alle Menschen bestimmt, nicht nur für einige Auserwählte.

Ein Blick auf die Interpretation von Scripture4all.org:

Der Text lobt Scripture4all.org für die Betonung, dass das Gericht dem Sieg in Matthäus 12 vorausgeht. Dies steht im Einklang mit dem Begriff des Urteils als notwendiger Schritt auf dem Weg zum endgültigen Guten.

Verknüpfung mit Johannes 12:32: Der Abschnitt erwähnt Johannes 12:32, als ein weiteres Beispiel dafür, wie Jesus die globale Erlösung verkündete. Diese Verse, zusammengefasst, verstärken die Botschaft von Gottes universeller Liebe und der Hoffnung auf Heil, die allen zugänglich ist.

Weitere Erkundungen:

Die hier dargestellte Interpretation ist eine Perspektive auf diese Passagen. Es ist wertvoll, andere theologische Standpunkte zu erforschen, um ein umfassenderes Verständnis zu erhalten.

Abschließend bietet Matthäus 12:20-21, interpretiert im Lichte von Jesaja 42:3b-4a, eine mächtige Botschaft der Hoffnung. Durch Jesus führt das Gericht zum Sieg, und Gottes Liebe erstreckt sich auf alle Menschen.

The Whispering Seeds: Eine Reise durch die Hoffnung

Stellen Sie sich eine Welt vor, in der selbst das kleinste Samen das Versprechen eines mächtigen Baumes hält, wo sich ein einfacher Teig in etwas riesiges und nährendes verwandeln kann. Das ist die Essenz der Gleichnisse, die Jesus geteilt hat, Geschichten, die sich wie Wildblumen entfalten und einen Einblick in das Reich des Himmels enthüllen.

Auf dem belebten Marktplatz malt Jesus ein Bild mit Worten. Er spricht von einem Senfsaat, kleiner als alles, was ein Kaufmann verkaufen könnte, aber besitzt eine unsichtbare Macht. In fruchtbarem Boden gepflanzt, wächst es zu einem prächtigen Baum, zu einem Zufluchtsort für Vögel, die Schutz suchen. Dieser kleine Samen, erklärt Jesus, ist wie das Reich des Himmels. Es mag zunächst unbedeutend erscheinen, aber darin liegt das Potenzial für unglaubliches Wachstum.

Dieses Gleichnis ist ein Flüstern der Hoffnung, eine Erinnerung daran, dass große Veränderungen oft mit scheinbar unbedeutenden Anfängen beginnen. Gottes Werk in der Welt mag manchmal klein erscheinen, aber es hält das Versprechen einer Zukunft, in der seine Liebe und Gnade allen Zuflucht bieten.

Als nächstes präsentiert Jesus ein anderes Bild – eine Frau, die Teig schneidet. Sie nimmt ein kleines Stück Hefe, eine Art Hefeprodukt, und integriert es in den ganzen Haufen. Langsam, stetig, arbeitet der Hefe seinen Weg durch den Teig und verwandelt ihn von einer dichten Masse in etwas Lichtes und luftiges. Dies, erklärt Jesus, ist, wie das Königreich des Himmels funktioniert. Es ist ein sanfter Einfluss, der sich ruhig, aber beständig ausbreitet, bis er alles durchdringt.

Dieses Gleichnis spricht von Gottes transformierender Macht. Seine Liebe, wie der Hefe, hat die Fähigkeit, uns von innen zu verändern. Es weicht unsere verhärteten Herzen, erweitert unsere Kapazität für Mitgefühl, und schließlich bringt eine Welt, in der die Gottes Wille getan wird.

Das Flüstern dieser Gleichnisse hört nicht auf. Jesus erzählt eine andere Geschichte, diesmal von einem Grundbesitzer, der allen seinen Arbeitern den gleichen Betrag zahlt, unabhängig davon, wie lange sie gearbeitet haben. Einige mögen grummeln, das Gefühl, dass sie mehr verdienen. Aber der Grundbesitzer erinnert sie daran, dass seine Großzügigkeit keine Frage der Fairness ist; es ist ein Ausdruck seines souveränen Willens.

Dieses Gleichnis spricht von der grenzenlosen Gnade Gottes. Er liebt uns nicht auf Grund unserer Verdienste oder Errungenschaften. Seine Liebe ist ein Geschenk, das allen, die bereit sind, es zu empfangen, frei gegeben wird. Ob wir ein Leben lang oder nur einen Augenblick auf der Suche nach ihm verbracht haben, seine Umarmung ist offen und wartet.

Diese Gleichnisse, die zusammen gewebt werden, schaffen einen Teppich der Hoffnung. Sie zeichnen ein Bild eines Gottes, der unerbittlich liebend ist, dessen Reich ausgedehnt und inklusive ist. Sie fordern uns heraus, die Welt durch neue Augen zu sehen, das Potenzial für Veränderung in den kleinsten Dingen zu erkennen und die grenzenlose Liebe zu umarmen, die Gott allen bietet.

Sie können nicht jede Frage über Himmel oder Hölle beantworten, aber sie bieten eine mächtige Botschaft: Gottes Liebe ist ein Samen mit dem Potenzial, in etwas Großartiges zu wachsen, ein Hefe, der auch die härtesten Herzen verwandeln kann, und eine Gnade, die weit über das hinausgeht, was wir je verdienen konnten. Dies ist der Kern der Botschaft, die Jesus durch diese Gleichnisse flüstert, eine Einladung zum Glauben an die transformierende Kraft der Liebe Gottes.

Die vielen sind für Matthäus 26:27-28 befreit worden

touto   gar   estin   to   haima   mou   to   tEs
(this   for   is   the   blood) (of-ME the) (of-the

kainEs   diathEkEs
new   covenant)
to   peri   pollOn)   ekchunomenon   eis
the   about [concerning] MANY   (being-shed   into(for)

[concerning   the Many]

aphesin   hamartiOn

In dem blinkenden Lampenlicht einer bescheidenen Versammlung hängt eine
Frage schwer in der Luft. Eine Frage, die sich im Laufe der Jahrhunderte
wiederholt hat, die von Theologen und Alltagsgläubigen gleichermaßen
nachgedacht wurde: Für wen ist Christus wirklich gestorben? War Sein Opfer
am Kreuz eine begrenzte Tat, oder umfasste Seine Liebe die ganze
Menschheit?

Heute Abend begeben wir uns auf eine Reise, um die Tiefen dieses
Geheimnisses zu erforschen. Stellen Sie sich vor, dass Sie sich inmitten jener
frühen Anhänger Christi niederlassen und aufmerksam zuhören, wie sich das
Konzept der unbegrenzten Versöhnung entfaltet. Dieser Glaube schlägt vor,
dass das Opfer Christi nicht für einige Auserwählte, sondern für die ganze
Menschheit war.

Die Universalität der Sünde und die Breite des Opfers Christi

Das Herz dieses Arguments liegt in der Universalität der Sünde. Wir sind alle
in eine von Unvollkommenheit gefärbte Welt geboren, jeder von uns ein
Faden im Teppich der Menschheit, gewebt mit Licht und Schatten. Wenn
Christus für die Sünder gestorben ist und alle Sünder sind, dann würde sich
sein Opfer nicht logisch auf alle erstrecken? Römer 3:22-23 bringt diesen
Punkt zurück: "Denn alle haben gesündigt und fehlen der Herrlichkeit Gottes,
und sind gerechtfertigt durch seine Gnade als Geschenk, durch die Erlösung,
die in Christus Jesus ist." Die Sünde ist der gemeinsame Faden, der uns
bindet, und das Opfer Christi wird der Erlöser, der Hoffnung für alle bietet.

Gottes Versöhnungswerk erstreckt sich über den Glauben hinaus

Aber das Konzept geht über die bloße Logik hinaus. Der Abschnitt aus 1.
Timotheus flüstert von Gott als dem "Erlöser aller Menschen, besonders
derer, die glauben" (1 Timothy 4:10). Dieser Titel deutet auf einen größeren
Zweck hin, eine Liebe, die über die Grenzen des gegenwärtigen Glaubens
hinausgeht. Die Symbolik des Letzten Abendmahls stärkt diese Vorstellung.
Wenn jeder an dem Kelch teilnimmt, einer Darstellung des Blutes Christi,
wird es zu einem mächtigen Bild – zu einer gemeinsamen Erfahrung, die den
individuellen Glauben übersteigt und zu einem universellen Opfer spricht.

Biblischer Beweis für unbegrenzte Versöhnung

Die Heiligen Schriften selbst werden zu Führungsposten auf diesem Weg. Das
Buch Kolosser spricht von Gottes Versöhnung "alle Dinge" mit sich selbst

durch Christus (Colossians 1:20). Johannes der Täufer verkündet Jesus als "das Lamm Gottes, das die Sünde der Welt wegnimmt" (John 1:29). Diese Äußerungen resonieren mit einer grenzenlosen Liebe, einer Liebe, die versucht, die Zerrissenheit in jedem von uns zu reparieren.

Verstehen "viele" als Alle

Das Wort "viele", das in einigen Passagen verwendet wird, um jene zu beschreiben, für die Christus starb, wird sorgfältig untersucht. Könnte es sein, argumentieren einige, dass "viele" die Weite der Menschheit bedeuten, anstatt eine bestimmte Zahl? Das Konzept der überfluteten Gnade, das in Römer 5:15 erwähnt wird, wird als Metapher für die Liebe Gottes dargestellt, die keine Grenzen kennt, eine Liebe, die versucht, alle zu erlösen, die vom Fleck der Sünde berührt wurden. Römer 5:18 sagt: "Darum, wie eine Übertretung zur Verurteilung aller Menschen führte, so ist auch durch eine Gerechtigkeit die freie Gabe des Lebens für alle Menschen gekommen."

Der leidende Knecht: Ein Leuchtturm der Hoffnung

Das mächtige Bild von Jesaja 53 ist in die Erzählung gewebt. Der leidende Knecht, eine Figur, die oft als Vorbild Christi angesehen wird, trägt die Sünden "vieler" und wird letztlich mit Gott gerecht gemacht (Isaiah 53:11-12). Dieses mächtige Bild wird zu einem Leuchtturm der Hoffnung, was darauf hindeutet, dass das Opfer Christi das Potenzial besitzt, eine Menge, eine große und vielfältige Menschheit zu erlösen.

Hier sind einige weitere Verse, die das Konzept der unbegrenzten Versöhnung unterstützen:

Johannes 3:16-17: "Denn so hat Gott die Welt geliebt, daß er seinen einzigen Sohn gegeben hat, daß jeder, der an ihn glaubt, nicht vergehe, sondern ewiges Leben habe. Denn Gott hat seinen Sohn nicht in die Welt gesandt, um die Welt zu verurteilen, sondern damit die Welt durch ihn gerettet werde.

1 Johannes 2:1-2: "Meine lieben Kinder, ich schreibe euch diese Dinge, damit ihr nicht sündigt. Wenn aber jemand sündigt, so haben wir einen Verteidiger beim Vater, Jesus Christus, den Gerechten; und er ist die Sühne für unsere Sünden, und nicht nur für unsere, sondern auch für die Sünden der ganzen Welt.

Titus 2:11: "Denn die Gnade Gottes ist erschienen, um allen Menschen Heil zu bringen..."

Hebräer 2:9: "Aber wir sehen ihn, der für eine kurze Zeit niedriger geworden ist als die Engel, nämlich Jesus, gekrönt mit Herrlichkeit und Ehre durch das Leiden des Todes, damit er durch die Gnade Gottes den Tod für alle schmecken könnte."

Eine Botschaft der Hoffnung

Die Reise durch diese theologische Landschaft ist nicht ohne ihre Komplexität. Verschiedene Interpretationen und Perspektiven bereichern die Diskussion. Aber bei seiner

Ein Teppich der Liebe: Unbegrenzte Versöhnung in der Heiligen Schrift

Die Frage, wer von dem Opfer Christi am Kreuz profitiert hat, bleibt ein Thema der theologischen Debatte. Begrenzte Versöhnung legt nahe, dass Christus für eine ausgewählte Gruppe gestorben ist, während unbegrenzte Sühne sein Opfer auf die gesamte Menschheit erstreckt. Lassen Sie uns in die Heilige Schrift eintauchen, um die Fäden zu erforschen, die ein Teppich von unbegrenzter Liebe weben.

Universalität der Sünde und des allumfassenden Opfers

Römer 3:22-23 verkündet: "Denn alle haben gesündigt und fehlen der Herrlichkeit Gottes und sind gerechtfertigt durch seine Gnade als Geschenk, durch die Erlösung, die in Christus Jesus ist." Die Sünde bindet uns alle. Wenn Christus für die Sünder gestorben wäre, würde sein Opfer nicht von Natur aus alle umfassen?

Gottes Versöhnungswerk übersteigt den Glauben

1 Timotheus 4:10 flüstert von Gott als dem "Erlöser aller Menschen, besonders derer, die glauben." Dies deutet auf einen größeren Zweck hin, eine Liebe, die über den gegenwärtigen Glauben hinausgeht. Das Letzte Abendmahl verstärkt dies. Jeder nimmt an dem Kelch teil, der das Blut Christi symbolisiert, eine gemeinsame Erfahrung, die den individuellen Glauben übersteigt und zu einem universellen Opfer spricht.

Biblische Echoe der grenzenlosen Liebe

Kolosser 1:20 spricht von Gott, der durch Christus "alle Dinge" mit sich selbst versöhnt. Johannes 1:29 erklärt Jesus zum „Lamm Gottes, das die Sünde der Welt wegnimmt". Diese Äußerungen resonieren mit einer grenzenlosen Liebe, die versucht, die Zerrissenheit in jedem von uns zu reparieren.

"Viele" als "Alle" interpretieren

Einige Passagen verwenden "viele", um diejenigen zu beschreiben, für die Christus starb. Könnte es die Weite der Menschheit bedeuten? Römer 5:15 spricht von der Gnade, die „überflutet" ist – eine Metapher für Gottes grenzenlose Liebe, die versucht, alle, die von der Sünde berührt sind, zu erlösen. Römer 5:18 bestätigt dies: "Darum, wie eine Übertretung zur Verurteilung aller Menschen führte, so ist auch durch eine Gerechtigkeit die freie Gabe des Lebens für alle Menschen gekommen."

Der leidende Knecht: Ein Leuchtturm der Hoffnung

Jesaja 53 zeigt den leidenden Knecht, der oft als Vorbild Christi gesehen wird und die Sünden "vieler" trägt (Isaiah 53:11-12). Dieses mächtige Bild deutet darauf hin, dass das Opfer Christi das Potenzial besitzt, eine große und vielfältige Menschheit zu erlösen.

Zusätzliche biblische Unterstützung

Johannes 3:16-17: "Denn Gott hat die Welt so geliebt..."

1 Johannes 2:1-2: "...die Sühne für unsere Sünden, und nicht nur für unsere, sondern auch für die Sünden der ganzen Welt."

Titus 2:11: "Denn die Gnade Gottes ist erschienen, um allen Menschen Heil zu bringen..."

Hebräer 2:9: "...um durch die Gnade Gottes den Tod für alle zu schmecken."

Ein Aufruf, die Einladung anzunehmen

Die Komplexität der Versöhnungstheologie bleibt bestehen. Das Konzept der unbegrenzten Versöhnung bietet jedoch eine Botschaft tiefer Hoffnung. Es legt nahe, dass das Opfer Christi ein Ozean der Liebe ist, tief genug, um die gesamte Menschheit zu umarmen. Es ist eine Einladung, die transformative Kraft dieser Liebe zu umarmen, eine Liebe, die von einer Zukunft flüstert, in der Erlösung und Versöhnung jede Seele berühren könnten.

Denken Sie daran: Diese Interpretation ist nur eine Perspektive innerhalb der christlichen Theologie.

Begrenzte Versöhnung bietet einen anderen Blickwinkel.

Es ist wichtig, verschiedene Interpretationen zu erforschen, um Ihr eigenes Verständnis zu bilden.

Letztendlich ist die Frage, wer vom Opfer Christi profitiert hat, eine Frage des Glaubens. Die Schönheit liegt in der transformativen Kraft seiner Liebe, einer Liebe, die sich auf alle ausdehnt, die bereit sind, sie zu empfangen.

Einwände und Überlegungen: Nuancieren des Teppichs

Während das Konzept der unbegrenzten Versöhnung ein schönes Bild der grenzenlosen Liebe Gottes darstellt, ist es wichtig, einige Einwände und Überlegungen anzuerkennen, die die theologische Diskussion bereichern.

Passagen, die die individuelle Wahl hervorheben

Einige Verse betonen die Bedeutung der individuellen Wahl und des Glaubens, um die Erlösung zu empfangen. Zum Beispiel sagt Johannes 1:12: "Aber allen, die ihn empfingen und an seinen Namen glaubten, gab er das Recht, Kinder Gottes zu werden." Dieser Abschnitt legt nahe, dass das Opfer Christi die Möglichkeit der Erlösung schafft, aber es liegt an jedem Menschen, es durch Glauben anzunehmen.

Bedingte Verheißungen und das Geheimnis des Willens Gottes

Bestimmte Passagen bieten Versprechen der Erlösung bedingt an. Römer 10:9 sagt: "Wenn du mit deinem Mund verkündest: Jesus ist der Herr, und in deinem Herzen glaubst, daß Gott ihn von den Toten auferweckt hat, wirst du gerettet werden." Diese Verse stellen Fragen über das Zusammenspiel zwischen der universellen Liebe Gottes und dem Konzept der menschlichen Verantwortung. Letztendlich bleibt die Tiefe des Willens und des Plans Gottes ein Rätsel.

Versöhnung vs. Universelles Heil

Das Konzept der Versöhnung in der Heiligen Schrift kann auf unterschiedliche Weise interpretiert werden. Unbegrenzte Sühne könnte die endgültige Versöhnung aller Menschen mit Gott vorschlagen. Andere argumentieren jedoch für eine breitere Interpretation – dass das Opfer Christi die gebrochene Beziehung zwischen Menschheit und Gott wiederherstellt, ohne dass jeder gerettet werden soll.

Die Bedeutung einer fortgesetzten Reise

Unabhängig von der Haltung hinsichtlich des Ausmaßes der Versöhnung bleibt die Kernbotschaft bestehen: Das Opfer Christi bietet Hoffnung und das Potenzial zur Erlösung. Dies zwingt die Gläubigen, ein durch seine Liebe verwandeltes Leben zu führen und diese Botschaft mit der Welt zu teilen.

Schlussfolgerung: Ein mit Glauben gewebtes Teppich

Die Frage der unbegrenzten Versöhnung ist ein komplexer und schöner Faden, der in den Teppich des christlichen Glaubens gewebt ist. Obwohl die Interpretationen unterschiedlich sein können, bleibt die zentrale Wahrheit bestehen – das Opfer Christi ist ein tiefer Akt der Liebe, der Hoffnung und die Möglichkeit der Versöhnung für die ganze Menschheit bietet.

Die Teppiche von Jesaja 53 und die unbegrenzte Versöhnung

Die Passage taucht tiefer in Jesaja 53 ein, ein zentrales Kapitel für das Konzept der unbegrenzten Versöhnung. Hier ist, wie es in die Diskussion gewebt:

Jesaja 53:11-12: Der leidende Knecht und die „vielen"

Der Text konzentriert sich auf Jesaja 53:11-12, der von dem leidenden Knecht spricht, der oft als Vorbild Christi gesehen wird. Dieser Knecht wird "ihre Missetaten tragen" (v. 11) und "er trägt die Sünde vieler und er macht Fürsprache für die Übeltäter" (v. 12b). Dies wird als Beweis für das Opfer Christi interpretiert, das eine große Menge umfasst, möglicherweise die ganze Menschheit.

"Viele" interpretieren

Die Passage argumentiert, dass "viele" in diesem Zusammenhang nicht wörtlich als eine bestimmte Zahl genommen werden sollten. Stattdessen bedeutet es eine große Gruppe, die möglicherweise die gesamte Menschheit umfasst. Diese Interpretation wird durch Parallelen zu Pauls Verwendung von "vielen" in Römer 5:19 gestärkt. Dort bezieht sich "viele" auf alle außer Christus, was den Kontrast zwischen der Menge und der einen Ausnahme hervorhebt.

Jesaja 55:11: Die unerschöpfliche Seele Gottes.

Obwohl es nicht direkt mit der Versöhnung zusammenhängt, wird Jesaja 55:11 aufgenommen, um die Treue Gottes zu betonen. Der Vers versichert uns, dass Gottes Wort seinen Zweck erfüllt. Dies stärkt den Glauben, dass auch die Worte Christi über "alle Menschen zu mir zu ziehen" (Johannes 12:32) erfüllt werden. Dies steht im Einklang mit der Vorstellung, dass Sein Opfer potenziell allen nützt.

Ein Aufruf zu Lob und Hoffnung

Die Passage endet mit Lob für Gottes unendliche Fähigkeit zur Versöhnung. Das Konzept der unbegrenzten Versöhnung, wie es durch die Linse von Jesaja 53 gesehen wird, bietet eine Botschaft der Hoffnung – das Opfer Christi besitzt das Potenzial, eine große Menge zu erlösen, ein Zeugnis für Gottes grenzenlose Liebe.

Die Debatte um Matthäus 26:28 und die unbegrenzte Versöhnung

Die Passage erhebt einen interessanten Punkt über die Übersetzung von Matthäus 26:28 (und Markus 14:24) und ihre Verbindung zur unbegrenzten Versöhnung. Hier ist eine Zusammenfassung der Argumente und einige Überlegungen:

Der Originaltext und "Für viele"

In der Passage wird der ursprüngliche griechische Ausdruck "peri pollon" hervorgehoben, der "für viele" oder "über die vielen" übersetzt. Dies wird als Beweis dafür gesehen, dass das Blut Christi nicht nur für einige Auserwählte vergossen wurde, sondern für eine große Menge.

Übersetzung Nuancen und Interpretationen

Während die Übersetzung von "peri pollon" korrekt ist, gibt es verschiedene Interpretationen. Einige argumentieren, dass "viele" immer noch eine bestimmte Gruppe impliziert, die von Gott gewählt wurde. Andere, wie die Passage, sehen es als eine große Zahl, möglicherweise die gesamte Menschheit. Diese Debatte spiegelt die breitere theologische Diskussion um begrenzte vs. unbegrenzte Versöhnung wider.

Verknüpfung "vieler" in der ganzen Heiligen Schrift

Die Passage versucht, "die vielen" in Matthäus 26:28 mit "den vielen" zu verbinden, die in Römer 5:19 gerecht gemacht werden, und "die Welt", deren Sünde in Johannes 1:29 weggenommen wird. Diese Verbindung stärkt das Argument für unbegrenzte Versöhnung, was darauf hindeutet, dass das Opfer Christi das Potenzial hat, eine große Anzahl von Menschen zu profitieren.

Überlegungen und weitere Erforschung

Es ist wichtig, die Existenz alternativer Interpretationen von "peri pollon" anzuerkennen. Die Konsultation mehrerer Übersetzungen und Kommentare kann eine breitere Perspektive bieten. Letztendlich ist die Auslegung dieses Verses und seine Verbindung zur unbegrenzten Versöhnung eine Frage der theologischen Perspektive.

Die Bedeutung des Neuen Bundes

Der Abschnitt betont zu Recht die Bedeutung des Neuen Bundes. Im Gegensatz zum Alten Bund, der auf Israel beschränkt war, erweitert der Neue Bund die Gnade Gottes auf eine breitere Gruppe, die möglicherweise die gesamte Menschheit umfasst. Dies entspricht dem Konzept der unbegrenzten Versöhnung.

Schlussfolgerung

Die Übersetzung von Matthäus 26:28 fügt der Diskussion über die unbegrenzte Versöhnung eine weitere Ebene hinzu. Obwohl die Interpretationen unterschiedlich sein können, bleibt die Kernbotschaft – das Opfer Christi ist ein tiefer Akt der Liebe mit dem Potenzial, eine Menge zu erlösen.

Übersetzungen sind fehlerhaft

Matt. 26:28 und Mk. 14:24

„Denn dies ist mein Blut des neuen Bundes, das für viele zur Vergebung der Sünden vergossen wird."

touto   gar   estin   to   haima   mou   to   tEs   kainEs   diathEkEs
(this   for   is   the blood) (of-ME the) (of-the new   covenant)

to   peri   pollOn)   ekchunomenon   eis   aphesin   hamartiOn
the   about MANY)   (being-shed   into(for) pardon   of-sins)
[concerning the Many]
[about the many]

Das Evangelium nach Lukas und die unbegrenzte Versöhnung

Die Passage vertieft sich in das Evangelium von Lukas und hebt Verse hervor, die das Konzept der unbegrenzten Versöhnung unterstützen. Hier ist eine Zusammenfassung der wichtigsten Punkte:

Lukas 1:37: Vertrauen in das Unmögliche Gottes

Die Passage konzentriert sich auf Marias Aussage in Lukas 1:37, "denn jedes Wort bei Gott wird nicht unmöglich sein." Dieses unerschütterliche Vertrauen in Gottes Fähigkeit, alles zu erreichen, wird als Grundlage für unbegrenzte Versöhnung angesehen. Wenn Gott das Unmögliche tun kann, wie eine jungfräuliche Geburt, dann kann Er sicherlich die ganze Menschheit durch das Opfer Christi erlösen.

Lukas 2:19: Die versteckte Freude der Versöhnung

Lukas 2:19 beschreibt, wie Maria die Dinge, die sie über Jesus gelernt hat, "zusammengefasst" hat. Dies wird als eine persönliche Betrachtung der großen Auswirkungen des Werkes Christi, einschließlich der Versöhnung, interpretiert. Die Passage legt nahe, dass selbst wenn jemand diese Wahrheiten nicht offen diskutieren kann, die Freude an unbegrenzter Versöhnung ein persönlicher Schatz sein kann.

Lukas 5:13: Die Heilung der Lepra – ein Symbol für die Menschheit

Die Heilung der Läufer in Lukas 5:13 wird als ein mächtiges Symbol dargestellt. Die Bereitschaft Christi, die Läuse zu heilen, spiegelt Gottes endgültigen Willen wider, die Menschheit von der Sünde zu reinigen. Die Passage argumentiert, dass, wie die Krankheit der Läufer mit dem Wort Christi verschwunden ist, so auch die Sünde von allen Menschen nach Gottes Plan entfernt werden kann.

Lukas 6:35-36: Gottes Güte erstreckt sich auf alle

Die Berufung, die Feinde zu lieben und barmherzig zu sein, wie sie in Lukas 6:35-36 zu finden ist, wird als ein Spiegelbild des Charakters Gottes betrachtet. Die Passage argumentiert, dass, wenn Gott Gnade gegenüber den Gottlosen und Unbarmherzigen zeigt, dann muss Sein Erlösungswerk letztlich auf alle ausgedehnt werden. Wenn Er eine ewige Verurteilung für alle Seine Gegner wünschte, würde Er uns nicht rufen, Seine Liebe zu ihnen nachzuahmen.

Wichtige Erwägungen

Diese Interpretationen stammen aus einer besonderen theologischen Perspektive. Alternative Ansichten gibt es innerhalb des Christentums in Bezug auf diese Passagen. Es ist wertvoll, verschiedene Interpretationen zu erforschen, um Ihr eigenes Verständnis zu bilden.

Die dauerhafte Hoffnung auf unbegrenzte Versöhnung

Das Evangelium von Lukas, durch diese ausgewählten Verse, bietet Einblicke, die das Konzept der unbegrenzten Versöhnung unterstützen. Die Botschaft ist eine Hoffnung – Gottes Liebe und Erlösungswerk in Christus haben das Potenzial, die gesamte Menschheit zu umfassen.

Das Zeugnis des Johannes: Ein Blick auf die unbegrenzte Versöhnung

Der Apostel Johannes, tief vom Heiligen Geist bewegt, benutzt das Wort "Welt" mehr als jeder andere biblische Autor. Dieser Schwerpunkt legt die Bühne für die Erforschung von Johannes' Perspektive auf Gottes Liebe und Erlösungswerk in Christus, das viele als umfassend für die gesamte Menschheit interpretieren.

Feuerwerk der Hoffnung: Zwölf Aussagen

John's Schriften zeichnen ein lebendiges Bild mit zwölf Schlüsselaussagen:

Wahres Licht für alle (Johannes 1:9): Christus, das wahre Licht, erleuchtet jeden.

Das Lamm Gottes nimmt alle Sünden weg (Johannes 1:29): Das Opfer Jesu hat das Potenzial, jede Sünde zu reinigen.

Gottes unermessliche Liebe zur Welt (Johannes 3:16): Gottes Liebe umfasst die ganze Welt.

Nicht die Verurteilung, sondern die Erlösung (Johannes 3:17, 12:47): Die Mission Christi besteht nicht darin, zu verurteilen, sondern das Heil anzubieten.

Der Erlöser der Welt (Johannes 4:42, 1Johannes 4:14): Jesus wird als der Heiland der ganzen Menschheit vorgestellt.

Brot für das Leben (Johannes 6:33, 6:51): Christus bietet das Brot des Lebens, das die Welt aufrechterhält.

Licht der Welt (Johannes 8:12, 9:5): Christus leuchtet als Licht für die ganze Welt.

Gesandt in die Welt (Johannes 10:34, 10:36): Der Vater hat Christus speziell für die Welt gesandt.

Sohn und Messias für die Welt (Johannes 11:31): Jesu Identität als Sohn, Messias umfasst die Welt.

Einheit Die Liebe Gottes widerspiegeln (Johannes 17:21): Die Einheit der Gläubigen zeigt Gottes Liebe zur Welt.

Gottes Liebe kennen (Johannes 17:23): Die Welt kann die Liebe Gottes durch die Einheit der Gläubigen kennen.

Versöhnung für die ganze Welt (1 Johannes 1:7): Das Opfer Christi ist eine potenzielle Sühne für die Sünden der ganzen Welt.

Diese Verse werden als Beweis dafür gesehen, dass das Erlösungswerk Christi die Fähigkeit besitzt, allen Menschen Nutzen zu bereiten.

Jenseits der Versöhnung: Sünde zerstören

Johannes 1:3:8 betont, dass der Sohn Gottes gekommen ist, um das Werk des Teufels zu zerstören, das Sünde einschließt. Aber die Menschheit, die Schöpfung Gottes, ist nicht zerstört.

Ewiges Leben für alle?

1 Johannes 5:11, von einigen interpretiert, legt nahe, dass die Botschaft des ewigen Lebens für "die ganze Menschheit" bestimmt ist. Ähnlich wird Offenbarung 21:4 von einigen Universalisten als Hinweis auf die universelle Erlösung gesehen.

Umgang mit Gegenargumenten

Der Abschnitt erkennt an, dass manche die Heilige Schrift anders interpretieren. Beispielsweise wird Offenbarung 21:8, in der diejenigen erwähnt werden, die einen "zweiten Tod" erfahren werden, von einigen benutzt, um gegen die universelle Erlösung zu argumentieren. Die Passage bietet alternative Interpretationen dieser Verse.

Eine verwandelte Welt

Das Buch Offenbarung zeichnet ein Bild einer Zukunft ab, in der "die Dinge der Vergangenheit vergangen sind" (Revelation 21:4). Dies wird als eine Welt interpretiert, die frei von Leiden, Tränen und Tod ist, eine Welt, in der Gottes Liebe und Gnade triumphiert haben.

Abschließend

Das Evangelium des Johannes, durch die Linse der unbegrenzten Versöhnung, bietet eine Botschaft der Hoffnung. Die Liebe Gottes und das Opfer Christi werden als das Potenzial betrachtet, die ganze Welt zu umfassen und ein Zeitalter des Friedens und der Vollkommenheit einzuführen.

Denken Sie daran: Dies ist eine theologische Perspektive auf Johannes' Schriften.

Innerhalb des Christentums gibt es alternative Interpretationen.

Die Erforschung verschiedener Standpunkte ist entscheidend, um Ihr eigenes Verständnis zu bilden.

Die Offenbarung der Hoffnung: Eine universalistische Interpretation

Die Passage erforscht das Buch der Offenbarung und andere Schriften durch die Linse des christlichen Universalismus, eine theologische Perspektive, die darauf hindeutet, dass Gottes Liebe und Erlösungswerk letztlich die ganze Schöpfung umfasst.

Universelles Lob: Offenbarung 5:13

Wenn wir uns auf Offenbarung 5:13 konzentrieren, hebt der Abschnitt die Idee hervor, dass "jedes Geschöpf" eines Tages Gott und das Lamm preisen wird. Dies wird als eine Zukunft gesehen, in der die ganze Schöpfung die Herrlichkeit Gottes anerkennt.

Furcht und Herrlichkeit: Offenbarung 15:4

Offenbarung 15:4 erwähnt alle Völker, die Gott fürchten und verherrlichen. Die Passage überlegt, ob dies auf alle Nationen bezieht, die zu einem bestimmten Zeitpunkt existieren, oder ob es das Versprechen erfüllt, dass Abraham alle Völker gesegnet werden sollen.

Tränen abwischen: Offenbarung 21:4

Ein zentraler Text für den Universalismus, Offenbarung 21:4 beschreibt, dass Gott alle Tränen abwischen und den Tod, die Trauer und den Schmerz entfernen wird. Die Passage interpretiert dies als "alle Menschheit" anzuwenden, was ein Ende des Leidens in der neuen Schöpfung bedeutet.

Schlüsselpunkte für Universalismus:

Die Verwendung von mehrfachen Pronomen ("sie", "sie") in Offenbarung 21:4 legt nahe, dass alle Menschen dieses neue Leben erleben werden.

Das Konzept eines "zweiten Todes" widerspricht nicht der universellen Erlösung, weil die Offenbarung von einer Zeit spricht, in der es "nicht mehr Tod" gibt.

Gottes endgültiges Ziel wird als die "Restitution von allem" angesehen, wo alles wiederhergestellt und mit Gott versöhnt wird.

1 Johannes 5:14 und Sprüche 10:24: Gottes Wunsch, alle zu retten, zu unterstützen

Der Abschnitt verbindet 1 Johannes 5:14 (die gerechten Gebete werden gewährt) mit Sprüche 10:24 (God granting desires aligned with His will). Dies wird als Beweis ausgelegt, dass Gott das Heil der ganzen Menschheit will, wie die Gerechten darum beten.

Universalismus und Gottes Eigenschaften

Die Passage argumentiert, dass die ewige Verurteilung Gottes widerspricht:

Allgegenwärtigkeit: Wenn manche ewig von Gott getrennt sind, wäre Er nicht „alles in allen".

Barmherzigkeit: Die universelle Liebe Gottes würde nicht erfüllt werden, wenn manche dauerhaft verloren gehen.

Allwissend: Wenn Gott nicht weiß, das Ergebnis der ganzen Schöpfung, Er wäre nicht allwissende.

Allmächtigkeit: Wenn Gott nicht alle Dinge versöhnen kann, wäre Er nicht allmächtig.

Schlussfolgerung: Ein Versprechen der Wiederherstellung

Die Gesamtbotschaft ist eine Botschaft der Hoffnung. Die Interpretation betont den ultimativen Triumph Gottes über Sünde und Leiden, wobei die ganze Schöpfung in einen Zustand des Friedens und der Vollkommenheit wiederhergestellt wird.

Die bemerkenswerten Visionen: Die Universale Umarmung Gottes enthüllen

Diese Geschichte verbindet zwei außergewöhnliche Visionen, eine von Petrus und die andere von Johannes, die einen Einblick in den allumfassenden Plan Gottes bieten.

Peter's Vision: Mauern niederbrechen (Acts 10:11-16)

Peter, auf einem Dach auf der Suche nach einem Gebet, fällt in Trance. Er beobachtet ein riesiges Blatt, das mit Geschöpfen gefüllt ist, die nach dem jüdischen Gesetz als unrein angesehen werden. Eine Stimme drängt ihn, zu essen, die seine vorgefassten Vorstellungen von Reinheit herausfordert. Diese Vision, wie Dr. Clarke interpretiert, symbolisiert die Auflösung der Barrieren zwischen Juden und Heiden. Das "Blatt" repräsentiert die Welt, ihre verschiedenen Ecken bereit, das Evangelium zu empfangen. Die "reinen" und "unrein" Tiere werden Metaphern für diese verschiedenen Gruppen, die beide nun in Gottes Umarmung willkommen sind. Petrus wird gewählt, um eine entscheidende Rolle bei der Auflösung der "Mittelmauer der Trennung" zu spielen und Juden und Heiden unter einem Hirten – Christus – zu vereinen.

John's Vision: Universelle Lobpreisung (Revelation 5:13)

John, der Göttliche, ist Zeuge einer tiefen Szene. Jedes Lebewesen, vom Himmel bis in die Tiefen der Erde, bricht in einem Chor der Lobpreisung für Gott und das Lamm (Christ). Dies, interpretiert durch die Linse der Prosopopie, bedeutet die gesamte Schöpfung, die die Herrlichkeit Gottes anerkennt. Hier singen Lebendige und Unbelebte gleichermaßen Lob, wobei die Grenzen zwischen geistiger und körperlicher Anbetung verblasst werden. Johannes betont, dass die ganze Schöpfung, das ganze "Universum", Christus mit der gleichen Ehrfurcht an Gott selbst anbeten.

Job's Insight: Alle Seelen in Gottes Fürsorge (Job 2:10)

In der Erzählung wird die Betrachtung der Natur der Seele durch Hiob erwähnt. Er erkennt an, dass die Seele jedes Lebewesen, rechter oder böser, in Gottes Händen ruht. Dies entspricht der Vorstellung, dass alle verstorbenen Geister, unabhängig von ihrem Schicksal, letztlich unter Gottes Sorge stehen. Dies widerspricht dem Begriff der ewigen Trennung von Gott oder der endlosen Strafe.

Gericht und Versöhnung: Jenseits der ewigen Qual

Die Erzählung konfrontiert die traditionelle Sicht auf Gottes Zorn und ewige Verdammnis. Es argumentiert, dass Gottes Gericht als endlose Strafe darzustellen, seine innere Liebe und Gnade widerspricht. Gottes Zorn, angetrieben von seinem Wunsch, die Sünde zu beseitigen, wäre nicht "ewig", sondern eine notwendige Kraft für die endgültige Versöhnung.

Ein Blick der Hoffnung

Diese Visionen, interpretiert durch eine universalistische Linse, bieten eine Botschaft der Hoffnung. Gottes Liebe schlägt vor, umfasst die ganze Schöpfung. Die auflösenden Mauern zwischen Juden und Heiden, der universelle Chor des Lobes und die Erinnerung, dass alle Seelen bei Gott wohnen – alle weisen auf eine Zukunft hin, in der die Spaltung aufhört und alle in die liebevolle Umarmung Gottes zurückgebracht werden.

Das Feuer der Liebe: Ein Blick auf Gottes Erlösungszweck

Dieser Abschnitt vertieft sich in das Konzept des Zorns Gottes und seiner Impermanenz und nutzt die Heilige Schrift, um die Idee der endgültigen Versöhnung zu unterstützen.

Begrenzte Wut, grenzenlose Liebe (2 Samuel 14:14)

Die Passage untersucht 2 Samuel 14:14, interpretiert als die Annahme, dass Gott keine Wut für immer hält. Die Geschichte von Joab und der weisen Frau wird als Allegorie betrachtet. Ihre Bitte an David (auf der Suche nach der Rückkehr ihres vertriebenen Sohnes) wird als Parallel zu Gott gesehen, der Versöhnung mit denen sucht, die "diszipliniert" wurden. Dies verstärkt die Vorstellung, dass Gottes letztes Verlangen nicht endlose Strafe ist, sondern Wiederherstellung.

Das Verschwinden des Zorns (Jeremiah 3:5, 12)

Jeremia 3:5 und 3:12 werden verwendet, um zu argumentieren, dass Gottes
Zorn nicht ewig ist. Die Frage "Will er seinen Zorn für immer behalten?" wird
als rhetorisch angesehen, was darauf hindeutet, dass Gottes Zorn
vorübergehend ist. Vers 12 ("Ich werde meinen Zorn nicht ewig halten") wird
als Bestätigung gesehen, dass Gottes Barmherzigkeit letztlich überwindet.

Gottes Mitgefühl hält aus (Lamentations 3:31-33)

Lamentationen 3:31-33 betont Gottes Barmherzigkeit für die ganze
Menschheit. Die Passage wird so interpretiert, dass sie darauf hindeutet, dass
die Strafen Gottes zur Buße und Wiederherstellung führen sollen, nicht zur
dauerhaften Ablehnung.

Ein Augenblicklicher Funken (Psalm 30:5)

Psalm 30:5 wird benutzt, um die vorübergehende Natur des Zorns Gottes im
Vergleich zu seiner dauerhaften Liebe zu beschreiben. Der Vers wird so
interpretiert, dass er Gottes Zorn, der "einen Augenblick lang" ist, mit Seiner
Gnade, die Leben und Freude bringt, kontrastiert. Dies wird als Beweis dafür
gesehen, dass Gottes Liebe weit größer ist als jede vorübergehende Strafe.

Die ewige Morgendämmerung der Freude

Der Abschnitt interpretiert den Ausdruck "im Morgen" aus Psalm 30:5. Es
wird als eine zukünftige Zeit der Freude und des Friedens für alle Menschen
nach einer Zeit des Gerichts betrachtet. Dieser künftige Zustand wird als
"schmerzlos, glücklich, auferstanden" beschrieben, was eine endgültige
Versöhnung zwischen Gott und der ganzen Schöpfung vorschlägt.

Eine Botschaft der Hoffnung

Dieser Abschnitt bietet eine Botschaft der Hoffnung, die darauf hindeutet,
dass Gottes letztes Ziel nicht die ewige Verdammnis ist, sondern die
Wiederherstellung der ganzen Schöpfung in einen Zustand der Liebe und
Harmonie. Es betont die Barmherzigkeit und das Mitgefühl Gottes, die jede
vorübergehende Wut überwinden.

Die Fassade der Liebe Gottes: Versöhnung durch die Heilige Schrift erforschen

Dieser Abschnitt baut auf den vorherigen auf und bietet einen tieferen Blick auf Passagen, die als Unterstützung des Konzepts der universellen Versöhnung interpretiert werden.

Gottes unendliche Liebe (Psalm 77:7-9)

Psalm 77:7-9 wird erforscht. Die rhetorischen Fragen von Asaph ("Will mein Herr für immer wegwerfen?") werden als Beweis dafür gesehen, dass Gottes Liebe und Treue unerschütterlich sind, auch in Zeiten des Zorns. Die Passage ist mit Lamentationen 3:31-33 und Jesaja 57:16 verbunden, was darauf hindeutet, dass Gottes Interaktionen mit der Menschheit, auch diejenigen, die nicht gerettet wurden, letztlich wiederherstellend sein werden.

Universelle Barmherzigkeit (Isaiah 54:8)

Jesaja 54:8 ("In einem kleinen Zorn habe ich mein Antlitz für einen Augenblick vor dir verborgen, aber mit ewiger Güte werde ich dir Barmherzigkeit haben") wird verwendet, um Gottes dauerhafte Gnade hervorzuheben. Der Vers wird als bedeutend interpretiert, dass Gottes Zorn vorübergehend ist, während Seine Liebe ewig ist. Die Bezugnahme auf Noahs Flut als ein einmaliges Ereignis wird als Parallel betrachtet, was darauf hindeutet, dass auch Gottes Zorn begrenzt sein wird.

Ein endlicher Zorn (Isaiah 57: 15-16)

Jesaja 57:15-16 ("Ich will nicht ewig streiten... denn der Geist sollte dann vor mir verfehlen, und die menschlichen Seelen, die ich gemacht habe") ist eine zentrale Passage. Die Vorstellung, dass Gott nicht ewig streiten würde, weil es menschliche Seelen zerstören würde, wird als ein starkes Argument gegen die ewige Verdammnis gesehen. Der Versuch, die Anwendung des Verses auf nur die "widerspenstigen und demütigen" zu beschränken, wird herausgefordert, was darauf hindeutet, dass der breitere Kontext Gottes universelle Sorge anspricht.

Heilung durch Bestrafung (Isaiah 57:17-18)

Verse 17-18 von Jesaja 57 ("Für eine Zeit in seiner Verderblichkeit war ich zornig und schlug ihn... Ich werde ihn und seine Trauernden heilen und trösten") werden als Beweis dafür gesehen, dass die Strafe Gottes zur Korrektur und Wiederherstellung bestimmt ist, nicht endloses Leiden. Es wird argumentiert, dass diejenigen, die mit der universellen Wiederherstellung nicht einverstanden sind, den Text falsch interpretieren.

Ein Sturm mit Zweck (Jeremiah 30:23-24)

Jeremia 30:23-24 ("Siehe, der Sturm des Herrn wird in Zorn hervorgehen... Der heftige Zorn des HERRN wird nicht zurückkehren, bis Er die Absichten Seines Herzens erfüllt und vollständig erfüllt hat") wird analysiert. Das Hebräische wird betont, was darauf hindeutet, dass Gottes Zorn nur "bis Er Seinen Zweck erfüllt hat" anhält, nicht ewiglich. Die Idee, dass dieses Ziel letztlich Versöhnung ist, wird vorgestellt.

Das Alte Testament leitet den Weg

Der Abschnitt erkennt an, dass das Neue Testament explizitere Aussagen über die universelle Versöhnung anbietet. Es wird jedoch argumentiert, dass das Alte Testament dieses Konzept durch Passagen wie die hier erforscht voraussetzt. Jeremias Aufruf zur Versöhnung, auch wenn er von Gottes Zorn spricht, wird als Beispiel gesehen.

Verständnis in den Letzten Tagen

Der Abschnitt schließt damit ab, dass ein richtiges Verständnis dieser Passagen, einschließlich der begrenzten Bedeutung von "aeon" (übersetzt als "Ära" statt "Ewigkeit"), zu einer wachsenden Akzeptanz der universellen Versöhnung in diesen "späteren Tagen" führt.

Der Umfang der Erlösung Gottes: Eine Fortsetzung

In diesem Abschnitt werden zusätzliche biblische Passagen erläutert, die die universelle Versöhnung unterstützen.

Gottes Pläne kommen zur Frucht (Jeremiah 23:20 & 30:24)

Der Schwerpunkt liegt auf Jeremia 23:20 und 30:24. Die Ähnlichkeit in der Formulierung wird hervorgehoben, wobei beide erwähnen, dass Gottes Zorn aufhört, "bis Er tut... was Sein Herz begehrt." Dies wird als Beweis dafür gesehen, dass Gottes Zorn zielgerichtet ist und einen bestimmten Endpunkt hat, der zur Erfüllung Seiner Pläne führt. Der Begriff "letzte Tage" wird als

Bezugnahme auf ein gegenwärtiges Verständnis von Gottes endgültigen Zweck der Versöhnung interpretiert.

Die Disziplin eines Vaters (Hebräer 12:5-11) wird in Hebräern 12:5-11 erforscht. Der Abschnitt, in dem Gott seine Kinder wie einen Vater diszipliniert, wird als Zeichen dafür angesehen, dass Gottes Strafen korrigierend sind und darauf ausgelegt sind, zu Heiligkeit zu führen, nicht zu endlosem Leiden. Die Universalität der Bestrafung Gottes wird betont, was darauf hindeutet, dass alle Menschen sie erleben, was einen liebevollen Vater für alle impliziert.

Heilung nach Backsliding (Hosea 14:4)

Hosea 14:4 ("Ich heile ihren Rückfall... Mein Zorn wendet sich von ihm ab") wird verwendet, um zu argumentieren, dass Gottes Gericht letztlich heilsam und wiederherstellend ist. Die Impermanenz des Zorns Gottes wird betont, wobei Seine Liebe letztlich überwältigt.

Von Wut zu Komfort (Isaiah 12:1-3)

Jesaja 12:1-3 ("Du wirst sagen... 'Du warst wütend auf mich und wendest deinen Zorn zurück'... und mit Freude ziehst du Wasser aus den Brunnen des Heils") wird als eine Darstellung des Zorns Gottes gesehen, der dem Trost und der Erlösung Platz gibt. Das Bild "alle Menschen ziehen Wasser" wird interpretiert als bedeutend für den universellen Zugang zu Gottes Heil.

Gerechtigkeit ohne Unterdrückung (Job 37:23)

Job 37:23 ("...in Seiner Gerechtigkeit und großer Rechtfertigkeit, er unterdrückt nicht") wird verwendet, um gegen die ewige Strafe zu argumentieren. Die Idee ist, dass Gottes Gerechtigkeit nicht unterdrückend ist, und unendliche Leiden zu verursachen, wäre nicht gerecht.

Gottes zögerlicher Zorn (Joel 2:13-14)

Der Schwerpunkt in Joel 2:13-14 ("Gnade und Barmherzigkeit... langsam zum Zorn... Er erbarmt sich, Katastrophe zu senden") liegt auf Gottes barmherzigem Wesen und Seinem Wunsch zu vergeben, anstatt zu bestrafen. Dies wird als unvereinbar mit dem Konzept der ewigen Verdammnis betrachtet.

Ein Bund der Liebe, nicht der Abscheu (Leviticus 26:43-44)

Leviticus 26:43-44 ("Sie werden für ihre Sünden zahlen... und doch, Ich lehne sie nicht ab und [Ich] hasse sie nicht") wird als Beweis interpretiert, dass Gott Sünder nicht ewiglich hasst. Das Konzept, dass Gott seinen Bund mit der ganzen Menschheit erfüllt, wird vorgestellt.

Das Gleichnis vom Priester und der Kongregation

Eine Herausforderung an den ewigen Zorn

Im Herzen der Wüste entbrannte eine Debatte zwischen zwei Persönlichkeiten. Einer, drapiert in den weißen Kleidern eines Priesters, repräsentierte die Idee der ewigen Qual. Der andere, ein bescheidener Reisender, verkörperte den Glauben an die universelle Versöhnung. Ihre feurige Diskussion konzentrierte sich auf einen Vers aus Numbers:

Zahlen 16:22: "...und sie sprachen [oder fragten]: "O Gott, Gott der Geister aller Fleisch, wird ein Mensch Sünde, und [Daher] willst du wütend sein [für immer] mit der ganzen Gemeinde?"

Adam, der gefallene Priester

Der Reisende begann: "Bedenke Adam, den ersten Menschen. Er, wie ein Priester, führte die Gemeinde in die Irre. Seine Sünde brachte den Tod auf alle."

Der Priester antwortete: "Aber jeder Mensch trägt die Last seiner eigenen Entscheidungen."

Das Opfer des wahren Hohen Priesters

Der Reisende lächelte. "Dann betrachten wir Jesus, den wahren Hohenpriester. Er opferte sich selbst als Opfer, nicht nur für einige, sondern als "Geschenk des Lebens für ALLE Menschen" (Römer 5:18).

"Er nimmt die Sünde der Welt weg", fuhr der Reisende fort und zitierte Johannes 1:29. "Kolosser 1:19 sagt uns, dass Gott wünscht, dass "alle Fülle in Jesus wohne", um die Verheißung an Abraham zu erfüllen. Durch Christus werden alle Dinge versöhnt werden (Johannes 16:15)."

Die Antwort liegt in der Frage

Die Stimme des Reisenden schrumpfte: "Römer 5:19 erklärt: 'Die vielen werden Sünder.' Christus kam, um die Sünden der "vielen", der ganzen Menschheit, zu versöhnen! Die Zahlen selbst deuten auf die Antwort hin. Der Zorn Gottes würde wegen der Sünde eines Menschen nicht ewig bleiben."

Über individuelle Entscheidungen hinaus

Der Priester zitterte. "Moderne Kirchen predigen die individuelle Verantwortung für das ewige Schicksal."

Der Reisende schüttelte den Kopf. "Die wahre Rechenschaftspflicht liegt bei Gott. Die Menschen haben vorübergehende Konsequenzen, aber Gott hat die ultimative Macht. Er zieht »alle Menschen zu sich« (Joh 12,32).

Eine universelle Versöhnung

Die Stimme des Reisenden wiederholte sich, ein Beweis für seinen Glauben. "Jedes Knie wird knien, jede Zunge bekennen (Romans 14:11, Isaiah 45:23). Gott arbeitet in allen Dingen (1 Korinther 12:6) für Sein letztes Ziel: das „ALLE in allen" zu sein (1 Kor 15,28).

Ein Gott der unendlichen Liebe Er schloss, seinen Blick fixiert auf den Horizont, "Gott, der Besitzer aller Geister, hält nicht unendliche Wut. Wie Numbers fragt, kann die Sünde eines Menschen dazu führen, dass Gottes Zorn ewig gegen Seine Kinder wütet?"

Der Priester stand still, das Gewicht der Frage hängte schwer in der Wüstenluft. Vielleicht, dachte der Reisende, war die Antwort schon da, verborgen in dem alten Vers selbst.

Universelles Lösegeld, unsichere Anerkennung: Eine Stockholm-Analogie

Der Sohn Gottes 1 Ti 2:6

Christus, der Lösegeld für alle "...der sich selbst als Lohn für alle gegeben hat, das ist das Zeugnis, das zu seiner rechten Zeit offenbar werden wird." (NIV)

1 Timotheus 2:6 verkündet das Opfer Christi als Lösegeld "für alle". Stellen Sie sich ein Szenario vor, das vom Stockholm-Syndrom inspiriert ist. Ein mächtiger Entführer hält zahlreiche Individuen jahrelang als Geiseln, manipuliert und kontrolliert sie. Plötzlich kommt ein Fremder an und bietet ein prächtiges Lösegeld an, um ihre Freilassung zu sichern.

Die Gefangenen zögern jedoch. Ihr Stockholm-Syndrom lässt sie ihre Freiheit in Frage stellen. Sie haben sich an ihre Situation gewöhnt und bilden sogar ein verdrehtes Gefühl der Abhängigkeit von ihrem Entführer. Das Angebot des Fremden, obwohl es die Befreiung repräsentiert, stört ihre zerbrechliche Realität.

Diese Analogie spiegelt das Konzept der universellen Erlösung und der in dem Vers erwähnten "richtigen Zeit" wider. Das Opfer Christi bietet universelle Freiheit, aber die Anerkennung und Annahme dieser Freiheiten kann ein schrittweiser Prozess sein. Genau wie die Opfer des Stockholm-Syndroms sich zunächst ihrem Retter widersetzen könnten, kämpfen manche Individuen möglicherweise darum, die Realität ihrer Erlösung zu akzeptieren.

Jahre geistiger Gefangenschaft können ihre Spuren hinterlassen und eine Zögernschaft erzeugen, sich von verwurzelten Überzeugungen oder früheren Erfahrungen zu befreien. Gott wartet mit unendlicher Geduld darauf, dass jede Seele zur Realität erwacht, die sie für die Befreiung des Opfers Christi gekauft und bezahlt haben, sei es in diesem Leben oder im nächsten.

Das verneint den freien Willen nicht. Es betont tatsächlich Gottes grenzenlose Liebe und die universelle Verfügbarkeit der Erlösung. Während einige Interpretationen "alle" auf bestimmte Gruppen beschränken, deutet die reine Größe des Opfers Christi auf einen breiteren Umfang hin. Selbst wenn manche letztlich dieses Geschenk ablehnen, bleibt das Potential der Erlösung für alle offen, genau wie die immer vorhandene Hoffnung für die Opfer des Stockholm-Syndroms, wahre Freiheit zu wählen.

Rom. 6:8   „Denn da er [Christus] gestorben ist, starb er für die Sünde ein für alle Mal [epapax]. Aber in dem er lebt, lebt er für Gott.

Heilige Schriften zur Unterstützung der universellen Erlösung

Abgesehen von diesen Kernversen legen mehrere andere Schriften dem Konzept der universellen Erlösung Gewicht: Johannes 3:16 sagt: "Denn so hat Gott die Welt geliebt, daß er seinen einen und einzigen Sohn gegeben hat, daß jeder, der an ihn glaubt, nicht verloren geht, sondern das ewige Leben hat."Dieser Vers betont die universelle Liebe Gottes und das Potenzial für Heil, das allen Gläubigen zur Verfügung steht. 1 Johannes 2:2 weist darauf hin, "Er ist das Sühneopfer für unsere Sünden, und nicht nur für unsere, sondern auch für die Sünden der ganzen Welt." Dieser Vers erklärt ausdrücklich, dass das Opfer Christi über eine ausgewählte Gruppe (diejenigen, die besonders glauben) hinausgeht und die "ganze Welt" umfasst. 2 Korinther 5:19 unterstützt dies, indem er uns sagt, dass "Gott in Christus die

Welt mit sich versöhnte und ihre Übertretungen nicht gegen sie hielt und uns die Botschaft der Versöhnung anvertraute". Dieser Vers unterstreicht Gottes Wunsch nach Versöhnung mit der ganzen Menschheit, einem Kernprinzip der universellen Erlösung.

Die Analogie des Stockholm-Syndroms erinnert uns daran, dass diese Freiheit eine persönliche Reise sein kann. Selbst wenn das Lösegeld bezahlt wird, benötigen Einzelpersonen möglicherweise Zeit und Verständnis, um ihre Befreiung vollständig zu begreifen. Gott wartet mit unendlicher Geduld darauf, dass jede Seele zur verwandelnden Kraft des Opfers Christi erwacht. Die Wahl liegt letztlich bei jedem Einzelnen, aber das Potenzial für die endgültige Anerkennung der Erlösung bleibt für alle zeitlos geduldig als Beweis für Gottes grenzenlose Liebe für die ganze Schöpfung.

Gottes Opfer für alle (Romans 8:32-34)

Das Konzept der universellen Erlösung findet starke Unterstützung in der Botschaft der Bibel, besonders wenn es durch die Linse der grenzenlosen Liebe und unendlicher Geduld Gottes betrachtet wird. So arbeiten Römer 8:32-34 und 1 Timotheus 2:1-6 zusammen, um dieses Argument aufzubauen:

"Verliehen für uns alle" (v. 32): Dieser Vers betont die Universalität des Opfers Christi. Gott hat in seiner unermesslichen Liebe seinen Sohn nicht zurückgehalten, sondern ihn als Opfer "für uns alle" angeboten. Dieser Akt überschreitet Grenzen und schlägt ein Erlösungspotenzial vor, das sich auf die gesamte Menschheit erstreckt.

"Gott rechtfertigt. Wer ist Er, der verurteilt?" (V. 33-34): Die Passage unterstreicht die Rolle Gottes als endgültiger Richter. Wenn Gott selbst "alles Fleisch" durch das Opfer Christi rechtfertigt, wer hat die Autorität, zu verurteilen? Dies stärkt die Universalität des Opfers und Gottes Wunsch nach Versöhnung.

Gottes Wunsch nach universeller Erlösung (1 Timotheus 2:1-6):

"Bete für alle Menschen" (V. 1): Paulus lehrt die Gläubigen, für „alle Menschen" zu beten. Diese Universalität des Gebets steht im Einklang mit dem Wunsch Gottes selbst, wie es in der Passage heißt, "der wünscht (thelo), dass die ganze Menschheit gerettet wird und zur vollständigen Erkenntnis der Wahrheit kommt" (v. 4). Thelo betont Gottes wahres Verlangen nach der Erlösung aller Menschen.

"Ein Vermittler, der den Preis für alle bezahlt hat" (V. 5-6): Die Passage erkennt Jesus als den einzigen Mittler zwischen Gott und der Menschheit an. Darüber hinaus erklärt es, dass Christus "den Preis für alle bezahlt hat." Dieser Preis, das Opfer Christi, ist nicht auf einige Auserwählte beschränkt, sondern umfasst die gesamte Menschheit.

Das Konzept der universellen Erlösung findet starke Unterstützung in der Botschaft der Bibel, besonders wenn es durch die Linse der grenzenlosen Liebe und unendlicher Geduld Gottes betrachtet wird. So arbeiten Römer 8:32-34 und 1 Timotheus 2:1-6 zusammen, um dieses Argument aufzubauen:

Diese Verse, kombiniert mit anderen wie Johannes 3:16 ("Denn Gott hat die Welt so geliebt...") und 1 Johannes 2:2 ("...das Opfer für unsere Sünden, und nicht nur für unsere, sondern auch für die Sünden der ganzen Welt"), zeichnen ein Bild eines liebenden Gottes, der die Erlösung der ganzen Schöpfung wünscht.

Das Konzept der universellen Erlösung verneint den freien Willen nicht. Während das Potenzial für Befreiung für alle durch das Opfer Christi existiert, entscheiden sich Individuen letztlich, dieses Geschenk anzunehmen oder abzulehnen. Die zuvor verwendete Analogie des Stockholm-Syndroms spiegelt dieses Konzept wider. Selbst wenn die Lösegeldzahlung gezahlt wird, können Gefangene Zeit brauchen, um ihre Freiheit zu verstehen. Ebenso wartet Gott geduldig darauf, dass jede Seele die transformierende Kraft des Opfers Christi annimmt.

Die Botschaft der Bibel, wenn sie durch die Linse der universellen Liebe Gottes und der allumfassenden Natur des Opfers Christi betrachtet wird, bietet ein überzeugendes Argument für die mögliche Erlösung der ganzen Menschheit. Während der Zeitpunkt und der Weg zu dieser Erlösung variieren können, bieten die Heiligen Schriften eine Grundlage für Hoffnung und den Glauben, dass Gottes letztes Verlangen darin besteht, dass alle mit Ihm versöhnt werden.

Unlatching the Gates: Ein Blick jenseits der Flammen der Hölle

Das Konzept der Hölle ist seit langem eine Quelle der Angst und Faszination. Bilder von brennenden Gruben und ewiger Verdammnis beherrschen die populäre Kultur und zeichnen ein erfrischendes Bild des Zorns Gottes ab. Aber was ist, wenn diese Darstellung eine Fehlinterpretation ist, eine Verzerrung einer mehr schmalen Wahrheit, die in den Seiten der Heiligen Schrift verborgen ist? Dieser Aufsatz argumentiert, dass die Hölle, wie sie traditionell verstanden wird, nicht das endgültige Ziel für abtrünnige Seelen ist. Stattdessen stellt es einen vorübergehenden Zustand der Korrektur dar, ein Tor zur endgültigen Versöhnung mit Gott, das durch die erlösende Macht Jesu Christi freigeschaltet wird.

Das hebräische Wort, das oft als "Hölle" übersetzt wird, ist Sheol, was buchstäblich "Grab" oder den Ort des Verstorbenen bedeutet. Verse wie Psalm 16:10 ("Denn du wirst meine Seele nicht in das Reich der Toten verlassen, noch sollst du deinen Heiligen das Verderben sehen") deuten darauf hin, dass der Sheol kein Ort der ewigen Qual ist, sondern ein vorübergehender Zustand, in dem selbst die Gerechten auf ihre endgültige Erlösung warten. König David, ein Mann, der mit dem Göttlichen vertraut ist, spricht von der Flucht aus den "niedrigsten Tiefen der Hölle" (Psalm 139:8), was eine vorübergehende Gefangenschaft und nicht ein ewiges Gefängnis impliziert.

Das griechische Konzept von Hades, das oft mit der Hölle gleichgesetzt wird, unterstützt diese Ansicht weiter. In Offenbarung 20:13 wird Hades als die Übergabe der Toten dargestellt. Dieses Bild deutet auf einen Warteraum hin, nicht auf einen brennenden Ofen. Die in 2 Petrus 2:4 erwähnten "verdrängten Engel" sollen "in Finsternis in Ketten gehalten" sein, was einen Zustand der Zurückhaltung und nicht des aktiven Leidens impliziert.

Zentral in dieser Neuinterpretation ist die Gestalt Jesu Christi. Er wird in Offenbarung 1:18 als derjenige beschrieben, der "die Schlüssel des Todes und der Hölle hat", was seine Autorität bedeutet, die Tore dieses vorübergehenden Gefängnisses zu öffnen. Passagen wie Apostelgeschichte 2:27 ("Du wirst meine Seele nicht in Hades verlassen, und du wirst nicht zulassen, dass dein Heiliger Verfall sieht") verstärken dieses Konzept. Jesus' Abstieg in die Hölle wird dann nicht zu einer Reise in die ewige Verdammnis, sondern zu einem notwendigen Schritt in seiner Rolle als endgültiger Erlöser, der diejenigen befreit, die in ihm gefangen sind.

Diese Ansicht widerspricht der traditionellen Erzählung eines rächelnden Gottes, der einige auf ewiges Leiden übergibt. Stattdessen entspricht sie der Botschaft der universellen Versöhnung, die in der ganzen Heiligen Schrift zu finden ist. Römer 5:18 erklärt: "So also, wie durch eine Übertretung die Verurteilung aller Menschen kam, so durch eine Gerechtigkeit die Rechtfertigung und das Leben für alle Menschen." Diese Universalität der Erlösung wird in 1 Korinther 15:22 weiter betont ("For as in Adam all die, so in Christ all will be made alive").

Falsche Interpretationen der Heiligen Schrift haben zu einer verzerrten Sicht auf Gottes Charakter geführt. Die "boogiemanische Theologie" eines wütenden Gottes widerspricht der eigentlichen Essenz des Göttlichen, wie sie in der Heiligen Schrift zum Ausdruck gebracht wird. 1 Johannes 4:8 sagt endgültig: "Gott ist Liebe", ein Wesen, das nicht mit endloser, unabdingbarer Strafe koexistieren kann. Wahre Erlösung muss Gottes unendliche Barmherzigkeit widerspiegeln, eine Qualität, die in Micha 7:18 betont wird ("who pardons wrongdoing and passes over transgressions of the remnant of his inheritance – who does not stay angry forever but delights to show love").

Das Bild von staubigen, ungeschliffenen Toren ersetzt die feurige Hölle. Diese Tore sind kein Symbol der Verdammnis, sondern ein Versprechen, das durch die Zeiten geflüstert wurde: Gottes Licht erreicht sogar die Tiefen der Hölle. Jedes Knie beugt sich, jede Zunge bekennt sich (Filipper 2,10-11) – nicht aus Furcht, sondern aus Befürchtung vor der Unermesslichkeit der Liebe Gottes, die über die Grenzen eines vorübergehenden Zustandes hinausgeht und einen Weg zurück zu Seiner ewigen Umarmung bietet.

Ein Vergehen, ein Verdienst: Die Universale Erlösung Gottes in Römer 5:18 offenbaren

Römer 5:18 steht als Eckpfeiler im theologischen Konzept der universellen Versöhnung. Dieser Aufsatz vertieft sich in den Vers und entpackt seine Botschaft und seine Auswirkungen auf das ultimative Schicksal der Menschheit.

Der Vers schreibt: "Darum, wie eine Übertretung zu einer Verurteilung für alle Menschen führte, so auch durch eine Gerechtigkeit zu einer Rechtfertigung und zum Leben für alle Leute." (NIV). Die Passage stellt eine entscheidende Parallele zwischen den Handlungen Adams und Jesu Christi. Adam's einzige Übertretung brachte Verurteilung auf die gesamte Menschheit, seine Nachkommen. Im Gegenteil, Jesu einziger Akt der Gerechtigkeit – sein vollkommenes Leben und Opfersterben – bietet allen Rechtfertigung und Leben.

Der Schwerpunkt hier liegt auf der Universalität sowohl der Folge von Adams Sünde als auch der erlösenden Macht des Opfers Christi. Der Text verwendet zweimal den Ausdruck "alle Menschen" (oder "alles Menschen") und unterstreicht die allumfassende Natur sowohl der Verurteilung als auch der Rechtfertigung.

Dieses Konzept steht im Einklang mit dem Grundsatz der Gerechtigkeit im Rahmen des Gesetzes. Das Prinzip "ein Auge für ein Auge" (Exodus 21:24) schlägt eine ausgewogene Antwort vor. Adam's Übertretung brachte

Konsequenzen mit sich, und die Gerechtigkeit Christi bietet einen ebenso mächtigen Gegenpunkt.

Die Symmetrie innerhalb des Verses ist unbestreitbar:

Ein Vergehen Adams gegen die Gerechtigkeit Christi

Gericht und Tod vs. Freie Gabe des Lebens auf ALLEN Menschen vs. auf ALLE Menschen

Zur Verurteilung vs. zur Rechtfertigung des Lebens

Diese Parallelität unterstreicht die Vollständigkeit des Erlösungswerks Christi. Die Gesamtheit der Sünde, die die Menschheit durch Adam begangen hat, spiegelt sich in der Fülle der Verdienste wider, die Christus "erlöst" hat.

Allerdings geht Römer 5:18 jenseits der einfachen Errichtung eines Gleichgewichts. Es deutet auf eine mögliche Umkehrung der ursprünglichen Verurteilung hin. Der Vers betont, dass das "freie Geschenk" der Rechtfertigung und des Lebens "alle Menschen" gegeben wird. Dies wirft die Frage auf: Bedeutet dies die universelle Erlösung?

Der Text deutet auf eine Universalität des Angebots hin. Alle unterliegen der ursprünglichen Verurteilung, die aus Adams Sünde resultiert. Ebenso werden allen die freie Gabe der Rechtfertigung und des Lebens durch Christus angeboten. Das stimmt mit anderen Schriften überein, wie Römer 6:23, die erklärt, "Denn der Lohn der Sünde ist der Tod, aber das Geschenk Gottes ist das ewige Leben in Christus Jesus, unserem Herrn."

Das Konzept eines freiwillig gegebenen Geschenks, im Gegensatz zu etwas verdientem, stärkt das Argument für Universalität. Der Text spricht nicht von einem "Angebot" des ewigen Lebens, es sagt das freie Geschenk "gekommen auf alle Menschen." Dieses unverdiente Geschenk hat das Potenzial, allen, die es annehmen, Rechtfertigung und Leben zu bringen.

Die Frage stellt sich dann: Wie kann dies mit der Realität vereinbart werden, dass nicht alle am Ende gerettet werden?

Die Antwort könnte in der Zukunft liegen. Verse wie Philipper 2:10-11 sprechen von einer Zeit, in der "jeder Knie sich beugen wird... und jede Zunge bekennt." Dies deutet auf ein schließlich universelles Verständnis und die Annahme der Gnade Gottes hin.

Abschließend enthüllt Römer 5:18 eine tiefgreifende Wahrheit über Gottes Erlösungsplan. Die allumfassende Natur der Sünde Adams wird durch die allumfängliche Natur des Opfers Christi entgegengesetzt. Der Vers bietet einen Einblick in eine Zukunft, in der das freie Geschenk der Rechtfertigung und des Lebens letztlich von allen umarmt wird.

Alle gemacht Sünder, alle gemacht Recht: Offenbarung der universellen Versöhnung in Römer 5:6-19

Römer 5:6-19 stellt ein starkes Argument für die universelle Versöhnung vor, die Vorstellung, dass Gottes Erlösungsplan letztlich die gesamte Menschheit umfasst. Dieser Aufsatz vertieft sich in den Abschnitt und erforscht seine Schlüsselthemen und ihre Auswirkungen.

Die Passage hängt von den parallelen Handlungen von Adam und Jesus Christus. Adams Ungehorsam wird beschrieben als Sündhaftigkeit ("konstituierte Sünder") auf die "vielen" – die gesamte Menschheit (v. 19). Dieses Konzept wird durch die Verwendung des griechischen Wortes "hoi" vor "polloi" ("die vielen") im Originaltext hervorgehoben, um die Gesamtheit der Betroffenen hervorzuheben.

Im Gegenteil, Jesu Akt des Gehorsams ("der Einige") bietet die Rechtfertigung und das Leben, wiederum, "den vielen" (v. 19). Der Text betont die quantitative Gleichheit zwischen denen, die von Adam und von Christus betroffen sind. Der Gelehrte Joseph Parkhurst unterstützt diese Auffassung und erklärt, dass "die viele" sich auf "die Masse, die Menge, den gesamten Großteil der Menschheit" bezieht.

Diese Parallele erstreckt sich über bloße Zahlen hinaus. Die Konsequenzen sind diametral entgegengesetzt. Adam's Sünde brachte den Tod, während Jesus' Tat Leben bietet. Die Universalität von Sünde und Erlösung wird durch diese vollkommene Symmetrie unterstrichen.

Das Konzept der Rechtfertigung, die so weit wie die Sünde reicht (v. 21) wirft Fragen über den Weg zur Erlösung auf. Die Passage legt nahe, dass, wenn die Sünde alle berührt hat, dann das Potenzial für Gerechtigkeit auch für alle existiert. Dieses Potenzial wird verwirklicht durch "freie Gerechtigkeit durch Seine Gnade" (Romans 3:24).

Weitere Unterstützung für die universelle Versöhnung kommt von der Breite des Opfers Christi. Römer 5:6 beschreibt ihn, als er für die „kranken" und „unwürdigen" starb. (us in our fallen state). Vers 8 erweitert dies auf "Sündige" – eine Kategorie, die die gesamte Menschheit umfasst. Wenn

Christus für alle Sünder gestorben ist, kann Er alle erlösen? Die Implikation ist klar.

Römer 5:10 verstärkt diese Idee. Wir, die Gottes "Gegner" waren, wurden durch den Tod Christi versöhnt. Sein Opfer umfasst die Schwachen, die Gottlosen, die Sünder und sogar unseren Zustand der Not.

Die Passage geht weiter in Versen 15-17. Es unterstreicht die überwältigende Macht der Gnade Christi im Vergleich zu Adams Sünde. Während die Sünde Adams "alle" zum Tode brachte, bietet die Gnade Gottes, die durch Christus überflutet wird, "den vielen" ein viel größeres Geschenk. Diese "Gabe der Gerechtigkeit" (v. 17) legt nahe, dass es für alle möglich ist, mit Gott gerecht zu werden.

Schließlich wird Römer 5:18-19 als eine "Erklärung der Versöhnung" beschrieben. Er sagt, dass das "gegenurteile" durch Adam's Vergehen durch die "Rechtfertigung des Lebens" gegenübersetzt wird, die "jeder Mensch" durch den Akt Christi betritt. Die Universalität dieser Rechtfertigung ist unbestreitbar.

Der Abschnitt schließt mit der Betonung der Parallelen zwischen Adam und Christus. Wie alle durch Adam zu Sünder wurden, so werden auch alle gerechtfertigt werden durch Christus (v. 19). Dieses Konzept, das als das "Paulin-Manifest der umfassenden Erlösung" bezeichnet wird, ist ein mächtiger Beweis für Gottes endgültigen Zweck für die gesamte Menschheit.

Abschließend bietet Römer 5:6-19 ein überzeugendes Beispiel für die universelle Versöhnung. Durch eine sorgfältige Analyse des Textes und seine Betonung der Parallelaktionen, der Universalität der Wirkung und des allumfassenden Charakters des Opfers Christi legt der Abschnitt nahe, dass Gottes Erlösungsplan letztlich die ganze Schöpfung umfasst.

Christus, die Vergebung der Sünde des Menschen: Offenbarung der universellen Erlösung in 1 Johannes 2:2

1 Johannes 2:2 steht als Eckpfeiler für das Konzept der universellen Versöhnung. Dieser Aufsatz erforscht den Vers und entpackt seine Botschaft und seine Auswirkungen auf das Schicksal der Menschheit.

Der Vers erklärt: "Und er ist die Sühne für unsere Sünden, und nicht nur für unsere, sondern auch für die Sünden der ganzen Welt" (NIV). Die zentrale Botschaft ist klar: Das Opfer Jesu Christi dient als Versöhnung, nicht nur für einige Auserwählte, sondern für "die Sünden der ganzen Welt".

Der Schwerpunkt hier liegt auf der Universalität der Erlösungsrolle Christi. Der Text verwendet den Ausdruck "die ganze Welt", der keinen Raum für Zweideutigkeit hinterlässt. Johannes verwendet den griechischen Ausdruck "holou tou kosmou", der buchstäblich "die ganze Welt" bedeutet.

Einige argumentieren gegen diese Interpretation, die einen begrenzten Umfang für das Opfer Christi vorschlägt. Allerdings stärkt die Konjunktion "aber auch" die Universalität. Es betont, dass die Welt neben den Gläubigen eingeschlossen ist, nicht von ihnen ausgeschlossen.

Um diesen Punkt zu illustrieren, betrachten Sie eine neu geschriebene Version des Verses, der die Parallelität hervorhebt:

Er ist die Sühne für unsere Sünden (Gläubige), aber auch (gleich) für die Sünden der ganzen Welt

Diese Parallelität unterstreicht den allumfassenden Charakter des Werkes Christi. Sein Opfer umfasst die gesamte Menschheit, nicht nur eine ausgewählte Gruppe.

Weitere Unterstützung für diese Ansicht kommt aus anderen Schriften:

Jesaja 53,6: "Wir sind alle wie Schafe abgeirrt, jeder von uns kehrt auf seinen eigenen Weg zurück, und der Herr hat die Missetat von uns allen auf ihn gelegt."

Johannes 1:29: Am nächsten Tag sah Johannes Jesus zu ihm kommen und sprach: Siehe, das Lamm Gottes, das die Sünde der Welt wegnimmt.

Hebräer 2:9: "Aber wir sehen ihn, der für eine kurze Zeit niedriger gemacht wurde als die Engel, nämlich Jesus, gekrönt mit Herrlichkeit und Ehre wegen des Leidens des Todes, damit er durch die Gnade Gottes den Tod für alle schmecken könnte."

Diese Passagen verstärken die Universalität des Opfers Christi. Er trug die Ungerechtigkeit von "alle", kam, um die "Sünde der Welt" wegzunehmen, und schmeckte den Tod für "alle".

Das Konzept des universellen Willens Gottes stärkt das Argument für die universelle Versöhnung weiter. Verse wie Daniel 4:35 ("Er tut nach seinem Willen in der himmlischen Armee und unter den Bewohnern der Erde; und niemand kann seine Hand aufhalten oder zu ihm sagen: Was machst du?") und Job 23:13 ("Aber er ist in einem Geist, und wer kann ihn umkehren?")

deuten auf Gottes Souveränität und die endgültige Erfüllung seines Willens hin. Wenn Gott die Erlösung aller will, dann müssen auch die Mittel, um dieses Ziel zu erreichen, festgelegt werden.

Abschließend präsentiert 1 Johannes 2:2 eine mächtige Botschaft der Hoffnung. Das Opfer Jesu Christi ist nicht auf wenige Auserwählte beschränkt, sondern erstreckt sich auf "die ganze Welt". Diese Universalität, unterstützt durch andere Schriften und das Konzept des Willens Gottes, bietet einen Einblick in Gottes endgültigen Zweck für die ganze Menschheit.

Sicher! Hier ist eine Erweiterung des Konzepts der universellen Versöhnung, die Verbindungen zu den Passagen zieht, die Sie geteilt haben:

Universelle Versöhnung: Ein Teppich der Heiligen Schrift

Das Konzept der universellen Versöhnung, der Glaube, dass Gottes Erlösungsplan letztlich die gesamte Menschheit umfasst, findet Unterstützung in verschiedenen biblischen Passagen. Lassen Sie uns untersuchen, wie die Verse, die Sie zur Verfügung gestellt haben, zu diesem Teppich beitragen:

Jakobus 4:15: Dieser Vers, obwohl nicht direkt über Versöhnung, betont Gottes absolute Macht und Kontrolle über die Zukunft. Wenn Gott die Erlösung aller will, dann hat Er die Macht, sie zu verwirklichen. Sein Wille überwindet letztlich.

1 Timotheus 2:4-6: Diese Verse beschreiben Gottes Wunsch, "dass alle Menschen gerettet werden und zur Erkenntnis der Wahrheit kommen." Dieses universelle Verlangen nach Erlösung steht im Einklang mit dem Konzept der universellen Versöhnung.

Jesaja 45:25 und 53:11: Beide Passagen sprechen von der Rechtfertigung und Erlösung, die eine große Menge erreichen, die möglicherweise die gesamte Menschheit umfasst. "Samen Israels" in Jesaja 45:25 kann metaphorisch interpretiert werden, um alle zu umfassen, die glauben. Ebenso können die "vielen" in Jesaja 53:11 als alle angesehen werden, die von dem Opfer Christi profitieren.

Römer 4:25, 5:18-19: Diese Verse stellen eine Parallele zwischen Adams Sünde und Christi Handlung. Genauso wie die Sünde Adams die Verurteilung "alle" brachte, bietet die Tat Christi die Rechtfertigung für "alle". Dieses Spiegelbild deutet auf eine mögliche Universalität in Gottes Erlösungsplan hin.

1 Johannes 2:1-2 und Johannes 1:29: Die Vorstellung von Christus als Verteidiger für jeden Menschen (1 Johannes 2:1) und das Lamm Gottes, das die "Sünde der Welt" wegnimmt (Johannes 1:29) unterstreicht die allumfassende Natur des Opfers Christi. Wenn Er der Verteidiger für alle ist und die Sünde der Welt wegnimmt, dann könnte die Versöhnung sich potenziell auf alle ausdehnen.

Theologische Überlegungen

Es ist wichtig anzuerkennen, dass die universelle Versöhnung ein diskutiertes Konzept innerhalb des Christentums ist. Einige argumentieren für einen begrenzteren Umfang der Erlösung. Die oben erforschten Passagen bieten jedoch eine überzeugende Perspektive auf Gottes endgültiges Ziel, das möglicherweise die Erlösung der ganzen Menschheit umfasst.

Die Kraft der Hoffnung

Das Konzept der universellen Versöhnung bietet eine Botschaft der Hoffnung. Es legt nahe, dass Gottes Liebe und Gnade grenzenlos sind, und Sein Wunsch nach Erlösung erstreckt sich auf Seine ganze Schöpfung. Während die theologische Debatte weitergeht, bieten diese Schriften eine Grundlage für den Glauben an Gottes endgültiges Ziel, alle Dinge in Christus wiederherzustellen.

Die Vergebung Christi: Ein Leuchtturm der Hoffnung für die ganze Menschheit (1 John 2:2)

1 Johannes 2:2 steht als Eckpfeiler für die universelle Versöhnung, den Glauben, dass Gottes Heilsgnade letztlich die gesamte Menschheit erreicht. Lassen Sie uns in den Vers und seine Implikationen eintauchen.

Der Vers erklärt: "Er ist die Sühne für unsere Sünden, und nicht nur für unsere, sondern auch für die Sünden der ganzen Welt" (NIV). Die zentrale Botschaft ist klar: Das Opfer Jesu Christi dient als Versöhnung, nicht nur für einige Auserwählte, sondern für "die Sünden der ganzen Welt".

Der Schlüsselbegriff hier ist "die ganze Welt". Der griechische Ausdruck "holou tou kosmou" bedeutet buchstäblich "die ganze Welt". Diese Universalität ist entscheidend. Während einige für einen begrenzten Umfang des Opfers Christi argumentieren, bietet der Text keine solche Unklarheit.

Johannes betont diese Universalität weiter, indem er den kontrastierenden Ausdruck "nicht nur für uns" verwendet. Dies unterstreicht, dass die Welt neben den Gläubigen eingeschlossen ist, nicht von ihnen ausgeschlossen.

Hier ist eine Illustration: Stellen Sie sich eine neu geschriebene Version des Verses vor, die die Parallelität hervorhebt:

Er ist die Sühne für unsere Sünden (Gläubige), aber auch (gleich) für die Sünden der ganzen Welt

Diese Parallelität unterstreicht den allumfassenden Charakter des Werkes Christi. Sein Opfer ist nicht auf wenige Auserwählte beschränkt; es umfasst die gesamte Menschheit.

Weitere Unterstützung für die universelle Versöhnung kommt aus anderen Schriften:

Römer 8:34: "Wer ist der, der verurteilt? Es ist Christus, der gestorben ist, ja, der auferstanden ist, der ist zur Rechten Gottes, der auch um uns bittet. (KJV). In diesem Vers wird Christus dargestellt, der für "uns" eintritt, was als ganze Menschheit interpretiert werden kann.

Johannes 1:29: "Am nächsten Tag sah Johannes Jesus zu ihm kommen und sprach: Siehe, das Lamm Gottes, das die Sünde der Welt wegnimmt!" (KJV). Hier identifiziert Johannes der Täufer Jesus als denjenigen, der die "Sünde der Welt" wegnimmt, nicht nur eine bestimmte Gruppe.

Das Konzept der universalen Liebe Gottes und des Wunsches nach Erlösung stärkt den Fall der universellen Versöhnung weiter. Passagen wie 1. Timotheus 4:10 ("der der Erlöser aller Menschen ist, besonders derjenigen, die glauben") deuten darauf hin, dass Gottes letztes Ziel die Wiederherstellung der ganzen Schöpfung umfassen könnte.

Eine Botschaft der Hoffnung

1 Johannes 2:2 bietet eine mächtige Botschaft der Hoffnung. Das Opfer Jesu Christi erstreckt sich über einige Auserwählte hinaus und umfasst "die ganze Welt". Diese Universalität, unterstützt durch andere Schriften, bietet einen Einblick in Gottes endgültigen Zweck für die ganze Menschheit. Es legt nahe, dass Gottes Liebe grenzenlos ist, und dass sein Wunsch nach Erlösung letztlich alle Ecken der Schöpfung erreichen kann.

Johannes 3:18

Gerichtet, aber nicht ewig verdammt

Die Einheit, die in Ihm gerettet wird, wird nicht gerichtet

Ho de mE pisteuOn EdE kekritai Die-eine, die noch nicht glaubt, ist bereits-verurteilt worden

hoti mE pepisteuken eis zu onoma tou, dass NICHT er-HAS-BELIEBT IN DEN NAMEN DER-

monogener Huiou tou theou Einziggeborener Sohn des Gottes.

Ein genauerer Blick auf Johannes 3:18

Johannes 3:18 bietet einen Vers, der häufig in Debatten über begrenzte Versöhnung versus universelle Versößerung verwendet wird. Lassen Sie uns den Vers und seine Interpretationen erforschen:

Die vorgesehene Übersetzung lautet: "Der [Person], der an Ihn glaubt, wird NICHT gerichtet; dennoch hat der (Person), der [an Ihn] nicht glaubte, bereits [in] beurteilt, dass er [nicht] in den Namen des einziggeborenen Sohnes Gottes gerettet hat."

Begrenzte Versöhnungsinterpretation:

Die Befürworter der begrenzten Versöhnung interpretieren diesen Vers als Vorschlag für ein vorausgesetztes Schicksal für Gläubige und Ungläubige. Sie glauben, "bereits gerichtet" bedeutet ewige Verdammnis für diejenigen, die nicht glauben.

Herausforderungen dieser Sichtweise:

Konzentrieren Sie sich auf den Zustand des Urteils: Das griechische Wort "krinetai" bedeutet "gerichtet wird", nicht unbedingt ewige Verurteilung.

Universelle Sünde: Jeder ist zunächst in einem Zustand des „Nichtgläubigen". Wenn "bereits gerichtet" eine ewige Verdammnis impliziert, dann kann niemand gerettet werden.

Christi Opfer: Die Bibel legt nahe, dass das Opfer Christi für „die Sünde der Welt" war (John 1:29). Die Einschränkung auf die Auserwählten widerspricht dieser Idee.

Alternative Interpretation:

Diese Ansicht konzentriert sich auf den laufenden Zustand des Urteils auf der Grundlage des Glaubens:

Glauben und Nicht-Glauben: Der Vers kontrastiert diejenigen, die glauben und sind nicht unter ständigem Gericht mit denen, die nicht glauben, und bleiben unter dem Gericht.

Heil durch Glauben: Der Schlüssel, um dem Gericht zu entkommen, ist der Glaube an Christus.

Universelle Hoffnung: Diese Auslegung steht im Einklang mit Schriften wie 1 Timotheus 2:3-6, was darauf hindeutet, dass Gott alle gerettet haben will.

Johannes 3:18 und die Universale Versöhnung:

Während Johannes 3:18 sich nicht direkt mit der universellen Versöhnung befasst, kann man das Konzept auf zwei Arten unterstützen:

Konzentrieren Sie sich auf den Glauben: Der Vers unterstreicht die Bedeutung des Glaubens an Christus, der mit der Vorstellung übereinstimmt, dass die Heilsgnade Gottes allen Gläubigen zugänglich ist.

Universale Sünde: Der Vers erkennt den Anfangszustand eines jeden an, der "nicht glaubt", was darauf hindeutet, dass die Erlösung für alle möglich ist.

Schlussfolgerung: Johannes 3:18 ist ein komplexer Vers mit unterschiedlichen Interpretationen. Das Verständnis des griechischen Begriffs und die Betrachtung anderer Schriften ist entscheidend für eine ausgewogene Perspektive. Obwohl der Vers nicht endgültig die universelle Versöhnung beweist, bietet er eine Gelegenheit, sich auf den Glauben an Christus als Schlüssel zur Flucht vor dem Gericht zu konzentrieren.

1 Johannes 3:8: Sünder und das Werk des Teufels

1 Johannes 3:8 bietet einen Einblick in den Zweck des Kommens Christi und die Natur der Sünde. Lassen Sie uns in diesen Vers eintauchen:

Jeder, der Sünde tut, ist von dem Teufel; denn er hat von Anfang an gesündigt. Der Grund, warum der Sohn Gottes offenbart wurde, ist, die Werke des Teufels zu vernichten" (NIV).

Schlüsselpunkte:

Sünde und der Teufel: Der Vers verbindet die Sünde mit dem Teufel. Diejenigen, die gewöhnlich sündigen ("praktizieren Sünde") sind mit dem Einfluss des Teufels verbunden.

Die Mission Christi: Der Vers betont den Zweck der Offenbarung Christi – "die Werke des Teufels" zu zerstören. Die Sünde, als Akt der Rebellion gegen Gott, wird als eine der Werke des Teufels betrachtet.

Sünden gegen Sünde:

Die Passage ist entscheidend für das Verständnis der Unterscheidung zwischen Sünder und Sünde selbst.

Sünder: Der Vers sagt nicht, dass Christus Sünder vernichtet. Menschen können von der Sünde erlöst werden.

Christus zerstört die Sünde, nicht die Menschheit:

Konzentrieren Sie sich auf Sünde: Die Mission Christi ist es, die Macht der Sünde zu zerstören, nicht die Menschheit zu verurteilen.

Unterstützende Schriften:

Römer 5:8: "Aber Gott zeigt seine eigene Liebe zu uns in diesem: Während wir noch Sünder waren, starb Christus für uns." Dieser Vers betont die Liebe Gottes zur Menschheit trotz der Sünde und unterstreicht den Zweck des Todes Christi – die Sünde zu überwinden.

1 Korinther 15:56: "Der Stich des Todes ist Sünde, und die Macht der Sünde ist das Gesetz." Hier wird die Sünde als Ursache des Todes identifiziert, nicht die Menschheit selbst.

Universelle Versöhnung: Obwohl 1 Johannes 3:8 nicht direkt auf die universelle Versöhnung bezieht, passt sie auf einige Arten zum Konzept:

Fokus auf Sünde: Durch die Zerstörung der Sünde öffnet Christus möglicherweise die Tür zur Erlösung aller, die sich zu ihm bekehren.

Gottes Liebe: Der Schwerpunkt auf der Liebe Gottes zu den Sünder legt einen Wunsch nach ihrer Wiederherstellung nahe, der möglicherweise alle umfasst.

Ansprache an den Übersetzer Hinweis: Die von Ihnen angegebene Anmerkung hebt einen Punkt über die Übersetzung von "aiōnōn" in Hebräer 9:26 auf. Während die Diskussion über spezifische Übersetzungen jenseits des Umfangs dieser Analyse liegt, ist es wichtig, vertrauenswürdige biblische Ressourcen zu konsultieren, um das Original Griechisch und seine Interpretation besser zu verstehen.

Schlussfolgerung: 1 Johannes 3:8 bietet eine Botschaft der Hoffnung. Durch die Zerstörung der Macht der Sünde schafft Christus die Möglichkeit der Erlösung. Während die Besonderheiten der universellen Versöhnung diskutiert werden, unterstreicht dieser Vers Gottes endgültigen Zweck, das Werk des Teufels zu zerstören und möglicherweise allen Heil anzubieten.

pathein apo katabolEs kosmou Nonne

leiden von der Störung von-System jetzt seit der Gründung der Welt gelitten

de hapax epi sunteleia tOn aiOnOn noch einmal am Abschluss der Eons - am Ende der Welt.

Offenbarung 20:13-14

Tod und Hölle sind vorübergehend.

Das Wasser und der Tod und die Hölle ließen ihre Toten frei, und sie wurden nach ihren Werken gerichtet. Der Tod und die Hölle (ohne Menschen) traten in den Feuersee ein. Das ist Tod #2.Der zweite Tod ist der Tod selbst und die Hölle-Hades, das unsichtbare Grab. Beide (außer die Bewohner) werden in den Feuersee geworfen, der den Tod und alles, was er getan hat, aufhebt.

2 Tim. 1:10

Kein ewiger Tod

"Christus hat den Tod abgeschafft und das Leben und die Unsterblichkeit durch das Evangelium zum Licht gebracht."

Beachten Sie, dass Christus in diesem Text keine ewige Hölle und Tod offenbarte. Er offenbarte Unsterblichkeit und Leben jenseits des Todes unserer Rasse. Die Bibel widerspricht dieser wichtigen Aussage nicht. Der Tod, der Feind der Zeit, wird am Ende der Jahrhunderte entfernt werden, so dass der Mensch es nie wieder konfrontieren wird.

1 Kor. 15:55

Kein Sting mehr im Tod

Wo ist der Todesstoß? Wo ist dein Triumph, Grab?

1 Kor. 15:56

„Sünde stinkt den Tod, und das Gesetz stärkt die Sünde."

I Kor. 15:57

"Danke sei Gott, der der Menschheit den Sieg durch unseren Herrn Jesus Christus gibt." (1 Cor. 15.26; 2 Tim. 1.10; Heb. 2.4, 15)

Da der Tod durch seine Abwesenheit nicht beseitigt werden kann, spricht Paulus von einer universellen Auferstehung aller Menschen. Die Auferstehung besiegt den Tod! Der Tod bleibt ohne Auferstehung mächtig. Die Verwüstung des Todes verspricht eine Auferstehung. Dies bestätigt, dass die Auferstehung den Tod beenden würde.

Warum also drohen die Menschen einander mit dem "ewigen Tod", einem "Tod, der niemals stirbt" nach der Auferstehung? Paul hatte sich nie einen endlosen Tod vorstellen können. Der Tod ist der letzte Feind des Menschen. Wir treffen zahlreiche Gegner vor dem Tod. Sünde, Versuchung und Leiden plagen uns von der Geburt bis zum Tod, doch wird der Allmächtige Gott sie alle beenden. Das wird nicht oft geglaubt.

Viele glauben, dass, sobald der Tod abgeschafft ist, eine große Mehrheit der Menschheit Gott, Christus, alle Engel des Himmels und alle Dämonen in der Hölle begegnen wird. Ein schrecklicher Fehler! (Pun intended). Die Bibel sagt deutlich, dass der Tod der letzte Gegner ist, also gibt es keine Gegner mehr. Paulus lehrt die Unterwerfung aller Feinde Gottes und des Menschen und die

Niederlage des Todes (15:26): "Der letzte Feind, der Tod, wird vernichtet werden."

Auch, "Wer den Tod beseitigt und das Leben und die Unsterblichkeit zum Licht gegeben hat" (2 Tim. 1:10). Der Tod wird als der letzte Feind beschrieben. Wenn also der Tod der letzte Feind ist (was er ist), wird die Menschheit keine Gegner mehr haben. Gott kann den Tod beenden, nachdem er alle seine Feinde zu Fußstühlen reduziert hat, auch nach dem Feuersee.

Was wird die Menschheit daran hindern, am Ende heilig und fröhlich zu werden? Die Heilige Schrift lehrt die Zerstörung des Todes und die Macht des Sterbens, sowie die Rettung von Menschen, die ihr ganzes Leben lang durch die Angst vor dem Tod gefesselt wurden (Heb. 2:4, 15).

Hebräer sagt: "Denn wie nun die Kinder an Fleisch und Blut teilhaben, so hat auch Jesus teil."Durch den Tod beseitigt Er den Teufel und rettet die Menschheit, die ihr Leben lang an ihn gebunden war, weil sie den Tod respektiert." (Heb. 2:4, 15). Was tötet jetzt? „Wenn die Sünde vollendet ist, bringt sie den Tod hervor", sagt die Bibel (James 1:15). Nach der Bibel wird die Sünde aus der Welt Gottes vernichtet. Jesus starb, um den Tod zu besiegen und auferstanden, um die Menschheit aus der Hölle zu befreien. "Und Tod und Hölle brachten die Toten auf, die in ihnen waren" (Rev. 20:3). Er erhob sich von der Erde und zog die ganze Menschheit in Güte zu sich und besiegte die Sünde, Satan, den Tod und die Hölle.

Das Wort Gottes

Jes. 45:23-24

Er wird sein Wort nicht zurückziehen.

Ich habe bei mir selbst geschworen, das Wort ist aus meinem Mund gegangen in Gerechtigkeit und wird nicht zurückkehren: Jedes Knie wird sich beugen, jede Zunge wird bei mir schwören. (AV) Ich habe von mir selbst geschworen, das Wort ist aus meinem Mund in reiner Güte herausgegangen, und mein Wort wird nicht zurückgerufen werden, daß zu mir jedes Knie sich beugen wird, und jede Zunge Gott loben wird und sie erklären werden: ‚Im Herrn habe ich Gerechtigkeit und Macht. - CLV

In der Gerechtigkeit wird Gottes "Wort" alle Knie beugen und alle Zungen die Wahrheit bekennen und schwören, und es wird nicht leer oder unerfüllt zurückkehren. Gott empfängt, was Er sagt, und er will, was er will. Diese und andere heilige Wahrheiten zeigen, dass Gott seinen Sohn über alle

Fürstentum, Macht, Kraft, Herrschaft und Namen in dieser Welt und in der nächsten erhöht hat (Eph. 1:21). Warum hat Er diese Ehre bekommen?

Das vorherige Kapitel zeigt, dass jeder sich seiner Regierung unterwerfen und Gott verherrlichen kann. Er stand über seinen Gleichaltrigen, um die Menschheit zu bewahren. Haben ihn seine und unsere Götter vergeblich verherrlicht? Seine Herrschaft wird nicht universell zur Herrlichkeit Gottes des Vaters sein. Im Vergleich zu "alle Menschen" in Johannes 12:32, "jeder Knie" in Phil. 2:9-11, und "jede Zunge" in Vers 11, "ALL" Christus als Herrn anerkennen wird alle Menschen, die gelebt haben. Die Dinge "im Himmel", "auf Erden" und "unter der Erde" beziehen sich auf alle Menschen - die Gläubigen im Himmel, die Menschen auf Erden und die Toten in ihren Gräbern, die Seine Stimme hören und "Bekenntnis" geben.

Jes. 55:10-11

Gottes Versprechen und Wort steht fest.

Denn wie der Regen und der Schnee vom Himmel herabkommen und die Erde bewässern und sie wachsen lassen und dem Sämann Samen geben und dem Speiser Brot, so wird mein Wort sein, das aus meinem Mund geht; es wird das tun, was mir gefällt, und es wird Erfolg haben in dem, wohin ich es gesandt habe. -KJV

Was bewässert Er, um zu wachsen und zu blühen, damit es Samen hervorbringt, die nicht zu Ihm zurückkehren werden? Seine Erklärung. Es ist das Wort, das Er will und sprach, um in dem "Ding" zu gedeihen, zu dem Er es gesandt hat. Jesus wurde zu der Menschheit gesandt, um den Willen Seines Vaters zu erfüllen: Erlösen, Wohlstand, Wasser geben, Samen bringen und versöhnen. Warum das "Wort" übertragen, wenn nicht, um die ganze Menschheit zu ihm zu ziehen?

Gott wird alle Menschen hören, die weinen

Ez. 36:31   „Dann werden eure bösen Wege und eure Werke gedenkt werden, und ihr werdet euch vor euren eigenen Augen für eure Missetaten und abscheulichen Taten verabscheuen." - KJV Es bedeutet, dass alle Menschen dies tun werden.

Es. 30:43

Alle werden sich erinnern

„Und sie [alle Menschen] werden die Wege Gottes und ALLE Werke Gottes
erinnern, mit denen sie verunreinigt wurden, und sie werden sich vor ihren
eigenen Augen für ALLE Übel, die sie begangen haben, verabscheuen."- KJV

Zech. 12:10

Alle werden Gnade empfangen „Und ich werde Gnade und Gebete über das
Haus Davids und die Einwohner Jerusalems gießen, und sie werden auf mich
schauen, den sie durchdrungen haben, traurig über ihn, wie man trauert über
seinen einzigen Sohn, und bitter für ihn wie man weint über seinen
Erstgeborenen."- KJV

Das Alte Testament spricht zu Israel für die ganze Menschheit im
kommenden Zeitalter der Gnade. Paulus sieht das alte Israel als eine
zukünftige regenerierte Welt und spirituelle Gemeinschaft für alle. Gott
nannte Israel als Christen um, damit sich jede Person in den kommenden
Eonen zu Gott bekehren und zu ihm wenden würde.

Job 22:27

Alle Menschen sind von Gott gehört.

Die Menschen werden zu Ihm beten, und Er wird hören.

Is. 58:9

Alle werden rufen

„Dann werden die Menschen rufen, und der Herr wird antworten; die
Menschen werden schreien, und er wird sagen: Hier bin ich."

Jesaja 30:19 „Er wird dem Menschen gnädig sein bei der Stimme des
Schreiens des Menschen; wenn er es hört, wird er ihm antworten."

Is. 65:24 ALLE ANSWEREN

Und es wird geschehen, daß ich antworte, ehe sie rufen, und ich höre,
während sie reden.

Jer. 29:12 besagt, dass, wenn die Menschen zu Gott beten, ich hören werde
(all will pray).

Zech. 13:9

Alle werden gehört werden.

Und die Männer werden meinen Namen anrufen, und ich will sie hören; ich will sagen: Ihr seid mein Volk, und sie werden antworten: Der HERR ist mein Gott. (Sieht aus wie die allmähliche Ausweitung von Christen auf Nichtgläubige heute.

Jer. 50:4

Alle werden Gott suchen

„In jenen Tagen und zu jener Zeit, spricht der HERR, werden die Kinder Israel und Juda kommen, weinend, um den HERRN Gott zu suchen."- (KJV)

Diese Prophezeiung impliziert, dass "alles Israel erlöst werden wird", was bedeutet, dass das ganze Land zu Gott umkehren würde. Wenn dies für ganz Israel zutrifft, dann sollte es auch für alle "Nichtjuden", einschließlich Nicht-Israelis, zutreffen. Weil ALLE Israeliten "Gentile" sind.

Jer. 50:5

ALLE werden GOTT vereinen „Sie [Menschen] werden den Weg nach Zion mit ihren Gesichtern dorthin fragen und sagen: Kommen Sie, und lassen Sie uns mit dem Herrn verbinden, in einer dauerhaften Gemeinschaft, die nicht vergessen wird."

Das Werk Gottes - glückliche Erlösung für alle Ps. 103:4

Aus der Ruine gerettet

Gott, "Wer erlöst dein Leben von der Zerstörung, der krönt dich mit Güte und Mitgefühl." Gott ist der Erlöser, der die Menschheit rettet und sie mit Liebe und Barmherzigkeit regt. Alle Männer, vor allem die Gläubigen, erhalten diese Krönung.

Hosea 13:14

„Ich will sie von der Macht des Grabes erlösen, ich will sie vom Tode erretten: O Tod, ich werde deine Plagen sein; O Grab, ich bin deine Zerstörung; Reue wird vor meinen Augen verborgen sein."(KJV) Ich werde sie von der Macht des Grabes erlösen [Hell = Sheol = Hades, 'unsichtbare

Welt']; Ich will sie von dem Tod erretten: O' Tod, ich werde deine Plagen sein; O' Grab, Ich werde deine Zerstörung sein."

Nachdem er die Menschheit erlöst hat, zerstört Gott den Tod und die Hölle in der hebräischen buchstäblichen Version. Diese Aussage wird durch Offenbarung 20:13 bestätigt, die besagt, "Und das Meer gab die Toten, die darin waren, und der Tod und die Hölle gaben den Toten aus, die in ihnen waren; und sie wurden jeder nach seinen Werken gerichtet."

Denkt daran, dass dieser Tag des Gerichts nicht die Erlösung bestimmt! In der Autorisierten Version wird "Hell" üblicherweise als "Sheol" übersetzt. Spätere englische Versionen ersetzten sie klug durch "Tod", "das Grab", oder den transliterierten hebräischen Begriff Sheol. Es bezieht sich auf den unsichtbaren Zustand des Verstorbenen nach dem Tod, nicht "Hölle", im englischen Sinne.

Weil viele der Verstorbenen an Krankheiten starben und sie alle "Zerstörung" aus dem Lande der Lebendigen erlebten, ist Hosea 13:14 Gottes Kriegsschrei, der das Ende des Todes verkündet. II Timotheus 1:10 sagt, dass Christus den Tod "abgeschafft" hat. Hebräer 2:15 sagt uns, dass Christus den Tod und den Teufel besiegt hat. In I Korinther 15:54, zitierte Paulus Hosea 13:14 und behauptete, dass der Tod einen "Stein" hat, dass sein Stich Sünde ist, und dass Christus den Tod besiegt hat. Paulus erklärte, dass die Sünde der "Sting" des Todes ist. Verwenden Sie Kreativität, um Sie zu führen.

Paulus bezieht diese Bemerkungen auf die Auferstehung der letzten Tage in 1 Korinther 15:54 und 55. Gott wird den Sheol, oder "Hölle", mit der Auferstehung zerstören. Da der Sheol zerstört ist, erweckt Gott die Menschen nicht aus dem Sheol, um sie für immer zu bestrafen. Auch er verhält sich nicht auf diese Weise im See der göttlichen Reinigung (Fire).

Römer 8:20-23

Alles ist verschwunden.

Die Gläubigen wissen, dass die ganze Schöpfung bis jetzt weint und leidet. Doch nicht nur die Schöpfung, sondern auch wir, die die ersten Früchte des Geistes haben, trauern in uns selbst, warten auf das Sohn-Schiff, die Befreiung unseres Leibes."

Die ganze Schöpfung weint, einschließlich der ganzen Menschheit (unabhängig davon, ob sie sie anerkennen oder nicht), also wartet die ganze Menschheit auf diese Adoption – die Erlösung aller Menschheit in der

Auferstehung des Leibes. Er sagt, dass die Welt Eitelkeit war und dass sie von der Korruption befreit und in der Lage sein wird, Gottes Kinder zu befreien.

"Denn die Schöpfung (alle Geschöpfe - Menschen) wurde der Eitelkeit unterworfen, nicht freiwillig, sondern durch den, der sie in Hoffnung unterwarf; denn das Geschöpf selbst wird aus der Knechtschaft der Verderbnis in die herrliche Freiheit der Kinder Gottes befreit werden." (Rom. 8:20, 21).

Vers 22 verwendet den gleichen Begriff Kreatur wie Schöpfung. Dr. Macknight und andere Experten sagen, Kreatur und Schöpfung bedeuten "jeder Mensch, die ganze Menschheit".

Der Abschnitt wird von Rev. Thomas White interpretiert: "Die Schöpfung wurde der Eitelkeit verpflichtet, nicht absichtlich, sondern wegen dessen, der sie unterworfen hat, in der Hoffnung, dass sie errettet werden würde.Wenn wir diese beiden Passagen genau studieren, können wir noch vorsichtiger sein. Legen Sie es auf diese Weise und entscheiden."Da uns das Evangelium erzählt wurde, wissen wir, dass die ganze Schöpfung - alle Dinge, Wesen - bis jetzt zusammen leidet und arbeitet, [weil dies alles unwillkürlich der Eitelkeit unterworfen wurde]. Nicht nur (die Schöpfung) so [unwillkürlich], sondern wir [alle Menschheit], die die ersten Früchte des Geistes haben, trauern in uns selbst, erwartet das Sohn-Schiff, die Befreiung unseres Körpers."

"Denn das Geschöpf [ALLE WERTE, MENSCHEN] wurde der Eitelkeit unterworfen, nicht willentlich [WARTE! HÖREN – "NICHT WILLENDIG"???], sondern unwillentlich [durch Ihn [GOTT], der das gleiche [ALLEN, die der Ehelosigkeit (d.h. Sünde) unterworpen wurden)] in der Hoffnung unterwarf.» Gott hat alles vergeblich und anfällig für Sünde gemacht, wie wir durch Verstärkung sehen. Gott macht den Menschen auch gesündig. Gott ist der Schuldige beide Male. In beiden Fällen verhalten wir uns unwillkürlich.

Eph. 1:7

"...in dem haben wir Erlösung durch Sein Blut, die Vergebung der Sünden nach Seiner Gnade." Das Blut Jesu Christi vergibt alle menschlichen Übertretungen gemäß dem Reichtum Seines angeblichen Geschenks der Gnade. Um die biblische Wahrheit auszugleichen, hat ein Mann allen Menschen, die [unwillkürlich und ohne Wahl] geboren werden, den „Tod" zugeschrieben, und ein Mann hat allen das Leben durch die Berechnung der freien Gnade gegeben. Man kann sich nicht für diese überzeugende Gnade und versöhnende Versöhnung entscheiden, "auch so". Man wird entweder jetzt glauben oder "sehen" und später glauben. Wir haben keine Wahl. Gott hat gewählt („die viele sind gerufen"), und es ist offensichtlich, dass Er letztlich ALLE auswählt (obwohl sie weinen und ihre Zähne kratzen, warten), da Er von Seinem Weg ausgegangen ist, um ALLE zu RUFEN!

2 Korinther 5:19

TOTALE VERGESAMTUNG DER WELT

"...wie Gott in Christus war, indem er die Welt mit sich versöhnte, ohne ihre Übertretungen zu zählen, und das Wort der Versöhnung in uns legte." (CLV)

Die Menschen fragen sich, warum den Aposteln die "Botschaft der Versöhnung" gegeben wird, um die Welt zu bitten, "in der Stätte Christi, mit Gott versöhnt zu werden", wenn die Versößerung bereits ohne menschliche Anstrengung stattgefunden hat.

Aus vergleichender Sicht zeigt dieser Vers und sein Kontext, dass Christus eine Opferversöhnung für eine sündige Welt bereitgestellt hat, indem er das rechtliche Hindernis aufhebt und Gott den "geöffneten Weg" öffnet, um die Welt mit Gott zu versöhnen. So sagt Paulus: "Wie Gott euch durch uns gebetet hat, so bitten wir euch anstelle Christi, daß ihr mit Gott versöhnt seid." Wird die Menschheit gerettet, wenn Gott sie versöhnt? Nein, denn Jesus sagt: "Wer nicht glaubt, der wird verurteilt werden."

Wie soll der Universalist reagieren? Zunächst einmal sollte "verflucht" als "verurteilt" übersetzt werden, was nicht unbedingt ewigen Schmerz bedeutet. Zweitens, wenn man zwischen der Heiligen Schrift und den Kirchen wählen muss, wähle die Wahrheit Gottes. Tatsächlich war "Gott in Christus, der die Welt mit sich selbst versöhnte", nicht "Mensch", um die Welt zu versöhnen. Niemand darf sich über seine "Werke" rühmen, ob er empfängt oder predigt.

Gott zählt nicht die Übertretungen der Menschen und setzt das "Wort der Versöhnung" in uns zur richtigen Zeit: "damit er in der Dispensation der Fülle der Zeiten alle [Menschen] in Christus versammeln kann, sowohl die im Himmel und die auf Erden, sogar in ihm" (Eph.1:10).

"...wie Gott war [und ist] in Christus, versöhnt die ganze Welt [von Menschen] zu sich [da Er zieht alles zu sich - weil Er ist der einzige Erbe von ALLEN], nicht zählen ihre [die ganze Welt der Menschheit(s)] Übertretungen zu ihnen [alle Menschheit], und legen in uns [die gesamte "versöhnt" Welt der Menschen] das Wort der Versöhnung", sagt der Vers.

Eph. 1:9-10

Vereint in Christus

„Denn er hat uns das Geheimnis seines Willens offenbart, das er nach seinem Wohlgefallen [das ist die endgültige Versöhnung aller], das er in sich selbst vorgesehen hat, damit er in der Fülle der Zeiten alle [Menschen] in Christus versammeln könnte, sowohl im Himmel als auch auf Erden, ja in ihm."

Gott will, dass alle gerettet werden. Paulus verkündete, dass jeder am Ende "in (in) Christus" umgeleitet werden würde. Paulus sagt, jedes Knie wird sich Jesus beugen und jede Zunge wird ihn Herr nennen (Phil. 2:9-11). Einige glauben, dass die Heilige Schrift nicht die universelle Erlösung illustriert, da einige gezwungen werden, sich Christus zu beugen und ihn als Herrn anzuerkennen.

So muss sich "alle" auf eine "Klasse" von Menschen beziehen. Die Bibel sagt jedoch nicht, dass verschiedene Männer unterschiedlich knien. Die Heilige Schrift sagt, dass jeder es in der gleichen Methode, Einstellung und Aufrichtigkeit tun wird. Wie Paulus in dem Text von der Biegung und Anerkennung sagt, ist nichts anderes als die bewusste Unterwerfung der Menschheit unter Christus und die schamlose Annahme, dass er Gott als Herr verherrlichen würde.

In 1 Kor. 12:3, sagt er, "Niemand kann behaupten, dass Jesus der Herr ist, außer durch den Heiligen Geist", und in Rom. 10:10, "Mit den Lippen wird Bekenntnis zur Erlösung gemacht." Wenn also alle Menschen Jesus als Herrn bekennen, werden alle gerettet werden. Wort Stewards sollten Col. 1:19, 20 lesen. Alle Menschen sollen sich vor Christus beugen und mit seinem Vater versöhnt werden. Dies beweist, dass ihre Kapitulation freiwillig sein wird und dass ihr Geständnis aufrichtig sein wird.

Was bedeutet „alles, was im Himmel und auf Erden ist"? Paulus verkündete, dass Gott alle Intelligenzen versöhnen würde (2 Cor. 5:19). "In Christus versöhnte Gott die Welt [das gesamte genetische System der Menschheit] mit sich selbst" (Col. 1:9). Hebräische und Neue Testament Schriftsteller verwenden oft "im Himmel, auf Erden und unter der Erde", um auf "das Universum" hinzuweisen. So umfasst "alle Dinge" ALLE INTELLIGENTEN MENSCHEN.

Gott will die ganze Schöpfung in Christus integrieren (Phil. 2:9-11). Unser großer Gott hat ein wunderbares Ziel. Alle intellektuellen Dinge im

Universum müssen mit Gott versöhnt werden. Dies zeigt, dass nichts der Versöhnung dauerhaft widersprechen kann.

Heb. 9:12 ERLÖSUNG FÜR ALLE

"Aber durch sein eigenes Blut ist er ein für allemal in die heiligen Stätten eingetreten und hat eine eonische Erlösung gefunden."

„eine ewige Erlösung für uns erlangt" („alle intelligenten Geschöpfe").

Leider übersetzen einige Übersetzungen "Zeit" so, dass Christus in die heiligen Orte eintritt "einmal für alle, in unsere Tage." Da der Vers nicht das griechische Wort für Zeit chronos enthält, enthält der AV, wie viele andere, dies nicht. Christus besuchte einmal die heiligen Orte, um "eonische Erlösung" für die Menschheit zu erreichen, gemäß der Schrift. So können wir Ideen aus verschiedenen Sprachen kombinieren, um besser zu verstehen, was Er tut: "nicht (noch) auch durch [das] Blut von Ziegen und Kälbern (noch), sondern mit Seinem eigenen Blut, ein für alle Mal in die heiligen Orte eingegangen, die eonische Erlösung [für alle intelligenten Wesen] zu finden."

Matt. 20:28

Lösegeld für viele

"...der Menschensohn ist nicht gekommen, um gedient zu werden, sondern um zu dienen und sein Leben für viele zu geben."

Griechisch/Literal Übersetzung

Der Menschensohn dient und gibt der Menschheit.

Griechisch und LITERAL Übersetzung

ho huios tou anthrOpou DiakonEsai kai dounai tEn „Der Sohn des Menschen... zu dienen und zu geben

psuchEn autou lutron anti pollOn soul OF-Him Lösegeld statt/für viele" Selbst (a) Lösegelder statt/FÜR [die] Viele

"Wie der Menschensohn nicht gekommen ist, um gedient zu werden, sondern um zu dienen und sich selbst zu opfern, so ist er (a) ein Lösegeld für viele", fügt er hinzu. Christus erklärte, dass Seine Seele ein Lösegeld für "viele" sei. Viele biblische Passagen verwenden "viele" (oder "die vielen") um "dem Einen" zu widersprechen. Er ist Jesus Christus, während "die vielen" alle anderen sind. Paulus verwendete mindestens fünf Vergleiche in Römer 5:15, 5:16 und 5:19.

Paulus entwarf Römer 5 sorgfältig, um zu zeigen, dass die "vielen", die aus einer Übertretung Sünder werden, alle Menschen sind. Das Wort "für viele" ist dasselbe wie "die vielen", was die gesamte Menschheit repräsentiert. Nach dem "Einen" werden die "Vielen" (alle) gerecht sein, sagt er. Zweifellos die endgültige Versöhnung.

Jesaja benutzte "viele" in Jes. 53:12 und 13, um zu betonen, dass Christus für viele Sünden eingegangen ist und als Lösegeld gestorben ist. Es gibt keine Hinweise darauf, dass "viele" sich nur auf einige gewählte oder ausgewählte Gruppen, wie Israel oder die Kirche, beziehen. Matthäus 20:28 fügt dem Schwerpunkt Christi auf die Versöhnung der Welt hinzu.

Lk. 20:38 „Denn er ist nicht der Gott der Toten, sondern der Lebendigen; denn zu ihm leben alle.“

Ein weiterer Fall für die globale Auferstehung und ewige Seligkeit. Jesus vergleicht die Toten mit den Lebenden und Gottes Beziehung zu ihnen. Er behauptet, Gott sei kein toter Gott. Ein Gott nur lebender Seelen. So müssen alle Toten Ihm dienen, nicht die Sünde oder der Teufel. Wie sonst kann dieser Abschnitt darauf hindeuten, dass sowohl die Toten als auch die Lebendigen für Ihn leben?

Laut ihm wird Gott nicht ein Gott für Tote sein, solange es Tote gibt. Das ist unmöglich. Die Toten müssen für Ihn leben. Wie wir sehen werden, zeigen dies mehrere Bibelverse.

1 Tim. 2:6

Ransom für alle Männer

"Wer sich ein Lösegeld für die Menschen anbot, damit sie zu ihrer Zeit Zeugnis erteilen könnten, und der Zeuge in seinen Zeiten und Zeiten."

Dies impliziert, dass Jesus starb, um das Lösegeld oder den Kauf zu bezahlen (in vikarischer Weise die Schulden für) der ganzen Menschheit und sie von Satan, dem Tod und dem Grab zu erlösen. Der Preis Jesu für die Menschheit sollte rechtzeitig bezeugt werden – das Zeugnis oder das „Zeugnis" zu seinen eigenen Zeiten.

Das Verfahren erstreckt sich über mehrere Jahreszeiten ("Eons") oder Epochen. Jeder Mensch wird diese Wahrheit im Rahmen des allumfassenden Wahlplans Gottes akzeptieren. Christus starb "für alle" nach Paulus. Jeder Mensch erlebte den Tod. Jesus kam, um Sünder zu retten und für die Gottlosen zu sterben. "Wir sehen Jesus... mit der Gnade Gottes, sollte jeder Mensch den Tod schmecken." "Dies ist eine treue Lehre... dass Christus Jesus in die Welt gekommen ist, um Sünder zu retten" (Heb. 1:9). (1 1:15); "Denn Christus starb für alle, darum sind (denn) alle gestorben" (2 4:4); "Christus starb um uns, während wir (die Menschheit) noch Sünder waren." "Christus starb für die Gottlosen", heißt es in 5:8. Rom 5:6 definiert "Sündige", "für uns" und "für alle" als "alle Gottlosen", die alle Menschen umfasst.

Lk 20:34-36, 38; Matthäus 22:29-30

Alle werden den Engeln gleich sein und am frühesten zu erhalten

Alle werden sich wie Engel benehmen. Christus sagte zu den Sadduzäern: "Ihr habt Unrecht, weil ihr die Bibel oder die Macht Gottes nicht kennt." Sie sind "wie die Engel Gottes im Himmel" nach der Auferstehung und heiraten nicht. Er fügt hinzu: "Die Kinder dieser Welt heiraten und werden verheiratet; aber diejenigen, die würdig für diese Welt und die Auferstehung von den Toten gefunden werden, heirufen nicht, werden nicht verheiraten, und können nicht mehr sterben, denn sie sind gleich den Engeln und sind Kinder Gottes, die Kinder der Auferstehung sind" (Lk. 20:36).

Zwei Fakten beweisen, dass Jesus sagt, dass alle Toten auferstehen werden. Zuerst fragten die Sadduzäer Jesus nach der Auferstehung aller Toten. Der Herr antwortet ihnen allen und diskutiert über die Toten. Zweitens, Er sagt, dass sie "würdig angesehen werden, diese Welt (die zukünftige Welt) und die Auferstehung von den Toten" zu bekommen, usw.

Glaubst du, dass Christus nicht immer erklärt, dass jeder von den Toten auferstehen wird und im Jenseits wohnen wird? Jeder wird nach dem Tod überleben, weil er auferstehen wird. Die Auferstehung ist für alle, sagt Jesus. Selbst wenn wir nicht wissen, warum Er einen qualifizierenden Ausdruck gewählt hat, müssen wir daraus schließen.

Die Friedensstifter werden im folgenden Vers beschrieben: "Die Menschen werden wie die Engel Gottes im Himmel sein und niemals sterben. Wir werden Kinder Gottes sein."

Lk. 20:38 „Alle Lebenden und Toten werden leben, denn Gott ist nicht der Gott der Toten, sondern der Lebenden, wie alle zu ihm leben." Eine weitere universelle Auferstehung zur ewigen Freude. Jesus spricht über den Tod und die Verbindung Gottes mit den Menschen. Er leugnet einen toten Gott. Nur lebende Menschen verehren ihn. Alle Toten müssen Ihm dienen, nicht Sünde oder Satan. "Alle" bedeutet, dass Er die Lebenden und die Toten sieht. Während sie tot sind, wird Gott nicht für sie sein. Was? Seine Toten müssen leben. Mehrere Bibelverse belegen dies.

2 Korinther 5:17

ALLE RELIEFUNGSRECEIBER SIND NEU

„Wenn jemand in Christus ist, so ist er ein neues Geschöpf; das Alte ist vergangen, und alles ist neu geworden."

Menschen werden neu, wenn sie Christus kennen. Nicht mehr Adamic, alles ist neu. Segen wartet auf alle Gläubigen. Sie werden vom Himmel gerettet. Denken Sie an den Segen der Nachkommen Adams. Ihre Strafe wird aufgehoben. Römer 8:1 sagt: "In Christus gibt es keine Verurteilung." Mehr Beweise? Als neue Wesen "in Christus" auferweckt, werden alle Verstorbenen von der Verdammnis befreit. Alle Toten werden auferweckt, um dem Himmel ähnlich zu sein:

„So ist die Auferstehung der Toten (of all Adamites). Der Fleischmensch wird in die Verderbnis gesät [geboren ohne eine Wahl] und in die Unbeflecklichkeit auferweckt; er wird in Unwürdigkeit gesät und in Herrlichkeit aufgewachsen; er ist in Schwäche gesetzt und in Macht erhöht; er wurde in einen natürlichen [materiellen, unvollkommenen Fleisch] Körper säen und in einen geistigen Körper aufgezogen. Spirituelle und natürliche Körper existieren. Und so wie wir [alle Menschen] das Bild des irdischen [Adamischen, unvollkommenen, fleischlichen Leibes] getragen haben, so werden wir [die ganze Menschheit] das Image des himmlischen [perfekten, unzerstörbaren, geistigen Körper] tragen." Der Apostel bedeutet, dass alle Nachkommen Adams auferstehen werden. Jeder erholt sich und versöhnt sich. Dieses entscheidende Kapitel wird von diesem Akt dominiert. Dann segnet jeder die Unsterblichkeit. In demselben Kapitel wiederholt der Autor die aufregenden Informationen.

"Alle adamischen Toten werden unzerstörbar und verändert auferstehen. Dieser Sterbliche muß unsterblich werden und diese Perversion der Menschheit entfernen." (I Cor. 15: 52, 53).

Der Apostel sagt, der Übergang von der Erde zum Himmel sei universell.

"Siehe, ich zeige euch ein Geheimnis: [gegen die menschlichen Traditionen] Wir [alle Menschheit] werden nicht alle schlafen, aber wir [alle Menschen] werden alle in einem Augenblick verändert werden, im Zittern eines Auges, bei der letzten Trompe; denn die Trompeten werden klingen, und [alle] die Toten werden unzerstörbar auferstehen, und wir (alle Menschen) werden verändert" (I 15: 51-52).

Dies gilt für alle Menschen, da "die Auferstehung aller Toten vom Anfang der Welt bis zu jener Zeit und die Veränderung aller Lebendigen dann auf der Erde das Werk einer einzigen Sekunde sein wird." Die Transformation betrifft Lebendige und Toten. Trotz dieser offensichtlichen Beweise glauben andere, dass sich nichts nach dem Tod ändert und dass jeder die gleiche bleiben wird in der Ewigkeit, was gegen Vernunft, Mitgefühl und Gottes Wort geht. Nur wenige werden die Freuden des Himmels genießen, wenn sie wahr sind, da die meisten böse sind. Die Bibel sagt, dass Adamische Toten "in Christus" auferweckt werden.

Is. 35:10

RANSOM Zurück zu GOTT

"...und die Erlösten des HERRN werden zurückkehren, mit Eonian Freude auf ihrem Kopf.",„Die Erlösten (alles Israel und die Heiden = die ganze Menschheit) werden zurückkehren und kommen zu Zion mit Liedern und ewiger Freude auf ihren Köpfen; sie werden Freude und Freude erlangen, und Traurigkeit und Seufzen werden fliehen." - KJV]

Gott wird zufrieden sein

Christliche Wut erhebt sich über diese kostbare Tatsache. Viele nennen das eine gefälschte End-Times-Unterricht. Das sollte jeden Christen traurig machen. Begrenzte Versöhnung lehnt die gute Nachricht für alle ab. Paulus hat uns vor dieser falschen Botschaft des Evangeliums schon vor den Letzten Tagen gewarnt, daher ist die obige Perspektive eine Lüge der letzten Tage.

Die wahre Prophezeiung verspricht, dass sich die Wahrheit auf der ganzen Welt ausbreiten wird und "danach" das Ende kommt. Diese Große Botschaft, wie die Geburtsplagen, zwingt die Kirche, ihre theologische Grundlage für die ewige Verdammnis zu überdenken. Widerspiegelt die Botschaft die

Darstellung des Wortes Gottes in der griechischen Schrift? Ist das sein ursprüngliches Ziel für alle? Ihr "Licht" zieht das moralische Zeugnis im Herzen eines jeden Menschen an oder lehnt es ab?

Ungerechte Menschen streiten Gottes Moral an. Einige böhen, knien und bekennen Jesus Christus gekreuzigt. Das Evangelisieren mit einem Schwert wäre effektiver.

Das Licht JEDER ist mit „Gott beauftragte Johannes" geboren. Dieser kam, um das Licht zu bezeugen, damit alle an Christus, das Licht, glaubten. Es war das wahre Licht, das jeden einzelnen, der auf die Erde tritt, erleuchtet." (John. 1:6,7,9)

Autou kann "es" oder "er" implizieren. "...so dass jeder glauben würde."Es" könnte "das Licht" oder "John der Täufer" bedeuten. Das Wort autou in Vers 7 hat zwei englische Übersetzungen. NIV sagt "durch ihn"; CLT sagt "durch ihn". "Es" zu sagen, klingt besser. Wenn Johannes bedeutete, dass Gott alle über Johannes den Täufer glauben wollte, dann ist Gottes Plan gescheitert! Dass jeder an Christus glaubt, macht Sinn, wenn autou "es" (Christus, das Licht) bedeutet!

Ein anderer Begriff in "es war das wahre Licht..." in Vers 9 unterstützt das Konzept, dass "es" (durch den jeder glauben würde, Vers 7) dasselbe ist wie "es". ("Who lights up the world"). Aus diesem Grund machen Verse 7 und 9 kraftvolle, ähnliche Aussagen über Jesus Christus. Er gibt jedem Hoffnung und Licht. Johannes 1:6, 7 und 9 versprechen jedem Heil.

Das glauben Zehntausende von Amerikanern und verbreiten sich weltweit über Bücher, Wort und Mund und das Internet. Menschen, die an diese größere Selige Hoffnung glauben, können Christus innerhalb und außerhalb der institutionalisierten Religion dienen. Bald kommen wir alle raus. Warum? Weil die meisten Christen glauben, dass Gott allmächtig, liebend, verzeihend und jeden bedingungslos liebt. Wer glaubt wirklich, dass, wie die menschliche Tradition sagt, die meisten Menschen für immer leiden werden?

Die meisten anständigen und fürsorglichen Menschen erkennen, dass endloses Leiden Gott widerspricht. Nur hartherzige, falsch informierte Dogmatiker wiederholen dasselbe Lied und tanzen. Viele biblische Texte zeigen Gottes Vergebung. Wer wäre erschrocken, wenn Gott will, dass du deine Großmutter liebst und siebenundsechzigmal vergibst, auch wenn du sie hasst und sie lieber für immer abschneiden würdest, bevor sie sich verändert? Wer würde sich vorstellen, dass Gott diese Person abschneiden und Seinen Zorn für immer aufrechterhalten würde, während wir auf sie für praktisch die Ewigkeit warten würden, wenn wir es könnten? Warum ist Gott so ungeduldig, dass Er nicht zulässt, dass Menschen nach dem Tod ihre Gedanken ändern? Vorzeitige Todesfälle von Säuglingen und Kindern? Keine Verteidigung gefällt uns. Wir haben uns angepasst und akzeptiert. Wir behaupten zu glauben, aber nicht.

Nachdem er sich aufgehängt hat, brennt ein geistig kranker Junge ewiglich in der Hölle. Sollten wir ihn weiterhin lieben, wie unser wunderbarer Gott sein endloses Leiden beobachtet? Wie kann ein normaler Mensch mit einem verrückten Gott umgehen? Wie fühlst du dich? Was lässt dich glauben, dass du in dieser schrecklichen, glaubenschädigenden Atmosphäre überleben wirst, einfach weil du "glaubst", wenn es so viele Hindernisse, Gefahren und Unbekannte gibt?

Die Teufel glauben und zittern, und sie können in der Grube enden. Anstelle einer gewissen Heuchelei können Sie feststellen, dass Gläubige weniger Hoffnung, Glauben und Sicherheit haben, als Sie denken, wenn Sie auf ihr persönliches Verhalten schauen. Was für ein schreckliches Ergebnis, ewige Verdammnis zu predigen.

Jesu Werk für Alle Bibelstudien erfordern typischerweise ein kleines Griechisch oder Hebräisch, trotz englisch übersetzter Übereinstimmungen und Wörterbücher. Die Hebräer verwendeten oft drei griechische Ausdrücke. Ein "Ende" wird erwähnt. Andere implizieren "einmal" oder "einst und für immer". Sie können die Botschaft Christi und das Opfer Gottes besser verstehen, indem Sie diese drei Konzepte und ihre Ursprünge verstehen.

Dieenekes erscheint viermal in der Bibel. Hebräer 10:7–10:14, drei Absätze. In den Referenzen 1–4 erwähnt Dieenekes das Melchisedekische Priestertum, jüdische Opfer, das Opfer Christi und das opfer Christi. Wenn wir Dieenekes oft sehen, fragen wir uns, was sie symbolisieren. Strong's Griechische Wörterbuch sagt dienekes kommt von dia und enegko (carry).

Dieenekes bedeutet "durchziehen" in der Bibel (Concordant Publishers). Durchführen zu "vollständig" Viermal, CV-Mitarbeiter verwendet "letztlich" für dieenekes. Dieenekes bedeutet immer, ewiglich und ständig in den Versen 1-4. Die NIV benutzt immer, immer und immer. Das Marshall Griechisch/Englisch interlinear Neues Testament verwendet kontinuierlich für 1 und für immer für 2–4. Drei Bedeutungen von "zu einem Schluss".

Melchisedeks Priestertum ist ewig, weil er nie gestorben ist (7:3). Melchisedek "schien" keinen Anfang oder Ende zu haben, da er wahrscheinlich ein scheinbares Phänomen war, nicht seine Realität (some scholars claim he was an Old Testament vision of God the Son.) Die Hebräer verbinden Melchisedeks Unbeginnlichkeit mit dem „Sohn Gottes" (NIV). Der Sohn Gottes hat keinen Anfang und kein Ende. Gott, der Heilige Geist und Jesus sind ewig. Diese und andere biblische Schriften bestreiten die jahrtausendealte Behauptung, dass Gott der Vater Christus hervorgebracht hat. Die genauen, informativen Bibelübersetzungen von Concordant Publishers betonen den biblischen Universalismus.

Sie irren sich, dass Gott Christus erschaffen hat. Aionios muss nicht "ewig" bedeuten, um die Ewigkeit der Bibel anzuzeigen, da Hebräer 7:3 sagt, dass der Sohn Gottes keinen Anfang und kein Ende hatte. Die Bibel nennt Gott aionios, der über alle Zeiten herrscht. Einige Christen sagen, aionios bedeutet "ewig", sonst würde die Bibel ihn nicht für immer erwähnen. Aionios demonstriert die Unsterblichkeit Gottes.

Hebräer 7:3 diskutiert die ewige Essenz Gottes ohne Aion, Aion oder Olam, die niemals die Ewigkeit anzeigen. Die hohen Priester der Leviten sind gestorben, aber Melchisedek lebt.

Hebräer 10:1 impliziert, dass jüdische Opfer beendet sind, was ewige Opfer bedeutet. Die "Erfüllung" dieser Opfer könnten Millennial Tempelopfer sein (44–46).

Die Bibel erklärt nicht, warum Opfer im tausendjährigen Tempel angeboten werden, aber wir können davon ausgehen, dass sie das erlöste Israel auf die Aufgabe Christi konzentrieren wird, genau wie Opfer vor Seiner ersten Erscheinung sie für den Tod Christi für die ganze Menschheit vorbereiteten.

Gemäß Hebräer 10:12 und 10:14 erfüllt das Opfer Christi Gottes Plan. "Dieser legte ein Opfer für Sünden zum Abschluss", sagt Vers 12. Jeder ist geheiligt. Christus erwartet, dass Seine Gegner in Vers 13 zu Seinem Fußboden für die endgültige Versöhnung werden. Kein biblischer Beweis deutet darauf hin, dass diese Gegner Seine Feinde bleiben oder zu schrecklicher Ungehorsam zurückkehren werden. Es ist in Ordnung, sein Fußsteig zu sein. Die Stühle sind komfortabel und funktional. In Jesaja 66:1 nennt Gott die Erde Sein "Fußstuhl". In den Psalmen beten Christen zweimal an Gottes Fußstuhl. Wenn Gottes Feinde Sein Fußboden sind, kommt es zu Versöhnung.

Die KJV- und NIV-Übersetzer verwendeten in Dienekes "für immer". Dieenekes bedeutet Vollendung, nicht für immer. Melchisedeks Priestertum war in der Bibel „für immer", aber nur in Jesus Christus, seit er vor langer Zeit starb. Wenn dieenekes "für immer" bedeuten würde, würden jüdische Opfer ewig dauern. Ihre 70 AD Sabbatical wird dauern, bis der neue Tempel gebaut wird. Post-Millennium-Neuer Himmel/Neue Erde könnte das Opfer von Tieren beenden.

Christus gibt dem Vater alle Autorität, und Gott ist "alles in allen", so werden Opfer aufhören, sagt die Bibel. Die Bibel verwendet hapax/apax 14 mal. Die Hebräer waren 8, Judas zwei, 2 Korinther, Philipper, ich Thessalonicher, und ich Petrus ein. KJV und CV zeigen "einmalig". Sieben NIV Texte verwenden "einmal", vier "einst für alle." Die Bedeutung von "einmal für alle" hängt von seiner Herkunft ab. Das griechische Wörterbuch von Strong definiert hapas/apaV als "vollkommen alle...alle...alle (Dinge), alle (ein), ganz" (p. 13). Pax "einmal" bedeutet "einst und für immer." Zwei "einmal für alle" hapax zeigen weltweite Erlösung (Hebrews 8:30).

Sein Opfer am Ende der Jahrtausende schien SIN zu beseitigen. (NIV). I Petrus 3:18). Christus starb einmal, um uns mit Gott zu versöhnen. Jedes "einmal für alle" bezeichnet "einen mal für alle "Zeit" und "eines Mal für alle Menschen", was der Absicht Gottes entspricht, jeden zu retten. Sogar in Hebräer 9:28, wo CV, KJV und NIV hapax "einmal" übersetzen, da Christus einmal geopfert wurde, um viele Sünden wegzunehmen, hat es Universalistische Untertone. Rom 5:19 "Viele Personen" bedeutet "alle".

Hebräer 9:28 Er wird kommen, um diejenigen zu retten, die auf ihn warten, möglicherweise bezieht sich auf die "Entführung", in dem die Gläubigen gerettet werden (I Timothy 4:19). Diese Versöhnung kann eine frühe Auferstehung und das Leben im Millennium und im Neuen Himmel/Neuen Erden Millenniums vor allen anderen beinhalten. Efapax ist epi-hapax ohne I. Epi bedeutet "auf" oder "über" und Baros/baroV bedeutet "zu belasten", also epibareo bedeutet "übermäßig." Epi bezeichnet das vorausgehende Wort in Epiblepo "um zusätzliche Aufmerksamkeit zu schenken". Ephapax betont „einmal" – kein „wenn", „und", oder „But" – was „einst und für immer" impliziert" Vier der fünf NIV-Versionen nannten ephapax "einmalig". Paulus sagte in 1. Korinther 15:6, dass 500 Brüder Christus nach der Auferstehung "zur selben Zeit" sahen. Römer 6:10, Hebräer 7:27, 9:12 und 10:10 nennen das Opfer Christi Epax. Die NIV verwendet "einmal für alle" für Epax in allen Bezugnahmen auf die Kreuzigung Christi. Offen.

Weil hapax für sich "einmal für alle" bedeutet, ist das Mindeste, was wir mit ephapax in englischer Sprache tun können, es als "über einmal für immer" ohne Grenzen auszudrücken. CV übersetzte vier Epax-Zeilen "einmalig." Nur I Korinther 15:6 erwähnt "Zeit." I Korinther 15:6 sagt "zu einer Zeit", nicht "in der Zeit". CV-Übersetzer brauchen "Zeit" nicht zu anderen Bedeutungen hinzuzufügen. Ephapax, "einmal für ALLE", was alles bedeutet. Ist es fertig?

Ja. Aber "alle Zeiten" schließt alle ein! Vier Verse unterstützen die weit verbreitete Verwendung von Epax, um das Werk Christi zu beschreiben.

NIV 6:10: Für die Sünde gestorben, für Gott gelebt. Seine Sünden wurden durch seinen Tod bezahlt. Jesus betrat den Allerheiligsten Ort für ewige Erlösung durch sein Blut. Das letzte Opfer Christi heiligte uns mit diesem Willen.

2 Korinther 5:19

"Gott war in Christus, der die Welt [alle Menschen] mit sich versöhnte, ohne ihre Übertretungen zu rechnen; und hat uns das Wort der Versöhnung anvertraut." KJV. Da Gott in Christus war, der den Kosmos mit sich selbst versöhnte, nicht ihnen ihre Verbrechen zählte und das Wort der Versöhnung in uns legte. CLV. Wir könnten das so übersetzen: „Gott war in Christus, der die ganze Menschheit versöhnte, nicht mehr der ganzen Menschheit die Verurteilung zu verdanken, wie es Adam durch seine ungerechte Tat getan hatte, sondern in uns das ganze Wort dieser Versöhnung, als Stellvertreter durch die einzig Gerechte Handlung Christi, gelegt hat."

Christus versöhnte die ganze Welt mit sich selbst, einschließlich Adams Nachkommen. Die Passage macht es klar, dass Er die Menschheit von dem Adamischen Fluch und der Verdammnis befreit, nicht den Kosmos des Menschen zu messen oder zu berechnen. Jede Person erhielt das "Wort der Versöhnung", um dies zu erreichen. Er gibt diese Frohe Botschaft des Wortes der endgültigen universellen Versöhnung allen, die sie gehört haben, hören und glauben und verstehen werden.

Das Werk Christi gilt für den gesamten Kosmos, daher muss diese Versöhnung global sein. Christus hat das "Wort der Versöhnung" in die Herzen der Menschheit gelegt, und "gerettet zu werden" bedeutet, sich dieser universellen Versönderung bewusst zu werden und ihr Vertrauen zu geben.

Römer 5:10

Er versöhnt seine Feinde

Denn wenn wir Feinde wären, hätte Gott uns durch den Tod Seines Sohnes versöhnt, nicht durch Sein Leben. Als Feinde Gottes werden wir durch sein Leben gerettet werden, "wieviel mehr wir mit Gott versöhnt sind", sagt Jesus in Johannes 14:6. Das sagt die Wahrheit. Das "Wort der Versöhnung" wurde in "Feinde" Gottes implantiert, die es nicht kennen und "gerettet" sind, die mit Gott versöhnt sind. Alle Lebenswege kulminieren mit dem Höhepunkt der

Versöhnung, wenn Gott alle retten und ALLES in ALLEM sein wird. Die Erlösung scheint ein lebenslanger Prozess zu sein, der von Generation zu Generation, von Person zu Person, von Eon zu Eon, von Leben zu Leben geht. Er hat wirklich für alles befreit. Dies gilt insbesondere für bestehende und potenzielle Gläubige.

Kol. 1:21

Gesundheit und Frieden des Bösen "Und ihr, die ihr früher entfremdet und Widersacher im Verstand wart, seid nun durch böses Verhalten versöhnt."

Wir, die in unseren Gedanken Feinde waren wegen der Sünde, sind von Gott versöhnt worden. Ein objektiver Bericht darüber, was passiert ist, unabhängig von dem Bewusstsein des Subjekts.

Eph. 2:16-17

Christus will allen Frieden bringen, indem er durch das Kreuz den Leib mit Gott versöhnt und so die Feindseligkeit beseitigt. Das Evangelium des Friedens wird sowohl den Juden als auch den Heiden gebracht, indem es sie durch das Kreuz mit Gott versöhnt und dem fernen und nahen Frieden verkündigt. (KJV)]

Heb. 2:17 bedeckt die Sünden aller Menschen

Christus wurde ein Mensch, um als barmherziger und treuer Hohenpriester für Gott und seinen Versöhnungsplan zu dienen und ihn zu einem Menschen zu machen. Er wurde ein Mensch, um ein Lösegeldopfer für die Sünden des Volkes zu machen. (KJV). Eine Erklärung dessen, was der Kosmos für alle Menschen getan hat. Hier bedeutet „das Volk" alle Menschen.

Kolosser 1:18-23

„Er ist das Haupt des Leibes, die Ekklesia, der Herrscher, der Erstgeborene von den Toten, der in allem der Erste ist und durch ihn alle mit Ihm versöhnt, sei es auf Erden oder im Himmel. Und ihr, die ihr einst durch böse Taten entfremdet und Feinde im Verstand wart, aber jetzt versöhnt Er durch Sein Leib im Fleisch durch Seinen Tod, euch heilig und unfehlbar und unerschütterlich vor Seinen Augen vorzustellen, da ihr wahrlich im Glauben beständig seid, gegründet und festgelegt, und nicht von der Erwartung des Evangeliums, das ihr hört, abgeweicht, das in der ganzen Schöpfung verkündigt wird.

Die Limitarier argumentieren, dass diese Passage keine "bedingungslose Erlösung" oder "universelle Versöhnung" anbietet. Erstens argumentieren sie, dass "das Blut des Kreuzes" und "der Tod Christi" mit der Erlösung zusammenhängen. Unter bestimmten Religionen und Überzeugungen erhalten die Menschen "Blut" und "Tod". Diese Erlösung funktioniert nur, wenn der Mensch sie akzeptiert. So wird die Erlösung nur durch Wahl "anwendet". Dies kann für Erwachsene zutreffen, aber nicht für Neugeborene. Die Begriffe „Auflösung" und „Erlösung", die sich scheinbar nur auf das Werk Christi beziehen, das auf uns angewendet wird, können auch andere Bedeutungen haben.

Das erste Szenario scheint alle Menschen bei der Geburt zu versöhnen, um "alle Menschheit" für die Wiedervereinigung vorzubereiten. Durch das Evangelium erhalten die Menschen die letztere "Erlösung" (Erfahrung) zu verschiedenen Zeiten und in Gottes Zeitplan. In diesem Leben oder im nächsten müssen sie auf den Prediger achten. Die Versöhnung gewährleistet das Schicksal einer Person für die endgültige Versößerung, während die Erlösung – eine menschliche Verantwortung, zu glauben und Glauben zu haben – eine sofortige Wiedervereinigung mit Christus nach dem Tod sichert, und nicht die eonische Hölle.

Zweitens sagten sie, dass "Friede" und "Versöhnung" in diesem Satz nicht die Erlösung "alle Menschen im Himmel" bedeuten. Sie sagen, "die Dinge im Himmel und die Dinge auf Erden" sind Juden und Heiden. Die erste wird als göttlich oder himmlisch betrachtet, während die letztere irdisch und ohne geistigen oder himlischen Nutzen ist. Diese beiden Teile der Menschheit sollten vereinigt und gleichmäßig in die Kirche Christi aufgenommen werden.

Wir wissen, dass "die Dinge auf Erden" und "die Sachen im Himmel" Juden und Heiden in der biblischen Ikonographie symbolisieren, daher ist dieser Teil des Arguments irrational. Warum gelten Juden und Heiden in "in Christus" nicht für "alle Menschheit", wenn sie ohne Unterschied zusammengeführt werden? Jeder mit "Pauline" gesunder Vernunft kann wahrnehmen, dass sie die Erde oder die Menschheit symbolisieren!

Ihr letzter Punkt ist, dass diese Versöhnung bedingungspflichtig ist: "um euch heilig und unschuldig und unprüflich in seinen Augen vorzustellen; wenn ihr im Glauben ausharrt, verwurzelt und gegründet, und die Hoffnung des Evangeliums nicht aufgibt." Die Limitarier sagen, dass Christus der Menschheit nur durch die Beseitigung von Erlösungsbarrieren "bedingungslose Versöhnung" gebracht hat. Dies geschieht "durch seinen Tod" und "durche Blut des Kreuzes." Sie würden jedoch argumentieren, dass der Heilige Geist und das Evangelium diese Versöhnung nicht "geben" können, da sie den Sünder nicht persönlich mit Gott versöhnt. Obwohl Christus alle versöhnt hatte, fügt der Apostel Bedingungen oder Voraussetzungen hinzu, wie "wir bitten euch an Christi Stelle, euch mit Gott zu versöhnen", indem er zwischen der Versöhnung Christi unterscheidet, die "den Weg für die Rückkehr des Sünder öffnet" und der "echten, persönlichen Versößerung des Süchtigen" mit Gott, indem man den Forderungen des Evangeliums nachgibt.

Hier erzeugt Bekanntschaft keine Verachtung. Diese Vorstellung wird uns seit Jahrhunderten eingebohrt, aber Bekanntschaft erzeugt nicht Verachtung. Diese Ärzte der Sophistry benutzen kontextspezifische Umstände, um die Universalität der Passage einzuschränken.

"Auch euch, die ihr einst durch böse Werke fremd und feindselig waret, versöhnt er jetzt, sofern ihr im Glauben ausharrt, verwurzelt und fest, und nicht von der Hoffnung des Evangeliums abweicht." (Vs. 23).

Ein wenig Unterscheidung zeigt, dass die bedingte Klausel "Wenn ihr im Glauben bleibet" usw. nur auf die "Nicht" Versöhnung der Kolosser mit dem großen Plan Gottes bezieht, alle Dinge durch Christus in der "Fülle der Zeit" mit sich zu versöhnen. Für "wenn", können wir "Verstand" verwenden, wie in "weil sicherlich" Sie bestehen; für "bewegt" oder "entfernt", könnten wir sagen "nicht [schwach in, oder verlieren eine] Erwartung des Evangeliums."

Ob sich eure Ambitionen ändern oder verschwinden, wirkt sich nicht auf die Tugend aus. Die Gewähr für die Erlösung oder die Schwächung des freien Willens unterscheidet sich von der Wiedergeburt Gottes. Man kann gerettet werden, ohne Gottes letztes Ziel zu kennen. Die King James Version übersetzt "eige" als "IF", was bedeutet, dass man "es hat" oder "es nicht hat". Statt sinnvoll zu sein, sagt der Grieche "vernünftig", da sie in ihren Überzeugungen stetig sind. Ihre Beschreibung lautet "gegründet und niedergelassen". Der Text besagt nicht, dass man "abwenden" oder "den Glauben verlieren" sollte, als ob die Erlösung verloren gehen könnte. Griechisch sagt, sie seien im Glauben.

Manchmal wird die „Erwartung" des Evangeliums in Frage gestellt oder „abgewichen". Es bedeutet auf Griechisch "nicht nach [der Tatsache] gestört" zu sein, eine gut empfangene und glaubwürdige Botschaft vorauszusehen. Es ist nicht wahr, dass dieser Abschnitt "nicht gerettet" oder "Rettung verlieren" bedeutet. Die Passage bezieht sich auf Personen, die "verwurzelt" sind, aber sie werden gewarnt, nicht von der Hoffnung "verdrängt" zu werden. Es scheint, dass "Glauben" und "Hoffnung" getrennte Begriffe sind. Man kann religiös sein, aber nicht wissen, welche evangelische Botschaft zu vertrauen! Alles bedeutet intelligente Wesen.

Die griechische Kopie verwendet "ALL" um den Kosmos und Menschen ohne "Ding" zu bezeichnen. So können wir vermeiden, Gottes globale Verheißung zu bestreiten und von der zentralen Hoffnung des Evangeliums – der universellen Versöhnung aller – „entfremdet" zu werden, wie es der griechische Text bestätigt.

von autou apokatallaxai ta panta eis auton

„Durch Ihn das ALLE in Ihn versöhnen"

Römer 11:15—"Bringt Leben aus den Toten" "Wenn das Verwerfen Israels die Welt versöhnt, was wird die Rücknahme von ihnen sein, außer Leben für alle Menschen aus dem Toten?"

Israel wurde aufgegeben, um "die ganze Welt zu versöhnen". Wenn wir sie annehmen, wird das Leben wiederbelebt, da sie Teil der globalen Versöhnung sind. Die Heilige Schrift erklärt diese Logik: 1. Adams Handlungen beschädigen alles. 2.) Gott wählte Israel und verblendete und schickte sie weg, um Abraham die Verheißung zu geben. 3.) Gott gab der Menschheit Frieden durch Christus. Christus brachte allen Frieden. Israel war blind, also sahen die Heiden. 5.) Das Zeitalter der Gnade versöhnt Juden und Heiden, um Israels Sicht wiederherzustellen. 6.) Das Licht und der Messias werden Israel retten. 7.) Nationen, Heiden, Menschen, Fleisch und Menschheit werden gerettet werden.

Rom. 9:26

Adoption als Kinder und Erben Gottes In dem Gebiet, wo gesagt wurde: „Ihr seid nicht mein Volk", werden sie als „Söhne des lebendigen Gottes" bezeichnet werden.

"Und wo gesagt wurde: »Sie [alle Menschen] sind nicht mein Volk«, werden sie »Söhne des lebendigen Gottes« genannt werden.

Hosea 2:23

Alle werden sagen, dass er Gott ist.

„Ich werde mich erbarmen über diejenige, die nicht erbarmt war; Ich werde denjenigen verkünden, die mein Volk nicht waren: 'Sie sind meine Leute'; und sie werden antworten: 'Du bist mein Gott' "

2 Kor 6,18 (KJV): "Ich werde ein Vater der ganzen Menschheit sein, und ihr werdet meine Söhne und Töchter sein", sagt der Allmächtige.

INTERPRETATION

„Ich werde ihnen ein Vater sein, und sie werden meine Söhne und Töchter sein, spricht der Herr, der Allmächtige.Während Jehova der „ALLHALTER" [„Pantokrator"] ALLER „Dinge" ist, scheint die griechische Sprache auf „alle Menschheit" hinzuweisen, indem sie „sie", „du" und „die Söhne und Töchter" benutzt. Denn das, was alle Dinge besitzt, muss alle Menschen besitzen, der "ALL HOLDER" oder "HOLDER OF ALL" muss auch alle Leute besitzen.

Galater 4:4-5

Christus behauptet alle Rechtmäßigkeit Wenn die vollkommene Zeit gekommen ist, delegiert Gott Seinen Sohn, (werden) aus einer Frau, unter dem Gesetz, um die Menschen unter dem Recht zurückzuerlangen und unsere Position als Söhne zu übernehmen. [CLV] "Gott sandte seinen Sohn, aus einer Frau gemacht, gebildet unter dem Gesetz, um sie [Menschen] unter dem Fluch des Gesetzes zu erlösen, damit wir [Mensch] als Söhne adoptiert werden können." KJV-interpretiert.

Galater 4:5, 7

Von Sklaven zu Söhnen wird jeder Sohn Gottes. „Wenn immer noch ein Sohn, auch ein Mieter-Freudiger der Verteilung Gottes durch Christus." So ist die Menschheit nicht mehr ein Knecht, sondern ein Sohn und Erbe Gottes durch Christus. - KJV]

Epheser 1:5-6 nennt alle bereits existierenden Söhne.

„In der Liebe – der uns im Voraus für den Platz eines Sohnes (in) für Ihn durch Christus Jesus bestimmt hat; gemäß Seinem Willen, für das Geräusch der Herrlichkeit Seiner Gnade, die uns in dem Geliebten erbarmt: Nachdem Er uns vorbestellt hat, von Jesus Christus als Kinder angenommen zu werden, hat Er uns nach Seiner Güte und Güte als den „Liebten" akzeptabel gemacht. - JKV]

1 Johannes 3:1

„Alle Nachkommen Gottes erkennen! Welche Liebe hat uns der Vater gegeben, "Söhne-Kinder Gottes" zu sein.   (CLV)

„Sehen Sie, wie sehr der Vater uns liebt und uns ‚Söhne Gottes' nennt!" - KJV]

Jeder wird ihn sehen, wie er ist, heißt es in 1 Johannes 3:2.

Liebe, wir sind Kinder Gottes, aber unser Schicksal blieb unbekannt. Wir werden ihm gleich sein und ihn sehen, wenn er herabgesandt wird.Wir (viele) wissen, dass wir "Söhne Gottes" sind, auch wenn wir nicht wissen, was wir werden. Wenn wir ihn sehen, wie er ist, werden wir ihm ähnlich sein, wenn er kommt. - KJV]

Römer 8:17

Jeder verherrlicht

„Wenn wir Kinder sind, die eine Verteilung von Gott genießen, aber gemeinsam die Verteilung Christi genießen; wenn wir gemeinsam leiden, damit wir gemeinsam verherrlicht werden."

"Wenn Kinder, dann Erben – Gottes und Miterben mit Christus." - KJV

Mal. 2:10 „Der Schöpfer und Vater aller. Hat uns nicht ein Gott geschaffen?"

Dieser Satz identifiziert "wir" und "uns" als ALLE MEN, was es bedeutsam macht. Da keine andere Gruppe von Menschen einen Schöpfervater hat, beziehen sich "wir" und "uns" auf alle Menschen. Als sie Christus als Messias ablehnten, wurde der Teufel ihr geistlicher und theologischer Vater. Ein Vater schuf und versöhnte die Menschheit.

Galater 3:28

Jeder ist eins in Christus.

"...in dem es weder Juden noch Griechen, Sklaven noch Freien, Mann noch Frau gibt, denn ihr seid alle eins in Christus Jesus." - CLV

Ungeachtet der ethnischen Herkunft, des Geschlechts oder der Sexualität vereint Christus alle.Das ist unbekannt, aber alle werden es schließlich verstehen. Referenz 1 Johannes 3:2.

Galater 3:29

Alle Verheißungen Abrahams

»Wenn ihr Christi seid, so seid ihr Abrahams Same und genießt die Verteilung der Verheißung.«"Und wenn ihr Christi seid, so seid ihr Abrahams Same und Erben der Verheißung."

GOTTES Erlösung Alle sind „gebunden" für gerettet

Apostelgeschichte 4:12

Sklaverei und Freiheit

Die Übersetzung lautet: „Es gibt keine andere Rettung, denn es gibt keinen anderen Namen unter dem Himmel, den Einen, der den Menschen gegeben wurde, in dem er uns verbindet."

"Es gibt keinen anderen Namen unter dem Himmel unter den Menschen gegeben, durch den wir gerettet werden müssen." (KJV) "Es gibt keine Rettung in irgendeinem anderen Namen, unter dem Himmel unter den Menschen gegeben, in dem wir gerettet werden müssen." (CLV)

Was vereint die Menschheit zur Erlösung? Die Handlungen sagen, dass jeder "Name" hat. Concordant Literal, AV, und andere mistranslate diesen Text. Es besagt, dass dieser "Name" "unter" Menschen gebildet wurde, als ob die Erlösung "außerhalb" der Menschen oben war. Die meisten seiner 3315 Schrift-Referenzen zeigen "in" und selten "unter." Diese Abschnitte unterstützen "in" über "unter".

Die meisten Übersetzungen interpretieren "es gibt nur einen Namen, durch den man gerettet werden muss" falsch. Andernfalls sind Sie verschwunden. Keine Passage sagt das. Man kann davon ausgehen, dass es andere Namen, Techniken und Wege zur Erlösung gibt, aber nur ein Name wird in die Menschheit eingesetzt, um sie zu erlösen. Der Vers betont die göttliche Vorsehung, nicht ein "take-it-or-leave-it" Angebot-Evangelium. Die griechische Sprache legt nahe, dass in jedermann ein "Name" gesetzt wurde, der sie an ein Schicksal "bindete". Paulus nennt diese "Bindung" (Kolosser 4:3) "das Geheimnis Christi", das den Christen offenbart wurde. Es "verpflichtet" Gefangene, ohne ihre Zustimmung "zur Rettung" gezogen zu werden (Acts 4:12). Ein Sklave (ungläubig, nicht "in Christus") kennt die Pläne seines Herrn nicht."

Jesus sprach: Ich nenne euch nicht mehr Sklaven, sondern Freunde; denn ich sage euch alles, was ich von meinem Vater empfange. (John 15:15). Sklaven, die Christus nicht kennen, können das Geheimnis nicht verstehen, die ganze Menschheit zum Heil zu bringen, im Gegensatz zum Freeman Saint, der den Heiligen Geist hat, der ihn in alle Wahrheit führt (Johannes 16:13) und dem Christus es offenbart hat. Sklaven, keine "Freunde". Sie wissen es nicht.

Das "Licht", mit dem jeder Mensch geboren wird, das EINE und EINZIGE WAHRE LICHT, "das JEDEN Menschen erleuchtet, die in die Welt kommen", ist wie dieses Wort, das alle "bindet".Christus war das einzige wahre LEBEN und LICHT der Menschheit, denn "in Ihm war das Leben, und dieses Leben war das Licht der Menschen." "Er ist der EINE NAME in den Menschen, durch den alle Menschen gerettet werden!" (john 4). Jesus Christus ist der einzige Name, Erlöser, Leben und Licht. Christi Auferstehung Versprechen: "Wenn ich erhöht werde, werde ich alle [MEN] zu mir ziehen" (12:32).

Da Er diese "Bindung" in ALLEN Menschen "gegeben" oder "gelegt" hat, zieht Er sie (helkusO) zu Ihm. Nach dem Aufstieg gab Gott jedem Menschen eine "bindende" Kraft, die alle Menschen (Anthropos) zu Christus und der Wiederherstellung von ALLEM anzieht. Christus bekräftigt "Alles ziehen", indem er sagt, nur der Vater zieht zu ihm, wie wir sehen werden. Kein "anderer Name" rettet so wie Jesus.

Du bist nicht gerettet von einem Engel oder Maria. Da "Er ist der [EINZIGE], der gegeben wird", braucht jeder "GELEBT" zu werden. Kein anderer "Name" oder Heilsplan existiert. Alle Wege sind fertig und die anderen Portale des Himmels sind blockiert. Die religiösen Türen des Menschen öffnen eine. Ein Wort, der Herr, der Glaube, die Taufe, der Name, der Geist und die Erlösung binden alle "ZUR RETTUNG".

Sie können diese Absätze für Klarheit kombinieren: Es gibt kein anderes Wesen, außer Ihm – dem Sohn Gottes – andere Rettung: Denn es gibt unter dem Himmel keinen anderen NAME oder LEBEN, (das ist das wahre LICHT, das JEDEN Menschen, die in die Welt kommen, erleuchtet), außer dem "EINEN – HATEN – WERDEN-GEGEBEN in ALLEN Menschen - dem Geheimnis des Christus IN ALLEN UNS, in dem es ALLE UNS an die "bindende" Partei bindet? Paulus nennt diese "Bindung" (Kol.4:3) das geoffenbarten Geheimnis Christi, das ALLE "ZUR RETTUNG" bindet. (Acts 4:12). Dieses Geheimnis ist mit dem LICHT des Heiligen Johannes, dem Glauben verbunden, der Gewissen reinigt, dem Königreich, dem Willen Gottes, dem Evangelium und der Botschaft der Glücksbotschaft (1Ti.3:9,

Mk.4:11, Eph.1:9, Eph.6:19). Es ist besonders wichtig für diejenigen mit begrenzten Versöhnungsanschauungen und jene außerhalb des Landes.

Johannes 1:12-13

US Binding ist ein Geschenk

Wer aber ihn erworben hat, dem gibt er das Recht, Kinder Gottes zu werden, denen, die an seinen Namen glauben, die nicht von Blut, Fleisch oder Menschen geboren sind, sondern von Gott.

Gott will, dass alle seine Kinder werden. Alle verlorenen Menschen sollten für sie beten, weil Gott sie retten will. Der Tod basiert auf dem Opfer Christi und Gottes "Wille", nicht auf menschlichen Handlungen oder "Wahl"

Ein Prediger "Gute Nachrichten Botschaften" eine Person mit dem Evangelium, die die Person sonst nicht hören würde, und Gott "befähigt" oder überzeugt sie. Die Hartnäckigkeit, von der Paulus in Römer 11:32 spricht, wird von Gott entfernt.Das "gesätete Samen" in ihm zu bewässern, macht ihn verantwortlich. Das Hören des Evangeliums bewegt eine Person von "alle zusammen in der Beharrlichkeit" (Röm. 11:32) zu "die Werke des Teufels zerstört" (1 Johannes 3:8), so dass Gott Mitleid mit allen hat. Christus macht hartnäckige Menschen zu „ersten Fruchtwesen" (James 1:18).

Es scheint, als hätte Gott allen Menschen die Hartnäckigkeit gegeben, sie loszuwerden, deshalb muß Er sie reformieren. Einmal fertig, kann niemand argumentieren, dass das Individuum es getan hat, weil sie königlich waren oder weil ihr Körper sie gemacht hat. Aufgrund der moralischen Freiheit ist der Mensch nach dem Hören dieser Informationen verantwortlich. Ab jetzt wird der menschliche Widerstand gegen Gottes "Wille" in Gottes Zeit und Eon zusammenbrechen. Widerstand existiert, aber es scheitert.

"O HERR, ich weiß, daß der Weg des Menschen nicht in sich selbst liegt; es ist nicht an dem Menschen, der geht, zu entscheiden, wohin er gehen soll" (Jer. 9:23)

Römer 11:32

GOTT BLINDET ALLE, ALLE zu RETTEN „Denn Gott schließt alle zusammen in Beharrlichkeit (Unüberwindbarkeit), um allen Barmherzigkeit zu erweisen." Menschen werden "stubborn" geboren, aber Gott macht sie unstuborn.

Allah erlaubt allen Menschen, hartnäckig zu sein (in Unglauben), damit Er als barmherzig angesehen wird und sie in den Glauben freilassen kann (paraphrased).

Selbst wenn sie es heute nicht können, verspricht Gott, dass die Menschheit schließlich seine Worte erfassen wird. Weil uns die Sünde kontrolliert, geht unser "Wille" gegen die Wahrheit. Gott gab jedem diese Unwilligkeit, überzeugt zu werden. Sein Plan für die Ewigkeit wird jedoch diesen Teil der Existenz des Menschen verändern. Lesen Sie Hebräer 9:26.

Hier bedeutet "should" in englischer Sprache "shall" oder "will", nicht "must to." Die Software-Übersetzung von scripture4all nennt Unglauben "Unüberzeuglichkeit" und wurde in das Schicksal eines jeden eingebaut, als der dreifaltige Gott seinen massiven Heilsplan für alle Zeiten und Geschichte entwarf. Gott ließ alle so handeln, als ob sie nicht glaubten. Es wird uns gesagt, dass Er dies getan hat, um Seine Größe zu demonstrieren, indem Er Mitgefühl für alle zeigt. Nehmen Sie es an und loben Sie Gott.

2 Petrus 2:1

Jesus kauft alles oder nichts

Und doch traten falsche Propheten und Lehrer unter das Volk auf, wie sie auch unter euch treten, und schleichen sich in schädlichen Kulten und verwerfen den Herrn, der sie gekauft hat, und bringen rasche Verwüstung. (CLV)Ich habe einen seltsamen und verwirrenden Kommentar von Mark Driscoll auf einer Website bemerkt. In der Verteidigung der "unbegrenzten, begrenzten Versöhnung", wo fantastische Phrasen wie "Jesus' Tod war ausreichend, um jeden zu retten, und, subjektiv, nur effizient, um diejenigen, die sich von ihrer Sünde und Vertrauen in Ihn zu retten", Mr. Driscoll sagt, "auf den ersten Blick sind Unbegrenzte und Begrenzte Versöhnung in Opposition." Die Anmerkung zweier Punkte löst das Problem. Sie sind nicht gegenseitig ausschließend, da Jesus für die Sünden aller gestorben ist, einschließlich der Sünden der Auserwählten. Zweitens, Jesu Tod für alle Menschen unterscheidet sich von Seinem Tod für die Auserwählten. Das ist schwierig, aber in der Schrift gelehrt." Tim. 4:10; 2 Petrus 2:1.

[http://falseteachersexposed.blogspot.com/2009/04/mark-driscolls-heretical-view-of.html]

Mr. Driscoll benutzt 2 Peter 2:1 und ein Altes Testament Argument, um seine Ketzerei zu rechtfertigen, was zu Verwirrung hinzufügt. Er fügt hinzu, dass "vielleicht das Opfersystem des Alten Testaments die beste Darstellung dieser

Position gibt." Am Tag der Sühne opferte der Hohepriester für die Sünden der Nation und erreichte eine unendliche Versöhnung. Eine begrenzte Versöhnung würde daher durch jeden Anbeter erfolgen, der seine eigenen Geschenke für seine Sünden darbringt."

Driscoll vernachlässigt, dass das Opfer der Priester ALLES Israel umfasst, so wie Christus' Opfer ALLE Menschheit umfaßt, um das endgültige Schicksal eines jeden zu sichern. Dies ist die "Erlösung", die einzige Anstrengung Christi, die Menschheit zu versöhnen. Jedes "persönliche" Angebot einer Person würde eine vorübergehende oder sofortige Geldstrafe für ihre "personliche" Rechtsverletzung zahlen. Für die Heiligung ist es notwendig, unser eigenes Kreuz täglich zu tragen. Heiligkeit bedeutet, die Sünde und ihre Folgen zu vermeiden.

Das hat nichts mit Versöhnung oder Schicksal zu tun. Was Adam für uns getan hat, was nur der zweite Adam, Christus, erlösen und aufheben kann, unterscheidet sich von dem, was wir für uns selbst tun, was Christus nicht tut -- bereuen und unsere Wege für unsere eigene gute Gesundheit ändern. Die Schlüsselfrage ist, warum wir Gutes tun sollten. Für unseren Vorteil oder Gottes?

Letzteres betrifft jedoch die Heiligung – die Flucht vor den Folgen der Sünde – und nicht die Erlösung. Keine Differenzierung im Alten Testament. Die Wahrheit dreht sich nicht gegen sich selbst. Rom und der orthodoxe Herr Driscolls glauben, Erlösung und Heiligung seien dasselbe.

Driscoll sollte den römischen Katholizismus praktizieren. Es wird faszinierend sein, die Driscolliten über diese Passagen zu hören. Die Versöhnung war für "die ganze Gemeinde", das ganze Haus Israel: "das Sündopfer... eine Versönderungsschütze über sie vor dem HERRN" (Lev. 10:17); "und für Sündeopfer, um Sühne für Israel zu machen, sogar das ganze Werk des Hauses unseres Gottes" (Neh. 10:33); "eine Versößerungsschutzschütze um sich selbst... sein Haus und um die ganze Versammlung Israels" (Leev. 16:17 und 2 Chron.

Wow! Der König sagte, dass das Sündopfer des Priesters und das Feueropfer für ALLES Israel versöhnt wurden. Daher umfasst sie alle. Gott gibt dies "alle Heiden", und Lukas nennt es "alles Fleisch", die Rassenparteilichkeit zu beenden. Um Israel zu "schützen", tat der Priester dies stellvertretend. Alle waren betroffen, nicht nur diejenigen, die Tribut bezahlten.Und Hiskia betete für viele und sprach: Der HERR, der Gutes ist, empfängt Versöhnung für alle. (2Ch 30:18).

Dieser letzte Satz sagt nicht, dass der HERR, der gut ist, "nur Versöhnung von / für diejenigen nimmt, die Opfer machen, während er Versönderung an alle anderen verweigert, die nicht tun." Der HERR akzeptiert die alleinige Versöhnung des Priesters. Der HERR empfängt ein Sündopfer „für alle".

Der Ausdruck "der Herr, der sie beugte" impliziert, dass Jesus diese falschen Lehrer, Ketzer und Propheten "gekauft" hat. Es gab jedoch falsche Propheten unter den Menschen, ebenso wie es falsche Lehrer unter euch geben wird, die heimlich verdammte Ketzerei einbringen, den Herrn, der sie gekauft hat, ablehnen und rasche Verwüstung bringen "King James Version. Zerstörung bedeutet "Vernichtung", nicht Zerstören.

Wir sagen: "Er hat es gekauft." Wenn jemand etwas kauft, wie der Herr. Die Sache wurde gekauft. Der Artikel bestimmt nicht, ob der Kunde ihn kauft.

Petrus betont, dass Jesus sie zu demselben Preis „gekauft" hat, den er uns gekauft hat, während wir „noch [ungeselbt] Sünder" waren (Römer 5:8), auch wenn sie ihn ablehnen. Die Bibel sagt, dass Jesus das Lösegeld für Sünde ist. Wie wir waren sie einst Ungläubige mit gegensätzlichen Ideen, Gefühlen und Überzeugungen. Christus "angeboten", um sie zu kaufen, wird nicht erwähnt. Sophisten, die falsche Phrasen wie "Jesus' Tod war ausreichend, um jemanden zu retten, und subjektiv, nur effizient, um diejenigen, die Buße tun" verwenden, sind das Problem.Im Gegensatz dazu starb Christus "für die ganze Menschheit" (2 Cor. 5:15). Erlösung ist ein anderer griechischer Begriff als "Erlösung", und nur die Wiedergeburt macht deutlich, dass die Erleichterung angewendet wurde. Ohne einen „Prediger" können sie nicht hören (Rom. 10:14).

Der heilige Petrus besteht darauf, dass diese Menschen den Herrn, der sie erkauft hat, ablehnten und leugnen, dass er jemanden erworben hat. Sie zweifeln daran, dass sie gekauft wurden und vertrauen dem Käufer nicht. Sie waren vermutlich Atheisten oder Juden, die die Prognosen falsch interpretierten.

Traditionelle Theologie leugnet, dass Jesus diese fehlerhaften Doktrinen verworfen hat, wie er es uns getan hat, indem er etwas verwarf. Während sie die Transaktion anerkennen, scheinen Traditionalisten zu bestreiten, dass der Käufer nicht alles erhielt. Noch bevor jemand glaubte, nahm Jesus die Gefangenen in Gefangenschaft (Eph. 4:8).

Der Vers besagt, dass Jesus sie vom Teufel gekauft hat, wie Er die ganze Menschheit getan hat und sie besaß, bevor wir geglaubt haben. Wie "uns" wurden sie befreit. (saved). St. Peter hätte gesagt, dass die falschen Lehrer "den Herrn verleugnen, der sie zu kaufen opfert, [aber nicht, weil sie noch nicht glauben]" zu vermitteln, dass sie einen Gott verleugnen, der "opfert", um einige Versöhnung anzuwenden, um sie später zu kaufen (after some contractual or covenant agreement).

Jeder muss sich fragen, ob Jesus ein Lösegeld bezahlt hat, alle gekauft hat und alle in Besitz genommen hat, bevor jemand an ein solch erstaunliches Ereignis geglaubt hat. Wir müssen entscheiden, ob Jesus die Welt von der Sünde gekauft hat – mit all ihren Lügnern, Betrügern, Schurken, Dieben, Mördern, Prostituierten und anderen Sünder – zu einem Preis. Wenn Er sie "besitz genommen" hat, nachdem Er für sie bezahlt hat, hat Er diese falschen Propheten und Lehrer gekauft, genau wie Er uns, die wir glauben, kaufte. Seine Einkäufe und sein Einkommen wären nichts gewesen. Traditionalisten sagen, Jesus zahlte einen Preis und bekam nichts, da der Teufel das Geld und die Güter teilte.

Tim 2,11 Jeder ist gerettet

Es könnte übersetzt werden: „Denn die Gnade Gottes, die das Heil bringt, ist allen Menschen erschienen." Oder: „Denn die Heilsgnade Gottes ist allen Menschen erschienen."

Diese Schrift garantiert Gottes Gnade in allen Situationen. Das griechische Wörterbuch des Neuen Testaments von Strong definiert "auftauchen" als epiphaino, "zu leuchten" oder "bekannt zu werden". Epiphaino bedeutet vollständige Exposition gegenüber der Gnade Gottes, nicht nur vor der Hölle. Gottes "Erlöser der ganzen Menschheit" -Mission stimmt mit der Ausbreitung der Gnade überein (I Timothy 4:11).

Dieses „Auftauchen allen Menschen" beginnt mit der Geburt Christi. Christus "zieht" die Menschheit zu sich durch die Geschichte. Christus wird alle am Ende der Zeit versöhnen und erben. Jesus wurde geboren. Er kam zu Seinem Volk, wählte 12, dann 70, und schickte sie an die "Ende der Erde", um "alle Menschen" zu helfen, Frieden zu erreichen. Die NASB und NIV sagten, dass Gottes Gnade alle retten würde. Dieser Ausdruck kann dazu führen, dass die englischen Leser glauben, dass Rettungs- oder Erlösungsmerkmale "gebracht" sind, um "es zu nehmen oder es zu verlassen" zu wählen.

Der griechische Text widerspricht. Goodrick und Kohlenberger setzen "NIG" neben "brings" in Titus 2:11 – "Nicht auf Griechisch!" Feiern Sie, wie dieser Vers und andere zeigen, dass das überwältigende Opfer Christi alle vereinigt!

Rom. 11:25, 26a - 32

„Alles Israel wird gerettet werden"

Diese sieben Wörter zählen. Gott hätte verkündet, wenn Er alle Juden in einer Zeit zu retten wünschte, aber nicht in einer anderen. Er hätte etwas anderes gesagt, wenn Er meinte, dass ganz Israel eine "Möglichkeit" hätten, Christus zu umarmen. Gott hätte Paulus vielleicht etwas anderes als diese sieben Worte sagen lassen. Kann Gott alle Israeliten auf einmal retten? Wird Er alle Juden retten – gegenwärtig, zukünftig und tot?

Rom. 11:25-32

ALLE NICHTIGEN SCHAUEN

Paulus lehrte Heiden und Juden die universelle Erlösung!

Denn ich will nicht, Brüder, daß ihr nicht wisset von dieser Wahrheit, daß Israel zum Teil blind ist, bis die Heiden hineingehen. »Der Erlöser wird aus Zion kommen und die Gottlosigkeit von Jakob abwenden; denn dies ist mein Versprechen an sie, wenn ich ihre Sünden lösche.« Israel wird alle gerettet werden. Im Evangelium sind Juden Feinde der Heiden, die aber von den Vätern in der Wahl begünstigt werden. Gott bereut nie seine Berufung oder Talente. So wie ihr nicht an Allah glaubtet, sondern durch ihre Zweifel Barmherzigkeit erlangt habt, so haben auch die Juden nicht geglaubt, damit sie Barmaßung von eurer Barmacht erlangen. Gott hat sie alle in Unglauben beendet, um Barmherzigkeit über alle zu haben."

Dieser letzte Satz zeigt, dass Gottes Güte gegenüber den Juden sich trotz ihrer Handlungen auf ihre Unsicherheit erstreckt. Eine durchschnittlich intelligente Person konnte Rom 11 nicht lesen und nicht erkennen, dass der Apostel lehrte, dass Juden und Heiden aus derselben Quelle gerettet werden.

Zahlen 16:22, 27:16

Allseelen-Gott

Da fielen sie auf die Knie und beteten: El, Gott der Geister für alles Fleisch, wie für einen Mann, er sündigt; aber willst du wütend sein über die ganze Gemeinde?Ausrufe an den Herrn in Zahlen zeigen, dass Gott alle Seelen besitzt. Beachten Sie, dass Er der Gott aller ist.

Nr. 27:16

„Der HERR, der Gott der Geister für alles Fleisch, schenke einem Menschen die Aufsicht über die Versammlung."

Der Text in Num. 27:17 fragt, wer die Menge leiten und leiten kann, um zu verhindern, dass sie zu einer Hirtenlosen Herde wird.

Job 12:10

"Jede lebendige Seele und der Geist in allem Fleisch des Menschen ist in seiner Hand."

In Epheser 4:6 sagt der Autor, dass es einen Gott und Vater gibt, der alles umfasst.

Eph. 4:8 „Darum spricht er: Aufsteigend auf die Höhe, nimmt er die Gefangenen und gibt den Menschen Gaben."

Johannes 11:49-52

Caiaphas aber, der Hohepriester des Jahres, antwortete und sprach: Ihr wisst nichts und meinst nicht, daß es uns wünschenswert ist, daß ein Mensch für das Volk stirbt und nicht das ganze Land umkommt. Er vorausgesagt als Hohenpriester in diesem Jahr, dass Jesus für das Land und die zerstreuten Kinder Gottes sterben würde, um sie zu vereinen.Gott machte Kajafas zu einem mutigen Propheten ohne sein Wissen! Die Prophezeiung beschrieb das Opfer Christi für Israel, um alle zu retten. Niemand unterscheidet lebend von Toten, Vergangenheit, Gegenwart oder Zukunft. Paulus sagte, dass ganz Israel in Römer 11:26 gerettet werden wird.

Eine weitere Prophezeiung über den Tod Christi unterstreicht Johannes den Apostel. Johannes fügte zu Kajafas Prophezeiung hinzu, dass Jesus starb, um alle "verstreuten Kinder Gottes" zu versammeln, vermutlich einschließlich derer, die im gesamten Kirchenzeitalter geglaubt haben und von Paulus in Römer 8:19-21 als "Söhne Gottes " bezeichnet werden. Johannes 11:32 entspricht Epheser 1:10, wo Paulus sagte, dass Gott "alles" in Christus, Himmel und Erde führen wird! Alle Menschen sind "Söhne Gottes", wie Er sie erschaffen hat.

Christus sagte in der Gleichnis der verlorenen Schafe, dass Gott nicht will, dass "einer der Kleinen" (Menschen, die er geschaffen hat) umkommt. Da der „substitutionelle Tod und Sühne" Christi sich auf alle verlorenen Schafe erstreckt, nicht nur auf „die Kinder Gottes", behauptete Johannes, sein Opfer gilt für alle.

Jesaja 26:9

Der menschliche Kosmos lernt Gerechtigkeit Die Bewohner der Welt lernen Gerechtigkeit aus deinen Urteilen.Gottes Urteile korrigieren und menschliche Tugend lehren. Die Welt lernt Gerechtigkeit von Gottes korrigierender, sanierender und wiederherstellender Bestrafung. Apostelgeschichte 10,10-16, Römer 11,36, Johannes 12,32

Alle Menschen sind in den Himmel geworfen.

Petrus erlebte eine Vision, dass alle Menschen vom Himmel kommen, von Gott geschützt sind und "alle ins Paradies heraufgezogen werden" (Acts 10:10-16). In Römer 11:36 fügt Paulus hinzu: "Denn von ihm, durch ihn und zu ihm sind alle Dinge." Der Geist kehrt zu Gott zurück, während der Staub zur Erde zurückkehrt (12:7).

Diese drei Texte sagen, dass die Menschen göttlich sind, von einer Gottheit auf Erden geschützt und zu der mächtigen und barmherzigen Gottheit zurückkehren werden, die sie nach dem Tod geschaffen und aufrechterhalten hat. Wenn er erhöht wird, wird Jesus alle anziehen (12:32).

„Ich verfluche euch, Heuchler, Schriftgelehrte, Pharisäer! Weil du den Himmel für alle unzugänglich hältst" (Matt. 23:13).

Nachdem sie viele begrüßten, bemühten sie sich, den Himmel für andere zu versiegeln, die nicht wie sie dachten und taten. Heutzutage gibt es viele Schriftgelehrte und Pharisäer. Sie verdammt die meisten Menschen. Jesus würde "Weh euch!" rufen, wie Er es ihren alten Brüdern tat, wenn Er lebte. Christus sagte seinen Anhängern, den Glauben der Schriftgelehrten und Pharisäer abzulehnen. Jesus lehrte, erlitt, starb, auferstanden und stieg auf, damit jeder zu Seinem Königreich gehörte. "Er wird die Mühe seiner Seele sehen und sich freuen", sagt die Bibel. Alle gehen in den Himmel. Jeder wird in das Paradies eintreten.

Das ausgewählte Mittel - Die ganze Menschheit

2 Tim. 2:10

Die ganze Menschheit ist auserwählt

„Ich ertrage alles für die Auserwählten, damit sie das Heil und die ewige Herrlichkeit Christi Jesu erlangen." - (NASV) "Darum ertrage ich alles um der Auserwählten willen, daß auch sie das Heil Christi Jesu mit ewiger Herrlichkeit erlangen." (KJV)

LITERAL CORRECTED Übersetzung dia touto panta hupomenO dia tous eklektous THRU this ALL I-AM-during because-of THE chosen-ones

dia   touto panta   hupomenO   dia   tous   eklektous
THRU this   ALL I-AM-ENDURING because-of THE   chosen-ones

hina   kai   autoi   sOtErais   tuchOsin
THAT   AND   they   salvation   may-be-happening-upon

tEs   en   christO   iEsou meta   doxEs aiOniou
the   in   Christ   Jesus   with   glory   eonian
                                              (age-lasting)

LITERALE Übersetzung: "Ich ertrage alles für die Auserwählten, damit sie das Heil in Christus Jesus mit eonischer Herrlichkeit erfahren" (CLV).

Die Mehrheit benutzt "für die Auserwählten" oder "für das Wohl der Wähler" Nicht Griechisch. Paulus leidet für "auserwählte" Menschen, um (vielleicht) die Erlösung Christi zu empfangen. Der Grieche scheint darauf hinzuweisen, dass ALLE Menschen ausgewählt sind, "in Christus" zu sein, wie die Erlösung in Christus ist, und wie Paulus müssen wir alle Dinge für "die Auserwählten" leiden, damit sie das Evangelium Gottes zu ihrer richtigen Zeit hören können. Warum sollte Paulus leiden für Gottesbekannte, gerettete Menschen? "Dass auch sie (zur Zukunft?) Erlösung erlangen können" ist Pauls Ziel, ihre Einwände zu überwinden. Paulus spricht von „alle Menschheit" – nicht von „besonders Gläubigen".

Der Prediger muß den Analphabeten helfen, "Erlösung zu empfangen" Das ist faszinierend und könnte erklären, warum schwierige Bereiche Gegensätze haben. Obwohl "die vielen berufen sind" und nur wenige "auserwählt" sind, werden die anderen eingeschlossen sein. Die meisten Menschen interpretieren "die Auserwählten" falsch, um alle Menschen zu bedeuten, einschließlich "vor allem die Gläubigen" und Nichtgläubige.

Nicht-Israeliten müssen wie Israel sein, wo viele "auserwählte Leute" verloren sind, ohne "noch" zu glauben, wie Christus am Kreuz gebetet hat. Gott verspricht, alle Israeliten und Heiden zu retten. So bedeutet "der Auserwählte" "alle Menschheit". Die Menschheit kann die Gnade Gottes ablehnen. Wir sind verantwortlich. Die Menschen werden sterben und gerichtet werden, aber sie können Gott nicht ewiglich verwerfen. Sein Ziel ist es, die Menschheit und die Natur zu vereinen. Dies würde die Erlösung Israels schwächen, den Nutzen aller Menschen verringern und Christi Antrag auf Vergebung seiner Tötenden ungültig machen.

Rom. 6:23

"Denn der Lohn der Sünde ist der Tod, aber das Geschenk Gottes ist das ewige Leben durch Jesus Christus, unseren Herrn." - KJV

"Die 'Ration' der Sünde ist der Tod, aber Gottes Gnade ist das ewige Leben in Christus Jesus, unserem Herrn." - CLV

Römer 6:23 nennt Jesu Leben "Gottes Gnade." Dieses freie Geschenk scheint vielleicht auf diejenigen beschränkt zu sein, die „in Christus Jesus" sind. Wie kann jemand ohne ihn "in Christus Jesus" werden? Dieses Geschenk kommt "in Christus Jesus" zu allen Menschen, nach Römer 5:18 und anderen Versen. Gott hat die Menschheit dem Versöhnungswerk Christi anvertraut, alles zu sich zu ziehen. Die Güte Christi rechtfertigte alle, wie die Sünde eines Menschen alle tötete. Die KJV lautet "upon", die CLV "into.Alle erhielten dieses Geschenk ohne Diskriminierung.

Rom. 5:18 „Eis" = INTO "...auch so, durch die Gerechtigkeit eines, das freie Geschenk kam auf ALLE Menschen, zur Rechtfertigung des Lebens." - KJV.

Wie ein Verbrechen die ganze Menschheit verurteilte, so rechtfertigte eine gerechte Belohnung die gesamte Menschheit (CLV with extra readings).

Dank ADAM sind alle ungerecht. Nach dem 2. Adam CHRIST, führt ein Verbrechen zu einer berechtigten Belohnung für die ganze Menschheit, eine überwältigende Verurteilung; so zählte der andere Adam Vergebung ohne Wahl.

Eph. 2:8-9

Für ein kostenloses, unverdientes Geschenk

"Ihr seid gerettet durch Gnade durch den Glauben, nicht von euch selbst; es ist ein Geschenk Gottes. Nicht von Werken, daß sich niemand rühme.

„Durch die Gnade wird die Menschheit gerettet, durch den Glauben [jetzt in der Gnadenzeit Eon', und später durch das Sehen 'in der letzten zukünftigen Eon kommen]; es ist das Geschenk Gottes und nicht von [menschlichen] Verdienste, damit niemand rühmen sollte" (CLV with interpretations).

Timotheus 3:5-7

"Nicht durch die Werke der Gerechtigkeit, die wir [Menschen] getan haben, sondern nach seiner Barmherzigkeit hat er uns gerettet, durch das Waschen der Wiedergeburt und die Erneuerung des Heiligen Geistes, die er über uns reichlich durch Jesus Christus, unseren Erlöser, ausgegossen hat, damit wir durch seine Gnade gerechtfertigt werden, um Erben nach der Hoffnung des ewigen Lebens zu werden."

„nicht für [gute] Werke [Rituale, Buße], die in Gerechtigkeit getan werden, die wir [Menschen] [imperfekt] tun, sondern nach seiner Barmherzigkeit, Er rettet uns [menschlichkeit], durch das Bad der Wiedergeburt und Erneuerung des heiligen Geistes, die Er [alle Menschheit] reichlich über uns durch Jesus Christus, unseren [Menschlichkeit] Erlöser ausgießt, so dass, gerechtfertigt in der Gnade des Einen, wir [menschen] das eonische Leben in Erwartung genießen können." (Interpreted CLV).

Sein "williger" Wunsch, alles zu reparieren, ist unabhängig von menschlichen Handlungen, Verführung, Fantasien, Auswahl oder Ablehnung. Gott rettet uns durch Seine Barmherzigkeit und Liebe, nicht durch unsere Gerechtigkeit oder das tun, was wir für gut halten. Vers 6 sagt, dass Gott uns "rettet", indem er seinen Geist ausgießt. Hier, "US" ist die Menschheit, nicht eine begrenzte Interessengruppe. Andere Texte deuten darauf hin, dass Gott seinen Geist auf alle Menschen ausgießt, einschließlich Kinder und Ältere, was Prophezeiungen, Träume und Visionen verursacht (2:28). Die Apostelgeschichte besagt, dass Gott am Ende Seinen Geist auf jeden ausgießen wird. Eure Kinder werden weissagen und Sehenswürdigkeiten sehen (Acts 2:17). Er muss alles Fleisch retten, wenn Er Seinen Geist auf alle Fleisch ausgießt, wie Er erklärt. Lukas sagt: „Alles Fleisch wird Gottes Heil sehen" (3:6). "Alle Fleisch" ist "alle Menschheit." Dieses "freie Gnadengeschenk Gottes" ist "FÜR ALLE Menschheit" In Gottes Zeit und Eon wird jeder knien und Jesus Christus bekennen.

Die Schlange und das Kreuz

Johannes 3:14-15

Eine Tatsache

"Wie Mose die Schlange in der Wüste erhebt, so muß der Menschensohn erhöht werden, damit die, die auf ihn vertrauen, nicht umkommen, sondern das ewige Leben haben."

Christus ist für die Menschheit, was die Schlange für Israel war, sagt die Schrift. Die Zahlen 21:5-9, vor allem 8-9, sind typologisch. Und der HERR sprach: Mach dir eine brennende Schlange und lege sie auf eine Flagge; wenn er sie sieht, so wird jeder, der gebissen wird, leben. Moses legte eine Kupferschlange auf die Flagge, um die von Schlangen gebissenen Menschen zu retten. Um das unbegrenzte Opfer Christi am Kreuz im Alten Testament zu definieren, vergleichen Sie diese Passagen mit der Typologie des heiligen Johannes über die Schlange Moses und Jesus Christus.

Wie Jesus sahen alle, die sich umkehrten, die Schlange des Mose! Niemand würde blockiert werden. Alle konnten die Reparatur sehen. Ihn im Neuen Testament und bei den Gerichten zu sehen, wird jeden überzeugen.

Als Moses seine "feurige Schlange" "erhebt" und sie auf einen Pfeil legt, wird jeder, der gebissen wurde und ihn ansieht, leben. "Gott hat die Welt so sehr geliebt, dass er seinen eigenen Sohn auf einem Pfeiler für die Sünder opferte. Auch Offenbarung 1:7 sagt, dass alle Augen ihn sehen werden. Jeder – Männer, Frauen und Adams Kinder – war beabsichtigt. Christus ist für die Menschheit, was die Schlange für Israel war. Sünde betrifft jetzt jeden.

In beiden Fällen sind keine Vorurteile oder Einschränkungen zulässig. Jeder sollte behandelt werden, wie jeder gebissen wurde. Die „Bohrschlange" (Nummer 21:9) repräsentierte die „feurigen Schlangen", die die Israeliten beißen (v. 6). Die Israeliten wurden von Schlangen gebissen.

Wie "alle haben gesündigt [haben von der Sünde gebissen - die Schlange] und bedürfen der Herrlichkeit Gottes." Jeder wird durch das Opfer Christi gerechtfertigt (Rom. 3:23-24). Was sagt uns die gewölbte Schlange heute? Die Schlange auf der Pole symbolisierte Leben, Gesundheit und Freiheit für alle von Gott geheilte Israeliten. Wiederbelebte Wüstenbewohner: Wie viele? Wenn er von einer Schlange gebissen würde, würde er sterben, als er die Kupferschlange betrachtete. Schlange bot den Menschen Unparteilichkeit! So könnte die Beobachtung dieser tapferen Schlange auf dem Pole jeden retten.In Johannes 3:15 wird die Kreuzigung Christi als „wie Mose die Schlange erhoben hat, so muß der Menschensohn erhoben werden" beschrieben. Daher bietet ein Blick auf diesen gekreuzigten Christus jedem Leben. Wie viele Leute beobachten diese Brazen Schlange? Nur wenige Menschen wünschen sich kein tödliches Gegenmittel gegen Schlangenbisse.

Es ist wichtig, was Gott sagt, wie viele die Schlange beobachten werden, nicht, was der Mensch wählt. Schau, auch wenn du das Gegenmittel nicht willst!

„Siehe, er kommt mit Wolken; jedes Auge wird ihn sehen, ebenso wie die, die ihn verletzt haben; und alle Geschlechter der Erde werden schreien um ihn. Amen." (Rev. 1:7).

Sünde und Gesetzesverletzung sind in jedem Menschen angeboren. Ohne einen Baum des Lebens aufzuwachsen versucht das Baby zur Sünde. Er fällt schnell in die Sünde anstelle der Gerechtigkeit. Er wird ohne einen Baum des Lebens übertreten. Man fällt ohne den Baum des Lebens. Um die Sünde zu bezahlen, wurde Christus ohne unsere Erlaubnis „erhöht".

Die Bibel sagt, dass Christus für alle auf dem Kreuz gestorben ist. Christus zieht alle Sünder zur Erlösung, um diesen Mangel auszugleichen: "Und ich, wenn ich von der Erde erhöht werde, werde alle zu mir ziehen" Vertraue und akzeptiere IHN (John 1:12) Johannes 12:32 liest "Wie viele, die ihn haben, gibt er ihnen" als Erlöser. Sie werden von der Sünde zu Jahrtausenden des Lebens verführt (John 3:16). Jeder hat ihn von Gott durch Anrechnung "erlangt", daher bedeutet "wie-viele-wie-GOT-HIM" alle.

Gott lieferte eine universelle und unendliche Vorsehung für alle von Sünde vergifteten oder alten Schlangenbissen durch Christus, genauso wie er es für Schlangeinschläge in der Wüste getan hat. Genauso wie ein Mensch uns zur Sünde geführt hat, bietet Christus das Heilmittel und die Versöhnung. Jesus hat "die Sünde der Welt" seit Jahrtausenden "getragen". Dies gilt für alle SINs. St. Lukas sagte: „Alles Fleisch wird [d.h. wird] die Erlösung Gottes sehen", was bedeutet, dass Gottes Absicht, für die Menschheit zu versöhnen, sie allmählich und dauerhaft wiederherstellen würde. (Lk. 3:6). Dies ist ein weiterer entscheidender Absatz, der Johannes' Verwendung von "jeder" und "Jeder" als "alle Menschheit" erklärt.

Die Erklärung des heiligen Lukas vermeidet die Einschränkungen der Versöhnung Christi. Jeder oder niemand ist die Mission Christi. Er muss für dieses Geschenk "alle" oder "keine" zeichnen. Entscheidung: Alles oder nichts. Er entweder "entfernt" alle Sünden der Welt oder das Buch wird niemals nützlich sein. Alles oder nichts. Jeder oder keiner.

Gott bereitet jeden auf Heil vor

Lukas 2:30-31

Heil aller Völker

"Dein Heil, das du für alle Völker bereitet hast" (CLV) Das KJV sagt „alle Menschen".

Lukas 24:47

Vergebt alle Sünden "...die Vergebung der Sünden an alle Völker (Heiden) aus Jerusalem."

Ps. 98:2 verkündet Seine Erlösung für alle Nationen.

Apostelgeschichte 28:28

„Es sei euch bekannt, daß [ALLE] Völker (Nationen) diese Rettung von Gott gesandt wurden, denn sie werden hören."

Offenbarung 14:6

„Das Evangelium an alle Nationen, Stämme, Sprachen und Völker."

Ps. 136:25

Glückselig, wenn es um alles Fleisch geht "Wer allen Fleisch Rettung gibt, denn seine Güte ist ewiglich."

Ps. 99:8

Barmherzigkeit verringert den Zorn

"Du bist ein Gott gewesen, der sie trägt und ihre Taten rächt."

Es verknüpft Gottes Güte und Strafe. Wer andere trägt, trägt und vergibt, der richtet ihre Übertretungen. Psalm 99:8 erwähnt Israel, betrifft aber alle. Psalm 136:25 sagt, dass Gott jeden erlöst, weil Seine Barmherzigkeit ewiglich ist und Seine Wut vorübergehend ist.

Jesaja 49:6, 52:10 zeigt Erlösung für alle Nationen.

Jes. 52:10 Alle Nationen sehen die Erlösung von Elohim.

Mk. 16:15

Evangelium für die ganze Schöpfung

„Das Evangelium für die ganze Schöpfung."

Johannes 17:2

"Er hat ihm Macht über alles Fleisch gegeben, daß er ihnen alles geben möge, was du ihm gegeben hast, nämlich das ewige Leben."

Apostelgeschichte 2:17 Gott verspricht: „Ich werde meinen Geist auf alles Fleisch ausgießen."

Jesaja 40:5 "Jeder Abgrund wird erfüllt werden, jeder Berg und jeder Hügel wird niedriger werden, die gekrümmten werden gerade sein, und die rauen (Stätten) werden rechte Wege werden, und alles Fleisch wird das Heil Gottes sehen."

Is. 40:5

„Die Schönheit des HERRN wird offenbart und ALLES Fleisch sieht die Befreiung von Elohim." (CLV)

Andere sagen: "Und die Herrlichkeit des Herrn wird offenbar werden, und alle Menschen werden es zusammen sehen."

Gott wird verherrlicht werden, erklärt Jesaja. Lukas 3:6 sagt: "Und alles Fleisch (das ganze Geschlecht der Menschen) wird Gottes Rettung sehen." Nicht "haben Sie einen kurzen Blick, Sie verloren Sünder, und dann gehen Sie in die Qual für immer!" Das "Sehen" ist "Glauben". Lukas' Zitat von Jesaja mag nicht "Revision" sein. Vielleicht ist Gottes "Gloria" ständig die Rettung der Verlorenen. Jesaja 40:5 sagt, dass jeder die Pracht Gottes sehen wird. Niemand wird von Gott getrennt werden oder dann für immer leiden. Lukas hat diese Prophezeiung auf Jesus in Lukas 3:6 angewandt, um zu zeigen, dass jeder seine Erlösung erleben wird.

1. Mose 12:3

Abram segnet alle Familien

"Segnet Abraham, und ich werde diejenigen segnen, die euch segnen und verfluchen, die dich niederwerfen. Alle Familien profitieren von dir."

In Genesis 22:18 versprach Gott Abraham, dass "...alle Völker der Erde sich durch dein Samen segnen werden." "In deinem Samen" zentrierte die Erfüllung des Bundes auf Jesus Christus, "Abrahams Samen." Galater 3:8 und Apostelgeschichte 3:25 verweisen auf Abrahams Gelübde. Es verpflichtet sich ohne Zeit und Raum. Jede Familie auf der Erde ist betroffen, so wird jeder profitieren. Johannes 12:32 sagt, dass die Kreuzigung Christi es abgeschlossen hat.

Ps. 22:27-29

Alle Erinnerung und Rückkehr

"Alle Enden der Erde werden sich erinnern, und sie werden zum Herrn zurückkehren", erklärt die OT.

Familien aus der ganzen Welt werden Sie lieben. Der Herr kontrolliert die Nationen und besitzt das Königreich. Alle Reichen werden vor Ihm feiern und sich niederwerfen. "Alle, die im Staub sterben, werden sich vor ihm beugen, die Seele dessen, der nicht gelebt hat." Ein wunderbares Ereignis wird die Menschheit in der Verehrung Gottes vereinen. Die Lebenden werden ihn feiern und anbeten. Selbst diejenigen, die in den Staub gefallen sind, werden Ihn verherrlichen. Psalm 22:27-29 ist in der Größe und Klarheit der Bibel unübertroffen. Niemand sollte diese oder die Bemerkungen von Jesaja 55:11 bestreiten. Dieses Fest der absoluten Versöhnung wird in Jesaja 25:6-8 erwähnt.

Jesaja 25:6-8 Gott beendet die Reue "...und der HERR der Heerscharen bereitet ein Ölfest auf dem Berg für das ganze Volk, ein Fest der Weinreben, fettige Dinge mit Kiefer und gefilterte Weinkreben." Auf dem Berg schluckt er das Gesicht der Schleife und des Schleifs, das alle Heiden bedeckt. Er vernichtet den Tod dauerhaft, wischt jede Träne von jedem Gesicht, und entfernt die Schande seines Volkes von der Erde; der Herr hat gesprochen. Neben dem ewigen Verzehr des Todes verspricht der Herr ein Versöhnungsfest der besten Gerichte! Jesaja 25:6-8 bezieht sich auf "alle Völker." Denn "Göhe" bedeutet Heidenländer. Gott wird persönlich jede Träne abwischen und entfernen "die Schleife, die über alle Menschen getraen wurde." Er wird Israel reinigen.

Der vorangegangene Vers bezieht sich auf Juden und Heiden: "der Schleier, der alle Heiden bedeckt... über alle Menschen schließt... Tränen aller Gesichter... der ganzen Erde." Es muss wahr sein, da Gott es gesagt hat! Kommen Sie, feiern Sie, sehen Sie über Ihre Blinden, und vergessen Sie die schreckliche Idee, dass der Großteil der Welt wird die Ewigkeit in "ewiger Tod" verbringen.

Da es keinen Unterschied zwischen Juden und Griechen gibt, beschreibt Paulus Israel als alle Gläubigen – den Leib Christi. Das ganze Israel ist für die Menschheit anachronistisch. Das Wort Gottes in Jesaja 25:6-8 ist "das aus Seinem Mund herausgeht; es wird nicht umsonst zu Ihm zurückkehren, sondern wird das erfüllen, was Er will (verheißen), und es wird gedeihen [in der Sache, die Anziehung aller zu Christus - "globale Versöhnung"] dorthin, wo Er es gesandt hat."

Ps. 86:9

Alle Völker loben Gott.

„Alle Völker, die du gemacht hast, werden dich anbeten, mein Herr, und deinen Namen verherrlichen."

Jeder von jeder Nation wird Gott richtig anbeten, weil Christus alle zieht. Philipper 2:10–11 und Offenbarung 5:13 erklären, dass sie sich niederwerfen werden, um Ihn anzubeten. Einige werden Christen sein Gott hat durch Missionare dieses Zeitalters wiederbelebt. Andere werden Gott zum ersten Mal anbeten. Selbst Atheisten werden es verstehen. Keine Unsicherheit mehr. Jeder wird sich beugen, an Ihn glauben, Ihn anbeten und Ihn verherrlichen.

Ti 2:11

Die Erlösung aller "Gottes errettende Gnade kam zu ALLER Menschheit."

Die Gnade Gottes kann jeden retten, sagt diese Schrift. Adam Clarke erklärt, dass dieses Evangelium nicht allen Menschen erscheint, außer in einem hoch raffinierten und geistlichen Sinn, aber es rettete alle Menschen, und Christus kam in die Welt, um für sie zu sterben. "Keine Nation oder Person wird dem Licht und der Hitze der Sonne verwehrt", so leuchtet die Gnade des Herrn Jesus auf alle, und Gott will, dass jeder so viel für seine Seele profitiert, wie sie für ihren Körper von der Sonneneinstrahlung im Himmel.

Die Ränder unserer großen Bibeln lesen: "Die Gnade Gottes, die alle rettet, ist gekommen." In dem interlinearen Analysegerät "scripture4all.org" erklärt Concordant Literal, dass "es für die Gnade Gottes, die Erlösung ALLER Menschen gemacht ist". Der Bruch dieser Übersetzung in kleine Sätze oder Sätze ergibt die Liste unten:

> *1. Made-it-event*

> *2. durch Gottes Gnade*

3. Sparen

4. zu allen Menschen

Was ist mit den Menschen passiert? Von Gott gerettet. Wer hat gerettet? Antwort: "Alle Menschen." Die einzige Frage ist, ob diese Erlösung "angeboten" oder "anwendet" wird. Ohne "Sparen", kann der Vers ein Angebot implizieren. "Die Gnade Gottes erschien allen Menschen" – Christus erschien ihnen. So beseitigt Christus die Sünde nicht. Als "der Erlöser", ein aktiver Ausdruck, der "Anwendung" bedeutet, geht der Text über die Gnade Gottes hinaus.

Christus erklärte, er würde "alle Menschen zu sich ziehen", daher sagt dieser Vers: "Die Heilsgnade Gottes, der Jesus Christus ist, ist allen Menschen erschienen, zieht nun alle Menschen zu ihm und rettet sie alle." Nicht nur "ein Angebot." Gottes erlösende Gnade ist umfassend und mächtig. Alle sind zu Christus angezogen. Der Glaube wird allen gegeben. Unglauben kann Gottes Versprechen nicht aufhalten. Gott garantiert, dass sich jedes Knie beugen wird, jede Zunge bekennen wird, und jedes Fleisch wird gerettet werden. Gott "rettet alle" (Ps. 136:25). Die Menschheit hat Gottes erlösende Gnade und Willen in den kommenden Jahrtausenden erlebt. Sollten "alle Menschen" "alle geboren Menschen" sein, so erstreckte sich die Erlösung Christi auf "die Enden der Erde". Wie "Sünden wurden allen Völkern (Nationen) vergeben, beginnend in Jerusalem" (Luke 24). Die Heilige Schrift beschreibt die nachfolgenden Eonen, insbesondere die nächsten, als ein Programm, um diesen "Advent" in allen Geborenen wiederzubeleben. Jeder wird dieses Evangelium hören. Alle Toten in den Gräbern, Himmel, Meer, Erde und unter der Erde werden Seine Stimme hören und auferstehen.

Rom. 11:11 Die Heiden fallen, um aufzustehen

Ich frage: "Sind sie nicht so, dass sie fallen sollten?" Möge es nicht geschehen" Gott benutzte Israel im Alten Testament, um alle Heiden oder die Menschheit zu implantieren. Sie fielen nicht zufällig oder dauerhaft. "Gott verbiete!" sagt der Autor. Die Mission Israels darf nicht falsch interpretiert werden; Christus hat durch den Fall Israels die universelle Erlösung auf ganz Israel und die Heiden – die Adamische Rasse – „angewendet". Der Vers bedeutet dies. Israel – die Nachkommen Abrahams, die Erben der Verheißung – gilt jetzt für alle, die glauben „in Christus", nicht für die Rasse.

Rom. 16:26

Alle Länder müssen gehorchen "...für den Glauben Gehorsam zu allen Nationen bekannt gemacht..."

Die gute Botschaft des Paulus (Römer 16:25) enthielt das jahrhundertealte "Geheimnis", dass alle Nationen an Christus glauben und ihm folgen werden. Diese Verkündigung und andere wie sie in der Bibel haben keine "kleinen Druck" Grenzen über Raum, Zeit, Leben, Tod, Vergangenheit, Gegenwart oder Zukunft. Paulus antwortete in Vers 27: "...um Gott nur durch Jesus Christus weise zu machen, Ruhm in Ewigkeit." Alle Länder, die Christus annehmen, sind ein Zeugnis der Weisheit Gottes und der Majestät Christi.

ALLE MENSCHEN RELIEFUNG GLÜCKLICHE GEMEINSAME Gnade

Is. 45:17

„Israel ist gerettet in dem HERRN, [mit] Rettung für alle Eonen; keiner von euch wird sich schämen oder beschämten."

"Israel wird gerettet werden in dem HERRN mit einer ewigen Erlösung; ihr werdet nicht schämen oder beschämt werden WELT ohne Ende", sagt KJV. Statt "auf die Eonen der (den) Zukunft", Die KJV-Übersetzer interpretierten "die Oulmi" als "eine Welt ohne Ende", die die Zukunft ruinierte. In dieser Stanza fehlt "artz" (Erde, Globus), "ain" (ohne, es gibt-es-nichts) und "qtze" auf Hebräisch. Dieser Vers verwendet das Hebräische "od oulmi od: p", was "(die) zukünftigen Eonen der Zukunft" bedeutet.

"Wir" bedeutet die Gruppe, nicht ein Individuum. Der HERR bewahrt Israel, und niemand wird sich für immer schämen oder verwirren. Irgendwann wird die "Verwirrung" der Menschheit enden.

Zwei These. 2:13 Uhr

Begrenzte Liebe ist wertlos

Aber "wir verdienen immer noch Lob von unserem Gott in Bezug auf Sie, geliebt vom Herrn (Meister, 'Christus), weil Gott Sie von Anfang der Zeit (in) zum Heil, in der Heiligkeit des Geistes und Glauben an die Wahrheit."

Die "Kinder Gottes" müssen immer Gott für ihre "Brüder", vor allem Christen, loben. Dieser Text legt nahe, dass alle Menschen an die Zukunft glauben werden, denn Gott hat uns von Anfang an „gerufen" („gezeichnet") und uns in seiner Vorsehung erwählt. Da "er will, daß alle wissen" (Tim 2:4), wird jeder gerettet werden, wie er will.

Viele werden nach unserer Auffassung in Frage kommen und in Zweifel sterben. Liebt Gott alle gleich oder beglückwünscht er einige? Da "Gott die Welt so liebte...", muß er alle lieben. Verweisen Sie auf Johannes 3:16.

Gott liebt uns unabhängig von unseren Weltanschauungen. Du warst von Gott geliebt, bevor du es wusstest. Alle Nachkommen Adams werden hier "Brüder, geliebte des Herrn" genannt. Wie "viele" jetzt denken, werden "die vielen" es in der Zukunft tun. So erlaubt die Versöhnung keine Wahl. Indem er sagt: "Jesus ist der Erlöser (im Allgemeinen) der ganzen Menschheit, besonders (aber nicht ausschließlich) derer, die glauben", betont Paulus (1 Tim. 4:10-11).

"Diese Liebe zu einem ohne große Liebe zu allen ist leer." -- Russell Lowell

Judas 1:3

Alle können gerettet werden "Liebhaber, (in) jede (alle) Sorgfalt, um Ihnen über die gemeinsame Erlösung zu schreiben, (durch) Notwendigkeit habe ich Ihnen schreiben müssen, um Sie zu bitten, um den Glauben zu streiten, einmal übergeben ('werden-gegeben-übergeben') zu den Heiligen."

"Lieben, als ich ALLE Mühe gegeben habe, euch [alle Menschen, die schließlich diese gute Botschaft hören werden] über die allgemeine [universell angewandte] Rettung zu schreiben; um für den Glauben zu kämpfen, der einmal den Heiligen übergeben wurde."

Warum ist das bemerkenswert? Abgesehen von Abrahams Versprechen, dass "alles Fleisch das Heil des HERRN sehen wird" in seinem "SEED" (Jes. 40:5 und Lk. 3:6), fordert Paulus die Heiligen auf, "Alle Fleisch wird zu dir kommen, O Hörer der Gebete", Psalm 65:2. Job 1210, Idol 1210, Psalm 136, 145, Idol 228 und Apostelgeschichte 217.

Als Lösegeld gewährte der Vater Jesus Christus die Herrschaft über „ALLES Fleisch" (John 17:2). Deine Autorität sollte ihm erlauben, ihnen das ewige Leben zu geben.

KJVs "über alles Fleisch, dass er dem ewigen Leben geben sollte, so viele wie du ihm gegeben hast" verschleiert die globale Bedeutung des Verses. Wie viele "Seelen" hat Gott Jesus gegeben? Die Heilige Schrift weist darauf hin, dass der Vater die Menschheit für seinen Sohn opferte. Die KJV verwendet "polloi", was "viele" bedeutet.

Eine These. 5:9

Niemand ist ewig wütend.

Also "Gott hat uns nicht zum Zorn bestimmt, sondern um durch unseren Herrn Jesus Christus gerettet zu werden."

In Vers 5 erklärt Paulus: "Ihr seid alle Kinder des Lichts und Kinder des Tages; wir sind weder von der Nacht noch von der Finsternis." Die meisten Individuen haben die Erlösung noch nicht gefunden, aber sie werden es tun, da sie vorab bestimmt waren.

Abraham sagte: "Gott hat [keinen] von uns (Menschen) nicht zum Zorn bestimmt, sondern vielmehr [die Erlösung zu erlangen] durch unseren Herrn Jesus Christus." Gerettete Menschen vertrauen auf Gottes Wort mit "heiligem, seelenreinigendem Glauben", nicht "zornigen" Einstellungen. Wir glauben, dass jeder Erfolg haben wird, weil Gott jedem Glauben gegeben hat.

Dies richtet sich an die Christen, aber es geht nicht nur um sie. Wenn nur Gläubige gemeint wären, würde Paulus nicht sagen, „um Erlösung zu erlangen" (future tense).

Wenn Paulus "uns" sagt, müssen wir wissen, wer er meint. "Auch immer noch Sünder" muss die Gläubigen und Nichtgläubige umfassen. Wir sind gerettet als "noch Sünder" Gläubige. Es muss den nicht bekehrten gegeben werden.

"Gott hat uns [alle Menschen] nicht zum Zorn bestimmt", muss man interpretieren. Aber "Gott hat uns (alle Menschen) bestimmt, um durch unseren Herrn Jesus Christus Heil zu erlangen." Er hat "alles zu sich gezogen." Nach seiner Auferstehung. Wenn Er nicht alles gezogen hat, ist Seine Verheißung leer.

Als Christen müssen wir unsere "Nachbarn" als Brüder und Schwestern lieben, auch wenn sie das Evangelium nicht "durch einen heiligen, seelenreinigenden Glauben" angenommen haben. Paulus beweist, dass "wir" die Menschheit bedeutet, da Menschen gerettet werden müssen. Jetzt an die "Gläubigen" gerichtet, sollten sie sich dessen bewusst sein und nicht Gottes "gemeinsame Gnade" für die ganze Menschheit in Frage stellen, wie es viele noch tun.

Paulus wollte wahrscheinlich die falsche Vorstellung widerlegen, dass viele nicht zum Heil berufen waren, wie der Fehler von heute. Viele denken immer noch, sie seien "besonder", ausgewählt über alle anderen. Einige falsche Lehren behaupten, dass alle Menschen gerettet sind, nicht zur ewigen Rache verurteilt.

Ps. 68:20

Der Tod wartet auf alle.

„Unser EL ist großes Heil, und dem HERRN, meinem Herrn, gehört der Tod."

Der KJV sagt: "...unser Gott ist der Gott des Heils; und zu Gott, dem Herrn gehören die Ausgänge vom Tod." Als der große Erlöser besitzt Jehova alle Probleme des Lebens. Jesus musste alle Probleme des Todes lösen. Die Anstrengung Christi wird alle wiederbeleben.

Jesaja 35:4,10

Jeder, der erlöst wird, wird von Gott gerettet werden. Du solltest dich nicht fürchten! Du wirst gerettet werden durch deinen Gott mit Zorn."

"Seid stark, fürchtet euch nicht; siehe, euer Gott (auch wenn ihr es noch nicht wisset und nicht versteht) wird mit Rache kommen, ja, Gott mit Vergeltung; Er wird kommen und euch (alle) retten."

Jeder ist erstaunt über die Groteske des Todes. Die meisten Menschen fürchten den Tod oder den Verlust ihrer Angehörigen. Alter bringt Traurigkeit, weil körperliche Belastungen die Seele erschöpft haben. Jesaja sagte, dass Gott "mit Rache" kommen wird, um unsere Freuden und Lieder der Freude wiederherzustellen. Jesaja sagte: "Und die Erlösten des Herrn werden zurückkehren und kommen zu Zion mit Liedern und ewiger Freude auf ihren Köpfen; sie werden Freude und Freude erlangen, während Trauer und Seufzen wegfliehen werden." Jesus entschädigt alle (Is. 35.10).

Um Rassendiskriminierung und religiöse Diskriminierung zu bekämpfen, wird die Regierung des Neuen Testaments die gesamte Menschheit umarmen, nicht nur Israel, und Einheit, Gleichheit und Nicht-Sektarismus fördern. Viele glauben, dass Gott immer noch ein Fanatiker ist, der Juden bevorzugt. Wir wurden getäuscht! Alle folgenden Schwierigkeiten betreffen die Menschheit, wie es Israel im Alten Testament darstellt. Wir müssen vermeiden, die Besonderheiten des Alten Testaments auf das Neue Testament anzuwenden, um ein Neues Testament zu haben.

Ez. 36:29

Gott wird alle besitzen.

„Ich bewahre dich vor all deiner Unreinheit; Ich werde dich (die Menschheit) retten."

In den vorangegangenen Versen wird darüber gesprochen, wie Jehova ein neues Herz und einen neuen Geist in den Menschen einpflanzt, wenn Jesus die Sünde der Welt vergibt. Abraham wurde gesegnet, und die ganze Menschheit wurde Sein.

Hosea 1:7

Die Heiden werden von Gott gerettet, um Israel zu retten.

„Ich werde Juda mit Barmherzigkeit retten..."

In Jesu Tagen öffnete Gott eine Tür für alle Länder, aber im Jahr 1948 eröffnete er sie erneut, um Israel zu bewahren, wie wir es jetzt mit einem neuen Land sehen. Um „alles Israel zu retten", muss Christus zuerst die Heiden retten.

In 1 Petrus 2:9-10 nennt uns Petrus ein „erwähltes Volk", „königliches Priestertum", „heiliges Volk" und „auserwähltes Geschlecht". "Aber Sie [sprechen heute zu uns allen] sind eine auserwählte Rasse [nicht nur Israel, sondern die ganze Menschheit]", fährt er fort.

Matt. 1:21 Jesus rettet alle von der Sünde.

„Sie wird einen Sohn gebären, den ihr Jesus nennen werdet, um euch von euren Sünden zu erlösen."

Im Neuen Testament wird Jesus als „Jahres Heil" oder „Jesus" bezeichnet, da die Übersetzungen „seinen" anstelle von „Ton" verwenden, um darauf hinzuweisen, dass Jesus speziell für Israel gekommen ist. Aber die Schrift bezeichnet sie als "von Ihm" und "das Volk". Ich denke, "das Volk" bedeutet alle, nicht nur die Israeliten. Engel informierten Joseph in Träumen, dass Christus gekommen war, um "sein Volk", die Juden, zu erlösen. Alle Menschen sind durch ihre Existenz das "Volk Christi" (9:26). Im weitesten Sinne wurde Jesus gesandt, um "Sünde beiseite zu stellen".

Fünf vergleichbare Sätze: "Alles ist mir von meinem Vater gegeben" (Joh. 3:35), "Der Vater hat alles in die Hände des Sohnes gelegt, weil er ihn liebt" (John. 6:37), und "Alle Dinge, die der Vater mir gibt, werden zu mir kommen, und ich werde niemanden, der zu mir kommt, verwerfen" (Jo. 13).

Johannes zeigte die Demut Christi in den nachfolgenden Passagen. Christus zog seine Kleider ab, nahm ein Handtuch auf und wusch und trocknete die Füße der Jünger, obwohl er Herr war und direkten Zugang zum Vater hatte. In diesen letzten Tagen "setzt er ihn zum Erben aller Dinge, und durch ihn sind die Zeiten geschaffen" (Hebrews 1:2).

Das Neue Testament sagt, dass Gott Jesus Christus die ganze Schöpfung gab, nicht einfach "alle Dinge", und der Sohn gab alles, was der Vater besaß. Alle werden in das Königreich des Sohnes eintreten. Christus bat Gott, seinen Hinrichtern zu vergeben. In Hebräer 1:2 heißt es, dass Christus der rechtmäßige Erbe aller Dinge ist, während in Hebräern 13:8 heißt, dass Jesus ewig ist. Solange Er niemals verändert und allen vergibt, ist derjenige, der seine Hinrichtungen vergeben hat, der Erbe aller Dinge.

Er stellte zuerst Seine Macht fest, dann ernannte er Christus zum rechtmäßigen Erben aller Dinge. Mit der Hilfe des Vaters wurden die Feinde Jesu zu Fußsteinen (I Corinthians 15:25). Christus gibt seinem Vater das Königreich (I Korinther 15:24-27), indem er ihn "alle in allen" macht (I Corinthians 15:28). Wie schön, dass Führung und Souveränität zusammenarbeiten! Gott sei Dank!

Matt. 18:11

Alle wurden von Christus gerettet.

Der Menschensohn rettete die Verlorenen.

„Der Menschensohn ist gekommen, um die Verlorenen zu retten."

Was verloren? Da Gott die Welt – die vielen – liebt, sandte Er Seinen Sohn Jesus, um Adams Taten zu korrigieren und jedem das Leben wiederherzustellen, um die Verlorenen zu retten. Vers kann nicht besser gesagt werden. Ein weiteres Beispiel folgt.

Lukas 9:56

Denn der Menschensohn ist nicht gekommen, um die Seelen der Menschen zu vernichten, sondern um sie zu retten.

Nach dem König Jakobus: „Der Menschensohn ist nicht gekommen, um menschliche Leben zu vernichten, sondern um [sie] zu retten." Wie viele hat Jesus gerettet? Die Antwort lautet „das, was verloren gegangen ist". Wie viele verloren? Antwort: Alle Menschen.

Lk. 19:10

Christus zur Wiederherstellung „der Menschensohn ist gekommen, das Verlorene zu suchen und zu retten." Siehe Matthäus 18:11. Die meisten gehen davon aus, dass es sich nur um Israels verlorene Schafe handelt. Paulus Mission hatte Mitleid und Heil für alle Nichtjuden, oder die Menschheit. Christus Jesus kam, um das Verlorene zu suchen und zu retten, das war die ganze Menschheit von Adam an.

Hat Jesus seine Erklärung geändert, um nur die verlorenen "Auserwählten" zu retten? Wenn Er sagte, Er sei gekommen, um die Verlorenen zu retten, ist es unmöglich? Zweifeln Sie daran, dass Christus sein Versprechen erfüllen wird, auch dies? In Johannes 12:32 macht Christus die größten und breitesten Versprechungen über die letzte Versöhnung der Menschheit. Wenn ich von der Erde erhöht werde, werden alle Menschen zu mir kommen."

Johannes 3:16

Gott liebt die Welt so sehr, dass er seinen einzigen Sohn gesandt hat, damit diejenigen, die an ihn glauben, ewig leben können. Gott hat Jesus gesandt, um die Welt zu retten, nicht zu richten.Ewiges Leiden Christen lieben diese Passage, gefolgt von unbegrenzter Erlösung (John 3:17). In Johannes 3:16 beschränkt sich die Erlösung auf diejenigen, die nur an Christus im Fleisch geglaubt haben. Die Gläubigen der ewigen Verdammnis betonen diese Begrenzung. Versöhnung Christen argumentieren 3:17 zeigt, dass Christus von Gott gesandt wurde, um die Welt zu retten, nicht zu richten. Sie glauben, dass alle Christus annehmen und nach dem Gericht gerettet werden.

Vers 16 liebte nicht nur die Gläubigen, sondern alle, die glauben. „Jeder, der glaubt", bedeutet, dass alle erlöst werden. Angesichts der ganzen Heiligen Schrift, welchen Standpunkt von Johannes 3:16 nehmen Sie? Wie viele „wer will" hängt von der Definition ab.Niemand kann gerettet werden, ohne die Liebe Gottes und die Sündenzahlung Christi. Niemand wurde verschont, weil das Urteil unumkehrbar war. Jeder würde sterben und seine Seele verlieren.Der Vers könnte bedeuten: „Gott hat die ganze Menschheit geliebt und hat daher seinen einziggeborenen Sohn (Jesus, den Gesalbten) gegeben, um in den Kosmos zu kommen, nicht, dass sein Sohn die gesamte Menschheit richten soll, sondern dass alle Menschen, die an ihn glauben, ein ewiges Leben haben sollen, anstatt gerichtet und vertilgt zu werden. Also kam Jesus, um die Welt zu retten, nicht zu richten.

Johannes 3:17   „Denn Gott hat seinen Sohn in die Welt gesandt, um sie zu retten und nicht zu richten."

Die einzige Alternative ist, dass der Mensch nicht gerettet werden wird, daher "kann" oder "könnte" passt. Jesus erlöst Menschen, damit sie lieber gerettet werden als verloren. Ohne Jesus wäre die Menschheit für immer verdammt. "Möge" bedeutet also "Wille", denn Gott will, dass alle gerettet werden. Nicht nur zu hoffen und seine Finger zu kreuzen. Er hat klare Ziele.

Gott will alles oder nichts. Traditionalisten sagen, Gott "will" oder "wollt" Dinge, anstatt sie zu "wollen", aber sie vergessen, dass Er keinen "Partner oder Spender" hat, um Seine Wünsche zu erfüllen. Sie machen Gott abhängig von menschlichen Tricks und Lügen, anstatt sich auf Ihn zu verlassen, um Seine Ziele zu erfüllen.

Die traditionelle Religion glaubt, dass nur ein kleiner Prozentsatz der Menschheit gerettet werden wird. Wenn ja, dann ist Gottes Plan, die Menschheit zu retten, gescheitert. Gott hat seinen Sohn gesandt, um die Welt zu retten, nicht zu verurteilen.

Johannes 12:47

Alles behalten, Verlust vermeiden

Ich werde ihn nicht kritisieren, weil ich gekommen bin, um den Planeten zu retten. "...denn ich bin nicht gekommen, um die Welt (die Menschheit) zu richten, sondern um sie zu retten." (KJV)

1 Johannes 4:14

Jesus, Erlöser der Welt

„Wir haben ihn gesehen und bezeugen, daß der Vater den Sohn gesandt hat, den Erlöser der Welt." Wir glauben, weil wir gesehen haben, dass der Vater den Sohn gesandt hat, um die Welt zu retten.

 Die King James Version (KJV), die dem Satz "zu sein" hinzufügt, sagt, dass sie für alle gilt und dass Jesus ihre Sünden erlöst hat. Weil der KJV die Bedeutung der Passage bewahrt. Nicht der Mensch, sondern Christus muß die gute Botschaft verkünden und wie ein Bund mit Gott die Hände schütteln.

1 Tim. 1:15

Gott rettet Sünder

Wahrhaftig und willkommen, daß Christus Jesus in die Welt gekommen ist, um Sünder zu retten, von denen ich der Erste bin.

Dies ist eine zuverlässige Lehre und würdig der vollen Annahme: Christus Jesus ist in die Welt gekommen, um Sünder zu retten [alle gefallenen Menschen?], von denen ich der Haupt bin." Wie viele Sünder hat Jesus gerettet?

Gott verspricht viele Dinge, einschließlich Versöhnung. "Kein Mensch kann zu mir kommen, es sei denn, der Vater, der mich gesandt hat, zieht ihn an" (John 6:44, KJV). Christus sagte vor Seinem Tod, dass Seine Auferstehung alle Menschen zu sich bringen wird. "Ich werde von der Erde auferweckt werden, und ich werde alle zu mir ziehen, Johannes 12:32. Der Vater zog Menschen zu ihm. Wieviel hat der Vater gezogen? Menschen schaffen "alles"?

Johannes 12:32   Christus zieht alle Menschen zu sich.

HupsOthO ek tEs gEs pantas helkusO pro emauton Ich werde von-der Erde erhoben, ALLE, Ich-soll-werden-Zeichnen, zu Mir selbst

"Und mit diesen Worten zeigte er die Art des Todes, den er zu ertragen hatte."

Christus erklärte, dass er alle zu sich ziehen würde, wenn er am Kreuz starb. Dies könnte bedeuten, dass bei dem Gericht Christi alle zu Ihm gezogen werden und Er unwiderruflich Ungläubige bestrafen wird. Andere behaupten, dies seien die Worte des Messias und dass Er alle durch Seine Kreuzigung retten möchte.

Was meinte Christus mit "Ich werde alle zu mir ziehen"? Die Verwechslung der Wahl mit dem freien Willen hat die Kirche seit Jahren getrennt. Ihre Ansichten über Erlösung und Wahlkonflikt. Wählen Menschen Gott? Zwei primäre Gruppen haben sich gebildet: diejenigen, die glauben, Gott begrüßt alle, um gerettet zu werden, aber wählt wenige, und die, die Gott glauben will, alle zu retten, aber ist nur "fähig", um einige zu retten.

Die biblische Ansicht, dass Gott die ganze Menschheit für ein vollkommenes Leben der Gemeinschaft mit Ihm und seinem Willen "entworfen" hat (ruft ALLE) und jeden Menschen über Jahrtausende hin zur Erlösung zieht, wird heute weitgehend abgelehnt. Wie viele werden aufstehen und Gott anbeten? "Jedes Knie wird sich beugen" und andere Gelübde garantieren dieses Ziel, ungeachtet der Dogmen der Kirche und des öffentlichen Verständnisses. Wir sollten die Große Hoffnung suchen. Alle sind eingeladen und gerettet von Gott, mit wenigen Ausnahmen, da Er will, zieht, und "plan" alle zu retten.

Eccl. 12:7

Gott wird alle Geister empfangen

„Und der Staub kehrt auf die Erde zurück, wie er war, und der Geist zu Gott, der ihn gegeben hat."

Die Geister verlorener Menschen bleiben nach dem Tod bei Gott. Doch Gott, der Ursprung aller menschlichen Seelen, umarmt sie alle. Gott regiert alle Geister, also ja. Er ist der Vater aller Geister (Heb. 12:9).

"...Elohim der Geister für alles Fleisch, wie für einen Menschen, er sündigt; aber wirst du wütend sein auf die ganze Gemeinde?" "... O Gott, Gott der Geister aller Fleisch, wird ein Mensch Sünde, und willst du wütend sein mit der ganzen Gemeinde?" (CLV) (see 16:22).

Es scheint, dass Gott nicht immer wütend auf die Versammlung über Adam sein wird. Während die Menge die Menschheit symbolisiert, repräsentiert der Priester Adam.

Johannes 16:15

Christus empfängt "Jeder" vom Vater.

Joh. 17:10 KJV "Und alles, was mir gehört, gehört dir, und das Deine gehört mir."

Ps. 22:29

Die Toten werden sich beugen.

„Alle, die fett sind auf Erden, werden essen und anbeten; alle, die in den Staub hinabgehen, werden sich vor ihm niederbeugen; und niemand kann seine Seele am Leben bewahren."

Da "alles" (pantas) sich auf alle Schöpfung und Lebewesen bezieht, ist seine Definition in Johannes 12:32 unnötig. Dieser Satz ist verständlich, da ALLE

ALLE bezeichnet. Wenn es "nur alle, wer will", "nur all jene, wer liebt", "alle Lieblinge Gottes", oder "alle Menschen, die glauben", würde "alle" eingeschränkt werden. Keine Grenzen sind festgelegt. Christus, der "alles zieht", was ALLES bedeutet, denn die Menschheit ist offensichtlich. Natürlich, alle Menschen jemals. Kein anderer Kontext macht den Vers sinnvoll. Ähnlich wie "Dann wird der Staub in die Erde zurückkehren, wie er war, aber die Seele wird zu Gott, der es gegeben hat, wiederkehren" (Eccl. 12:7).

Diese drei Bücher informieren uns, dass die Menschen göttlich sind, von dem Göttlichen auf Erden geschützt und zu dem großen und fürsorglichen Wesen zurückkehren werden, das sie nach dem Tod geschaffen und pflegt. Eine der bemerkenswertesten Aussagen Jesu ist Johannes 12:32. Er verurteilte die Pharisäer, weil sie den Himmel nicht für alle geöffnet hatten. „Heuchler! Schande für die Schriftgelehrten und Pharisäer!"

Das Königreich des Himmels nicht zu erlangen oder andere versuchen zu lassen, hindert andere (Matt. 23:13). Sie schlossen nie das Königreich der Hölle; sie waren froh, Menschen einzulassen, aber sie wollten das Paradies auf Nichtfolger beschränken. Sie haben die Hölle nie versiegelt.

Sehen viele Menschen heute wie Schriftgelehrte und Pharisäer aus? Die Hölle war willkommen, aber den meisten wurde das Paradies verwehrt. Wenn Er lebte, würde Jesus zu ihnen rufen: "Weh euch!" wie Er zu ihren Vorfahren und Schwestern tat. Christus warnte seine Anhänger: "Hütet euch der Lehre der Schriftgelehrten und Pharisäer" (Mk. 12:38). "Er wird von der Mühe seiner Seele sehen, [und] wird satt sein; durch sein Wissen wird mein gerechter Knecht die vielen rechtfertigen; denn er wird ihre [offensichtlich, die ganze Menschheit] Missetaten tragen." Jesus predigte, litt, starb, auferstand von den Toten und stieg in den Himmel, damit jeder sein Reich betreten konnte. Da "Er die Arbeit seiner Seele sehen wird" (Jes. 53:11, KJV), wird jeder auf Erden dem himmlischen Reich beitreten.

Phil. 2:9-11, Römer 14:11

Alle Zungen werden bekennen

So hat Gott ihn hoch erhoben und ihm einen Namen über alle Namen gegeben, so dass im Namen Jesu alle Knie im Himmel, auf Erden und unter der Erde beugen werden und jede Zunge bekennen wird, dass Jesus Christus Herr ist zur Herrlichkeit Gottes, des Vaters.

Denn ich lebe, spricht der HERR, daß sich mir alle Knie neigen und jede Zunge Gott bekennen wird.

Wie viele Knie und Zungen sind "jeder"? Ist jede Gruppe gewählt? Einschränkung der menschlichen Bevölkerung? Ein Todesfall ausgeschlossen? Der Psalmist sagt, dass jeder stirbt und begraben wird. Alles, was auf der Erde gelebt und gestorben ist, wird auferweckt werden, um den Herrn anzubeten.

GOTT WINS - Glad Tidings hilft allen.

Matt. 11:28 RICHT ALLE: Kommt zu mir, ihr alle, die ihr arbeitet und beladen seid, und ich will euch erholen.

Der Ruf Jesu zu "Kommen zu mir, alle, die ihr arbeitet und schwer beladen seid" war für alle, nicht nur für Sein Publikum. Alle, die "belastet" und "arbeit" sind, werden zu ihm "kommen". Jeder ist "schwer beladen" und "gearbeitet" durch Sünde.

Jesus versprach: „Ich werde euch REST geben", was eine unendliche Versöhnung erforderte. Sein Angebot der "Rast" an "alle, die ihr arbeitet", "zu" Ihm zu kommen, hätte wenig Sinn gemacht, wenn die Menge eingeschränkt (durch eine begrenzte Versöhnung) und nicht in der Lage gewesen wäre, Ihn zu erreichen.

Christus „zog die ganze Menschheit" und definierte den „Auserwählten". Gott rettete alle vor dem Ende der Welt, sagte er. Er ruft viele, wählt aber wenige über Jahrtausende. Alles Fleisch – Menschen – ist versöhnt.

Jede alternative Lesung legt nahe, dass Christus gelogen hat. Seine Forderung wurde durch "unbegrenzte ATONEMENT" für alle Missetaten unterstützt. Das Wort "Auserwählt" bedeutet "diejenigen", die auf dem Eonianischen Weg zur Wiederherstellung auf die "auserwählte" Menschheit warten.

Es. 33:11

Wollen Sie Wicked zurück?

Wie ich lebe, HERR, so freue ich mich nicht über den Tod des Gottlosen, sondern vielmehr, daß sich der Gottlose von seinem Wege wendet und lebt.

Diese Bemerkungen zeigen Gottes Charakter. Die Übertretungen der Israeliten verursachten „Tod". Es wurde kein Höllenurteil ausgedrückt. Wäre Gott dauernd unzufrieden, wenn er böse Menschen zum „ewigen Tod" verurteilte, wenn dieser Abschnitt Seinen Zorn zum Ausdruck brachte? Er kann Sünder über den Tod hinaus lehren und heilen.

Ex. 34:7

Tausende glücklich zu halten „Er verzeiht Tausenden, aber die Verderbnis der Väter betrifft die Söhne und ihre Kinder, die dritte und vierte Generation."

"Die Schuld der Väter zu besuchen" auf die Söhne soll sie alle aus dem Grab auferwecken. Gott verurteilt diesen Irrtum, doch Adam und Israels Übertretung rettete die Heiden (Rom. 11:11). Er versprach, die Heiden wie Israel von der Sünde zu befreien.

Jes. 33:24

Kein Grund, Entschuldigung

Der Tabernakel wird nicht sagen: Ich bin krank. Die verdorbenen Bewohner werden leiden.

Alle Bewohner werden nicht sagen: "Ich bin krank!" Diejenigen, die darin wohnen, werden ihre Schuld vergeben. (KJV) "Jedes Geschöpf, das im Himmel ist und auf Erden, und unter der Erde, und auf dem Meer, und alles, was in ihnen ist, höre ich auch sagen: 'Wer auf dem Thron sitzt -- dem Lamm -- sei Segen und Ehre und Herrlichkeit und Macht (in) für die Eonen der Eonen'" (Offb.5:13) bezieht sich auf die Zukunft im Alten Testament. Die Bibel sagt, dass „jedes Geschöpf" erlöst und fröhlich gemacht wurde. „Jedes Geschöpf" muss intelligente einschließen.

Is. 43:25

Alle Sünden vergessen

"Ich, ich bin derjenige, der eure Übertretungen um meinetwillen auslöscht, und ich werde eure Sünden vergessen."

"Ich bin derjenige, der deine (alle Menschen) Übertretungen für mich selbst auslöscht, und ich werde deine Sünden nicht in Ewigkeit erinnern." - KJV Ed.

Jes. 44:22

„Siehe! Wie eine Wolke lösche ich eure Übertretungen. Kehrt zu mir zurück; ich habe euch erlöst."

„Siehe! Meine schwere Wolke maskierte die Fehler, Sünden und Unvollkommenheiten der Menschheit. Erkennt, daß ich euch alle erlöst habe."

Micha 7:18-19

Bleiben Sie nicht wütend.

Micha fragte den HERRN: Wer ist ein El (Gott) wie du, der Unrecht trägt und Übertretungen überlässt für seinen Überrest? Er ist liebend und hält keine Gräueltaten. Seine Rückkehr wird freundlich sein. Er wird gegen das Böse kämpfen. Wirf unsere Sünden in die Dunkelheit des Meeres.

Wer ist ein Gott wie du, der all die Verderbnisse der Menschheit vergibt, die Bosheit, und sogar den Rest der Übertretungen Seiner Zuweisung? Er erfreut sich an allgemeiner Güte für alle Menschen, so dass Er Sein Unglück niemals ewig hält. Er wird zurückkehren und sich der Nachkommen Adams erbarmen, die Ungerechtigkeiten der Menschheit unterwerfen und alle Mängel der Menschen ins Meer schicken.

Diese "begrenzten Versöhnung" Kirchendogmatisten lehnen das Konzept des Alten Testaments "Erste Frucht" und Jakobs Anwendung des Neuen Testaments ab (1:18). James behauptete, die Christen seien die ersten Früchte der Menschheit. Wenn wir diese Verheißung sorgfältig annehmen, bereiten wir uns auf die letzten Gaben Gottes vor.

Micha 7:18b-19 zeigt, dass Gott Barmherzigkeit über Gericht schätzt. Durch die große Anstrengung Christi kann Gott die Sünde besiegen und sie ins Meer werfen. Dieser Text fördert den Universalismus, weil Gott alle Sünden vergibt und die Übertretungen seiner Nachkommen übersieht. Gott liebt nichts mehr, als einen Sünder mitfühlend zu zeigen, ohne den er ewiglich umkommen muß.

Ps. 103:6-14

Keine Vorwürfe für immer

Gott ist barmherzig, langsam wütend und voller Liebe. Er wird Sein Ungehorsam nicht ständig anklagen oder behalten für immer. Er erkannte unsere Struktur, da er wusste, dass wir Staub sind, also bestrafte Er uns nicht für unsere Sünden oder Übertretungen.

Psalm 103:7 und 11-13 beziehen sich auf Israel, während Verse 6, 8, 10 und 14 sich auf "alle" Menschen aller Altersstufen und Orte beziehen, einschließlich "alle niedergeschlagenen". Sein Mitgefühl, seine Unwilligkeit, den Zorn über die Zeit hinaus aufrechtzuerhalten, und sein Verständnis der menschlichen Schwächen widersprechen dem Glauben, dass Gottes Urteile ewig sind

Ps. 86:15

Gottes Zorn ist langsam.

„Mein Gott, du bist freundlich, langsam zum Zorn, und reich an Liebe und Treue!"

In Psalm 86:14 erklärte David, dass arrogante, unmoralische und grausame Menschen ihn angreifen und versuchen, ihn zu töten. Davids Kontrast zwischen ihren schrecklichen Feinden und Gott war auffallend! In Zeilen 15-16, gab David alles Gott und betete für die Gnade der Erlösung.

Heb. 8:10, 12

Vergessene Sünden

Wenn ich nicht erinnert werde, so will ich nach jenen Tagen die Ungerechtigkeiten, Verbrechen und Gesetzlosigkeiten Israels vergeben.

Paulus sagt, "der Leib Christi" ist (für jetzt, während des Zeitalters der Gnade) "das wahre Israel Gottes" (Gal 6,16), und Gott verspricht, ALLES Israel zu retten, so dass dieser Vers alle Heiden umfasst. Zum Beispiel: "Das ist das neue Versöhnungsversprechen, das ich jetzt gemacht habe."

Is. 1:18

Gnade für das Falsche

"Wenn deine Sünden doppelt scharlach sind, werden sie weiß wie Schnee; gerötet werden sie zu Wolle."

"Ihr" bedeutet Menschlichkeit, daher kann die Seele von der größten Sünde gereinigt werden. Die Ewigkeit wird niemals einen Augenblick zeigen, wenn dies unmöglich ist. Wie falsch ist es, anzunehmen, dass ein großer Teil der Menschheit bald außerhalb der Erlösung sein wird!"

Ps. 103:3 ALLE Sünden vergeben

"Wer alle deine [Menschen] Missetaten vergibt und alle deine Krankheiten heilt."

Jer. 33:8 wird jedes Übel annehmen

Ich werde Israel und seine Heiden von ihren Verbrechen gegen mich reinigen und ihnen ihre Sünden gegen Gott und mich vergeben.

Adam unterdrückte alle, daher „tötet der HERR Gerechtigkeit und Recht für ALLE, die unterdrücken sind (und waren und werden)" (Ps. 103:6, 19). Gott überwacht alles von Seinem Sitz im Himmel.

Eph. 1:7

Vergebt alle Verfehlungen

„In ihm haben wir Erlösung durch sein Blut, Vergebung der Sünden nach seiner Gnade."

„In dem haben wir (alle Menschen) Erlösung durch sein Blut, die Vergebung unserer Sünden (und die Zerstörung der Adamischen Verurteilung), nach den Reichtümern seiner Gnade." KJV mit Interpretationen.

Apostelgeschichte 13:38

Alle bösen Menschen Männer, Brüder [die Menschheit als Ganzes], erkennen, dass dieser Eine [Mann] euch die Vergebung der Sünden vermittelt [durch die Welt].

In Apostelgeschichte werden „Brüder", die zum ersten Mal „das Evangelium hören", „angekündigt" und informiert, dass ihre Sünden vergeben werden.

Gal. 1:4 LÖSUNG FÜR Sünden „der unsere Sünden erlöst hat."

In Übereinstimmung mit dem Willen unseres Gottes und Vaters opfert sich Christus für unsere Sünden, um uns aus dieser schrecklichen Epoche zu retten.

Christus Jesus "gab sich selbst ein Lösegeld für ALLE [alle Menschen], besonders [aber nicht allein], von denen, die glauben] zu Zeugnis zu seiner Zeit", und er tat (1 Tim 2: 1-6). Damit „jedes Fleisch die Erlösung Gottes erfährt", muss dies geschehen.

1 Johannes 3:5

Die menschlichen Sünden werden von Jesus entfernt.

Sie wissen, dass Er offenbart wurde, um unsere Sünden zu vergeben, weil Er ohne Sünde ist.

Und ihr wisset, daß Er offenbart worden ist, damit Er unsere Sünden wegnimmt; denn in Ihm ist keine Sünde. (CLV)

Offenbarung 1:5

Seine Liebe reinigt alles

Von Jesus, dem Gesalbten, dem vertrauenswürdigen Zeugen, dem (einzigen), der zuvor von den Toten auferweckt wurde, und dem Fürsten der Königreiche der Welt, der uns liebt und unsere Sünden durch sein Blut vergibt.

"An den, der uns [alle Menschen] geliebt hat und unsere Unreinheiten in seinem Blut gewaschen hat."

Johannes 1:29

Die Welt ist verschwunden

„Siehe, das Lamm Gottes, das die Sünde der Welt wegnimmt!"

Was bedeutet "zieht weg" oder "nimmt weg"? "AirOn", ein gegenwärtiges Partizipel, bedeutet "entfernen" kontinuierlich. Jesus' "aufzunehmen, erhöhen, erheben; zu tragen, tragen; zu nehmen, entfernen; zu zerstören, zu töten." Dieser Text zeigt das Ziel von "Taking AWAY", "Die Sünde" der Welt.

Jesus, der Erlöser der Menschheit, entfernt alle Sünden. Die Heilige Schrift sagt, dass er "die Sünde der Welt wegnimmt." Das Kreuzigungswerk des

Lammes entfernt alle Sünden. Er "nimmt" bedingungslos, ein für allemal und immer. Das gilt für alle.

Die Menschen sind „nicht gerettet", auch wenn diese universell anwendbare unendliche Versöhnung für sie erheblich versöhnt hat. Das Problem ist die Bereitschaft des Sünder, den Sohn anzuerkennen und ihm zu vertrauen, nicht die physische Beseitigung des Sins. Es ist Bewusstsein, was zählt.

Unterschied zwischen "Erlösung" und "Errettung". Beide Begriffe sehen ähnlich aus, beziehen sich aber auf verschiedene Teile des Versöhnungsplans Gottes. Was Christus tut und was passiert, wenn ein Mensch wahrnimmt, glaubt und sich dessen bewusst wird.

Gott, in Christus, der alle Menschen in sich selbst nimmt, "erlaubt" ihnen, zu hören, zu bekennen und zu glauben, wenn sie das Evangelium hören. Er kann es nicht für eine Weile tun. Kann jemand, der von der Sünde der Welt durch Christus, das Lamm Gottes, „entführt" wird, in die Hölle gehen? "Ja, er kann", wenn er sich weigert, "in" zu glauben und "Jesus Christus als seinen Erlöser anzunehmen.

Das "ATONEMENT" bereitet "ALL" menschliche Wesen (als Corporate Body) auf die "Restitution von ALLEN" vor, aber das bedeutet nicht, dass jeder gleichzeitig "gläubig wird" und "gerettet" wird. Skepsis ist unvermeidlich, bis das Evangelium spricht, weil sie ohne Prediger nicht hören oder verstehen können. Gottes „richtiger Moment" ist gekommen

Die Erlösung unterscheidet sich von der "Erlösung", weil das Wissen des Menschen (oder dessen Fehlen) davon seine "unmittelbare Bestimmung" beeinflusst. Er wird entweder sofort nach dem Tod eins mit Christus oder mit der "unsichtbaren" Welt [Hölle] für die verbleibenden EONS bis zum Tag des Gerichts. Wenn der Prediger die Botschaft gibt, kann der Mensch diese glorreiche "Ermächtigung" ablehnen und sich für Eonen widersetzen.

"Siehe, das Lamm Gottes, das die Sünde der Welt wegnimmt (Adamische Verurteilung der ganzen Menschheit)." "Seht das Lamm des [einen wahren] Gottes, das die Sünde des Kosmos wegnimmt," (CLV).

St. John sagte seinen Freunden, dass Jesus die Sünde beenden würde, nachdem er ihn gesehen hatte. Wenn Gott etwas anderes beabsichtigt hätte, hätten Johannes der Täufer und Johannes der Apostel es nicht gesprochen oder aufgezeichnet. Viele Hymnen sagen, Jesus starb für "unsere Sünden" oder "meine Sünden", aber nur wenige heutige Schriftsteller sagen, Er löscht die Sünde der Welt!

Jer. 31:34

JEDER WIRD IHN Kennenlernen "Und sie [Mensch] werden niemanden mehr von Seinem Nächsten oder von Seinen Brüdern lehren, indem sie sagen: 'Kennt den Herrn'; denn sie [alle Menschen] werden mich alle kennen, vom Kleinsten bis zum Größten, spricht der Herr; denn Ich werde ihre Missetat vergeben, und Ich werde sich ihrer Übertretungen nicht mehr erinnern." Kein Bruder, Nachbar, Freund oder Person darf einem anderen sagen, dass er den Herrn kennt, denn ALLE WILLEN! Keine Grenzen. Gott versöhnt "ALL" und ehrt die Menschheit. Adam hatte einen genetischen Fehler. Es verursachte geistigen Atheismus, Gottlosigkeit und körperliche Degradation. Perfektion verloren.

Christus, der zweite Adam, regenerierte das Fleisch, um diesen Fall zu heilen. Der Preis seines Opfers beantwortet dieses weltweite Dilemma, so dass wir nicht "Kennen Sie den Herrn!" predigen müssen, wenn alle ihn kennen. Keine Konvertierung erforderlich. Dieser Abschnitt sagt, dass das Evangelisieren aufhört, wenn alle Ihn kennen. Alle kennen Gott.

Der HERR vergibt die Bosheit der Menschheit durch das Erlösungswerk Jesu Christi, wartet geduldig, bis jeder Mensch Ihn so sieht, wie Er ist, sieht, glaubt und versöhnt wird – jeder in seiner richtigen Zeit, als von dem HERRN gezogen, berufen, gewählt, erwählt und bezeugt – dann vergisst er: „Gott liebt die Welt so sehr, dass Er Seinen einziggeborenen Sohn gegeben hat"

"Verletzt für unsere Übertretungen und verwundet für unsere Missetaten; die Strafe unseres Friedens war auf ihm, und durch seine Striche wurden Sie geheilt" (Isa. 5:6).

"Denn wer glaubt (und alle werden knien und jede Zunge wird bekennen), wird nicht sterben, sondern wird gerettet werden und haben reichlich Leben über alle Zeiten."

Paulus sagt den Christen, sich an den Glauben der Heiligen im Lichte des „anderen falschen Evangeliums" zu erinnern Gebet an 'alle Menschheit' Christus starb für alle, auch für Christen.

Christus ist gerettet. Gott gibt freie, universelle Gerechtigkeit.

"Durch das Verbrechen eines [Gericht] kam auf alle Menschen zur Verurteilung, so durch die Gerechtigkeit eines [die freie Gabe kam] auf alle Leute zur Rechtfertigung des Lebens." (Römer 5:5

Heutige „begrenzte Versöhnung", Vergeltungsmythen, Höllen-Geschichten und Schriftfehler machen es unmöglich zu glauben, dass Gottes Gnade durch Adams Sturz zu allen gekommen ist.

Is. 40:5

Alle werden ihn sehen.

Der Herr sagt: „Und die Herrlichkeit des Herrn wird offenbar werden, und die ganze Menschheit wird sie zusammen sehen."

Die Erlösung durch Gnade durch Glauben wird nun in „sehen ist glauben" umgewandelt werden, anders als heute. Viele weigern sich, dies zu akzeptieren und erschaffen Erlösungstheologien, die sie von dieser erstaunlichen Guten Botschaft ausschließen. Sie werden viele Probleme diskutieren, die auf falsch übersetzten Schriften und verzerrten Ideen beruhen, um mehr Menschen in die Hölle zu verurteilen als zu retten.

Die Orthodoxie sagt, dass Nichtgläubige "ewiges Feuer der Hölle" ausgesetzt sind, aber "wird ihr Unglauben Gottes Vertrauen unwirksam machen?" (Rom. 3.3).

Würde diese Unmoral Gottes Bund mit Abraham aufheben? Die meisten Geistlichen ignorieren oder interpretieren die Angelegenheit falsch und behaupten "keine Konsequenzen". "Gott verbiete; wahrlich, Gott sei ehrlich [über diese Tatsache] und jeder Mensch ein Lügner [der das Gegenteil spricht]," 3:6. Gott wird nicht immer wütend sein.

"Gott hat die gesamte Menschheit in Unglauben geschlossen, - so dass die ganze Menschheit vor Gott schuldig sein kann - weil die ganzen Menschen nach Adam gesündigt haben ['wie Vater, wie Sohn'] und der Herrlichkeit Gottes fehlen." "Er tut dies, damit er Mitleid mit allen hat", fügt er hinzu.

"Siehe, das Lamm Gottes, das alle Sünden wegnimmt!" Wie können die Toten verstehen, dass Gott alles Fleisch rettet? "Das ist das Lamm Gottes."

Ich fordere Bitten, Gebete und Fürbitte für alle, denn Gott, unser Erlöser, will jeden erlösen und zu der Wahrheit führen, die Christus Jesus ist, der sich als Lösegeld für alle opferte, um rechtzeitig bezeugt zu werden.

Die verschiedenen Pronomen, Symbole und Phrasen dieser Schriften zeigen, dass Gott 'will' jeden in seiner Zeit retten. Irreführte Pastoren sagen, dass du "ewig verurteilt" bist. Aber die Bibel sagt etwas anderes.

Was ist mit dem Baby, heidnischen, barbarischen, dummen, Christus-abstoßenden Toten - was passiert? Hat die Menschheit nur eine Gelegenheit, umzukehren, zu bekennen und zu glauben? Bedeuten Gottes Aussagen, dass der Mensch das Evangelium nicht hören wird?

Die folgenden Passagen zeigen Gottes Güte, Gerechtigkeit und Liebe für Seine Schöpfung. 40:5 fügt hinzu "und die Herrlichkeit des Herrn wird offenbart werden, und die ganze Menschheit wird es zusammen sehen; der Mund des HERRN hat gesprochen."

Lukas 3:6 zeigt, dass die Apostel geglaubt und gelehrt "alle Menschen werden Zeugen der Erlösung des Herrn sein."

Offenbarung 15:4, Ps. 86:9

„Herr, wer wird dich nicht ehren? Alle Völker, die du gemacht hast, werden vor dir knien, o Herr, und deinen Namen ehren (Ps 86:9 AV), damit „alle [Menschen] erkennen, was die Gemeinschaft des Geheimnisses ist" (Eph. 3:9) für „die Verherrlichung Gottes in allen Dingen" (1 Pet. 4:1).

Gnade von Gott

Jer. 24:7

Ein neues Herz und Geist für alle "Und ich werde ihnen [alle Menschen] ein Herz geben, mich zu kennen, dass ich der HERR bin, und sie werden mein Volk sein, und ich werde ihr Gott sein; denn sie werden zu mir zurückkehren mit ihrem ganzen Herzen."

Nur Er gibt ihnen das Herz, Ihn zu "kennen".

Ez. 36:26, 27

Jeder verändert seine Sichtweise.

„Ich werde euch [die Menschheit] ein neues Herz und einen neuen Geist [den Heiligen Geist] geben, und ich werde das steinerne Herz [des O.T.] entfernen. Ich werde ihnen ein Herz der Gnade des Neuen Testaments geben und das Gesetz davon abhalten."

Ez. 36:27

„Nachdem ich meine Seele in euch [alle Menschen, in ihrer richtigen Reihenfolge] eingesetzt habe, werdet ihr meinen Gesetzen und Urteilen folgen."

Deut. 30:6

Jeder bekommt neue Herzen

Und Gott wird dein Herz und das Herz deines Samens beschneiden, daß du den HERRN, deinen Gott, liebst mit deinem ganzen Herzen und deiner ganzen Seele, damit du lebst.

Jehova, der Elohim der Menschheit, wird die Herzen der Menschen und ihrer Nachkommen beschneiden, um den Herrn mit ihrem ganzen Herzen und Seelen zu lieben, um zu leben.

Griechenland und Israel, Männer und Frauen und andere Spaltungen verschwinden im Evangelium. Jeder teilt das Versprechen Abrahams, unabhängig von Ethnie oder Sekte.

11:19, 20

Alle gehorchen Seinen Gesetzen

„Ich werde ihnen ein Herz geben, einen neuen Geist in euch [alle Menschen] einpflanzen und ihr Steinherz entfernen und ihnen ein fleischliches Herz geben."

Das Zeitalter der Gnade begann, als der HERR den Heiligen Geist nach dem Aufstieg in die Herzen der Menschen ausgießte. Dieses "Licht" folgt jedem Menschen von Geburt an ohne Erklärung. Unser Neues Testament ist freundlich. Er weicht steinerne Herzen aus.

11:20 „Dann wird [alle Menschheit] meine Gesetze tun, meine Satzungen halten und tun."—KJV

Is. 55:3

"Ich werde einen ewigen Vertrag mit der Menschheit schließen, selbst Davids sichere Barmherzigkeit."

Es. 30:18

Mitleid für die Menschheit

„Darum wird der Herr auf euch warten, daß er euch Gnade erweisen möge, und darum wird er erhöht werden, daß Er euch gnädig sein möge."—KJV mit Interpretationen.

Apostelgeschichte 2:39

"Die oben erwähnte Verheißung ist euch und euren Kindern, und allen, die weit entfernt sind (Götter, wilden, ganze Erde), [und] so viele wie immer er zu ihm, dem Herrn Meister, unserem Gott rufen wird."

Da "die weit entfernten Menschen" eingeschlossen sind, bedeutet "alle" alle. Jeder ist gerettet, weil der Vater die adamische Menschheit rettet.

Is. 43:16

Keiner ist für immer verloren

"Das werde ich ihnen tun und ich werde keinen von ihnen verlassen."—KJV mit Interpretationen.

I Chr 29:11-12

Alle werden zurückkehren.

Herr, du kannst alles erheben und heilen.

"Reparatur" wird manchmal als "verstärkt" übersetzt. Nehemia benutzt es 19 Mal, um die Mauern von Jerusalem und II Könige für Joas Tempel Wiederaufbau zu beschreiben. Salomo muss "Reparatur" in I Chroniken 29:12 anwenden, um zu beweisen, dass Gott jeden heilen kann.

Ps. 64:9

Jeder wird ihn fürchten.

„Und jeder wird Angst haben. Als nächstes werden sie Elohim's Taten wiederzählen und prüfen."

Is. 60:21

Alle werden mit Gott leben "Und dein Volk, sie alle, die Gerechten; denn die Zeiten lang werden sie gemeinsam vermieten dieses Land, den Zweig des

Pflanzens des HERRN, das Werk seiner Hände, sich zu beschönigen, damit er verherrlicht wird."

Gott wird in allen ganzen Menschen anerkannt werden.

1 Korinther 15:22

Alle Toten wurden von Christus auferweckt.

und Rom. 5:12, 1 Kor. 15:42-44, 49, 51-53.

"Wie Adam und seine Nachkommen sterben, so wird Christus, der zweite Adam, alle lebendig machen." (KJV with interpretations)

Die Sünde eines Menschen verursachte den Tod für alle, und alle haben gesündigt.

Alle sterben und auferstehen. Alle Adamiten werden in Christus auferweckt werden. Paulus widerspricht dem natürlichen und moralischen Tod, dem ewigen und geistigen Leben und dem ersten und zweiten Adam. Jeder, der den ersten versucht hat, sollte den zweiten versuchen. Der Apostel erzählt von der letzten Freude und dem Geschenk des Lebens des Auferstandenen.

Alle sind in Adam verloren; einige leben in Christus. Nicht von Paul gelehrt. Adam tötet alle. Christus wird jedem Leben, Reinheit und Freude geben.

Viele werden auferweckt werden, aber nicht erlöst, sagt die Tradition. Jeder ist nach Adams Tod irdisch. Jeder lebt in Christus (heavenly and earthy man). Wie sterben Individuen? Moralischer und körperlicher Tod.

Römer 5:12 sagt: "Durch einen Menschen kam die Sünde in die Welt, und durch Sünde der Tod; und so ist der Tod über alle Menschen gegangen, und alle haben gesündigt." Adam's Gene verursachen den Tod. Persönliche Sünden degradieren die Moral. Alle werden moralisch und körperlich in Christus leben. "Korruption zu Unkorruption", "Unwürdigkeit zu."

2 Korinther 5:17 Alle gerettet

Der Autor behauptet, dass alle Christen gerettet sind.

"Wenn jemand in Christus ist, ist er eine neue Schöpfung; die alten Dinge sind vergangen, und alles ist neu."

Jesu Anhänger werden ewig im Paradies leben. Adamische Todesfälle sind großartig.

Rom. 8:1 Alle sind befreit.

Nicht die Christen zu beurteilen. Sie sind unschuldig. Alle Toten werden im Paradies auferstehen.

Die Auferstehung der Toten Adams wurde in der Verderbnis gesät und in der Korruption auferweckt; Schande und Herrlichkeit; Schwäche und Macht; natürliche und geistige Körper.

Der Apostel wiederholt: "Alle, die in Adam sterben, werden unzerstörbar auferweckt werden, und wir werden verändert werden."

Der Apostel zeigt, dass Erd-zu-Himmel-Translocation üblich ist.

Siehe, ich will euch ein Geheimnis offenbaren: Wir werden nicht alle schlafen, sondern wir werden alle in einem Augenblick verwandelt werden, im Zittern eines Auges, bei der letzten Trompe; denn die Trompete wird klingen, und die Toten werden unzerstörbar auferweckt werden, und wir werden verändert werden. (I 51).

Clarke glaubt, dass eine Sekunde alle Toten vom Anfang der Zeit wiederbeleben und alles Leben auf der Erde verändern wird. Einige glauben, dass jeder für immer derselbe bleiben wird, was der Vernunft, der Nächstenliebe und der Botschaft Gottes widerspricht. Weil die meisten in Sünde leben und sterben, werden nur wenige das Paradies erleben. Christus wird alle Adamiten wiederbeleben.

Römer 8:20, 21

Vermeiden Sie Korruption und kehren Sie zu Gott zurück

"Das Geschöpf wurde der Eitelkeit unterworfen, nicht willentlich, sondern durch den, der es in der Hoffnung unterwarf; denn die Schöpfung selbst wird aus der Verderbnis in die herrliche Freiheit der Kinder Gottes errettet werden."

"Schöpfung" ist "jedes menschliche Geschöpf" oder "ALLE Menschheit".

1 Korinther 15:28

„Wenn ihm alle Dinge untertan sind, dann wird auch der Sohn dem untertan sein, der ihm alles untertan hat, bis Gott alles in allen ist."

Nach der Auferstehung, "Gott ist Liebe", und die Liebe wird jedes Herz trotz aller Probleme regieren. Jesus wird den Willen seines Vaters erfüllen, wenn Gottes Plan für das Schicksal des Menschen verwirklicht wird.

1 Kor 8,6

Gott ist die Quelle und das Ziel

"Aber wir haben einen Gott, den Vater, von dem alles ist, und wir in ihm, und einen Herrn Jesus Christus, durch den..."

Jesus ist Gott in Korinther 8:6. Englisch hat Punktion, Manuskripte nicht. Der Vers definiert den "Einen Gott" als den Vater, der alles geschaffen hat, und den Herrn Jesus Christus, der es kanalisiert.

1 Kor. 15:49

Himmlisches Bild für alle

Vergleichen Sie Römer 11:36, Hebräer 2:8, 9.

"Und wenn wir das Seelenbild tragen, sollten wir das himmlische Bild tragen."

„Und wie wir das irdische Bild getragen haben, so werden wir auch das himmlische tragen" (1 Cor. 15:49).

Die Trompete wird die Toten unzerstörbar auferwecken und uns am letzten Trompeten verändern. Um unsterblich, verderblich und sterblich zu werden, müssen sterbliche Körper immun gegen Korruption werden. "Isa. wird erfüllt werden. "Der Tod wird im Sieg geschluckt" (1 15:51).

Er lehrte, dass Gott der Schöpfer, Quelle und Quelle aller Schöpfung ist.Rom 11:36 (cf).

Alle intellektuellen Geschöpfe müssen sich Christus und Christus Gott unterwerfen, damit Gott alles in all seinen Schöpfungen sein kann. Christus wird den Thron und die Souveränität Gottes, des Allmächtigen, übernehmen und seine Herrschaft beenden. Er muss herrschen, um die Gegner zu unterwerfen und den Tod zu besiegen, seit Er alles besiegt hat.

Paulus sagt: "Du hast alles unter seine Füße gelegt" in Hebräer 2:8-9. Er hat uns nicht alles gezeigt.

Gott ist die Ausnahme. Christus will jede Autorität brechen, sogar das Gesetz, um die Angst und Herrschaft des Teufels abzuschaffen.

Wir haben gezeigt, dass die Menschen sich Gott ergeben und sich mit ihm versöhnen müssen. Die Liebe Gottes wird alldurchdringend und allumfassend sein in den Willen, Ambitionen, Wünschen und Taten seiner Geschöpfe, um sein Schicksal zu erfüllen.

Alle sinnlichen Geschöpfe Gottes werden ihre tiefsten Wünsche erfüllen, wenn Christus mit der Arbeit seiner Seele zufrieden ist.

Ps. 68:18

Jeder rebellierende Geschenk-Herr, du steh auf, nimm die Gefangenschaft und gib der Menschheit, sogar den Ungehorsamen, Zeltgeschenke.

In Epheser 4:8 sagt Paulus, dass Gott in Psalm 68:18 Gaben verteilt, um unter allen Menschen zu leben, zu wohnen oder zu ruhen, einschließlich der Rebellen, die sich bekehren würden. Lukas 6:35-36 sagt, Gott schenkt jedem.

Jakobus 1:18

Jedes neue Monster „Aus Seinem Willen schlug Er uns [jedem, wie sie glauben] mit dem Wort der Wahrheit, damit wir [besonders die Gläubigen] die Erstgeburten Seiner Geschöpfe werden."—KJV mit Interpretationen.

Rom. 11:16

DIE ERSTEN FRÜChte KJV: „Wenn die ersten Früchte heilig sind, ist der Haufen heilig."

"Christus ist der Erlöser der gesamten Menschheit ('der Stumpf', insbesondere diejenigen (erste Früchte), die glauben", was darauf hinweist, dass, da die ersten Gläubigen heilig waren, dann ist die Menschheit heilig.

1 Kor. 15:49

Jeder ist ein neuer Magier.

„Wie wir [die Menschheit] das irdische Bild getragen haben, werden wir auch das himmlische Bild tragen."—KJV mit Interpretationen.

1 Korinther 15:22

Alle sterben, so lebt KJV mit Interpretationen: „Wie in Adam ALLE [Söhne Adams] sterben werden, so werden in Christus ALLE (Söhnen Adams) lebendig gemacht werden."

Christus gegen Adam: 'gleich' Alle leben ('gleich') sterben

Abwesenheit. Auferstehung.

2 Korinther 5:17

Jeder ist in Christus wiedergeboren.

Alle, die in Christus sind, sind neue Geschöpfe; das Erstgeborene ist vergangen. Alles ist neu!

HERRN Schafe "Bereich und Umfang" des Zoomorph-Symbols " Schafe."

Seit 1800 Jahren kämpft das Christentum mit Säuglingen, (Sündigen?) Jugendlichen, die die Erlösung nicht begreifen, älteren Menschen, die Christus nicht begrüßen können, und wilden Menschen jeden Alters ohne das Evangelium " Schafe". Gab es eine Schafdefinition und Umfang Missverständnis?

"Ihr seid nun voraus bestimmt, dem Bild Christi Jesu zu entsprechen." Wir müssen "Erweiterung" " Schafe" auf diejenigen enthalten, die verloren "außerhalb der Schafwolle", oder ohne Gottes Ankündigung.

Biblische Universalisten glauben, dass sich diese "Schafe"-Pässe auf alle verlorenen Schafe beziehen, einschließlich der Menschheit. Jesus, der Hirte, würde niemals aufgeben, bis Er alle Schafe (Mensch) gefunden hat, ohne einen in den schrecklichen Dschungel des endlosen Verlustes zu verlieren (Johannes 12:32

Lamentationen 3:31-32 sagt, "Der Herr wird nicht für immer verwerfen, sondern, obwohl er Trauer verursacht, wird er Mitleid haben nach der Fülle seiner beständigen Liebe." Abwerfen und aufhören bedeutet, verlorene Schafe zu finden.

Im Gleichnis des verlorenen Sohnes gleicht Gott einem Elternteil, und der "Sohn" kann jeden symbolisieren, nicht nur die Israeliten, also ist es das gleiche wie das " Schaf" im anderen Szenario. Diese mystischen Passagen scheinen ein größeres Ziel der Erlösung oder Versöhnung für alle zu widerspiegeln.

Ps. 100 JEDER SIND Schafe „Alle Völker, schreien zu dem HERRN! Dient Ihm fröhlich! Gehe mit Freude in Seine Gegenwart hinein! Verstehen Sie Seine Göttlichkeit! Er hat uns erschaffen. Menschen und Schafe in Seinem Weide. Gehen Sie mit Freude in Seine Tore und Gärten hinein! Verherrlichen Sie Ihn! Lobet Ihn! Der HERR ist groß, seine Liebe ist ewiglich, und seine Treue ist von Generation zu Generation.

Gott liebt „die ganze Erde" im Laufe der Geschichte. Psalm 100 beschreibt am besten die letztendliche Versöhnung. Gott sei Dank!

Lk. 15:4

Menschen sind Schafe ohne Rettung.

Sollten 99 Schafe im Wald gelassen werden, um eines zu finden?

Matt. 18:14

Gott will keine Vernichtung

"So ist es nicht der Wille eures Vaters im Himmel, daß einer von diesen kleinen Schafen umkomme."

Das griechische Wort "will" bedeutet Entschlossenheit und "Plan". Es bedeutet nicht "Wünsche", "Wunsch" oder "Hopf". Der "Wille" Christi in Matthäus 18:14 gilt für alle verlorenen Menschen.

Lk. 4:18; Jes. 61:1-3

Eine Herde predigt

Das Gericht Gottes wird nicht durch Sonne oder Regen beeinflusst. Wenn es ein "Erlösungsopfer" gibt, muss Er es allen geben.

Indem Er "alle Dinge nach dem Rat von o" tut, bringt Er Freude, Glück und Lob.

"Sag [ALL] demütig... Um die gebrochenen Herzen zu heilen, die Freiheit für die Gefangenen zu verkünden, die Augen für die Blinden zu öffnen, das Jubiläum für die Inhaftierten und ein akzeptables Jahr für den HERRN...(und) um alle Trauernden zu trösten... alle Zion Trauernden zu erfreuen... Gib ihnen...

Lassen Sie uns seine gute Botschaft zu einer schmerzhaften Welt verkünden 24/7 als Erntemänner. Diese große frohe Nachricht für alle? Jesus half den Menschen, weil sie unglücklich waren und wie Schafe verloren waren. Weil Er die Schafe liebte, "legte Er Sein Leben für die Schafen".

Israel war „die verlorenen Schafe", und die Heiden waren „verlorene Schafe im Allgemeinen", aber Jesus nannte alle „verlorenen Schafe" (John 10:14-15). Er sagt: "Die Ernte [der ganzen Menschheit] ist reichlich, aber die Arbeiter [richtigen Gläubigen, Evangelisten] sind wenige." Er sagt: "Beten Sie, dass der Vater Arbeiter zu seiner Ernte [alle Menschheit] schicken wird" (Mt 9:40). Die Calvinisten sagen, dass die Prozelitisierung der Botschaft des Paulus die gesamte Menschheit durch Apostel, Jünger, verlorene Schafe Israels und Heiden berührte.

„Wie der Vater mich kennt, sterbe ich für die Schafe. Ein Hirte, ein Schaf – ich muss noch mehr Schafe aus diesem Schaf bringen, und sie werden mich hören."

Jesus nannte die ersten "die Schafe". Seine "anderen Schafe" waren nicht jüdisch. Er muß sie "bringen", weil Jesus sagte: "Ich muß auch sie (das zweite Schaf) bringen." Er fuhr fort: "Sie werden alle seine Stimme hören, und es wird "eine Herde" und "ein Stück" sein.

Christus stirbt für seine Schafe ("alles Israel wird gerettet werden"), weil er sie besitzt und retten muss.

Christus kommt Heidenvölker, und beide Schafe schlagen – Juden und Heiden – und die Toten werden Seine Stimme hören (John 5:24-29). Eine auferstandene Menschheit wird ein Fold sein.

Lukas 3:6

Jedes Fleisch ist jedermann

Alle werden erhalten bleiben

„Alles Fleisch wird Gottes Heil sehen." (Is. 40:5, Lk. 3:6)

Die Anzahl der mit Gott versöhnten Seelen ist von entscheidender Bedeutung. Da „Fleisch" und „ Schafe" die „Menschheit" repräsentieren, werden alle erhalten bleiben.

Siehe auch Johannes 3:18, Markus 16:16, Hebräer 12:25

Traditionelle Theologie behauptet, dass Gott den Ungläubigen nicht erlöst hat, bis er mit seiner Zunge bekennt und in seinem Herzen glaubt. Ohne Glauben ist der Ungläubige verloren und in die Hölle gefangen. Sie werden die folgenden Texte zur Begründung ihres Anspruchs verzerren.

Verleugnet nicht denjenigen, der spricht! Wenn sie nicht vor dem, der auf Erden spricht, geflohen sind, so viel mehr.

Einige begrenzte Partialisten sagen, dass diese Aussagen zeigen, dass Gott Ungläubige verurteilt, anstatt sie zu erlösen, daher wird er nur als der Erlöser aller angesehen, da er allen Erlösung "opferte" und sie nur retten würde, wenn sie umkehren.

Das "ist" in "Gott ist der Erlöser der ganzen Menschheit" ist "gegenwärtig angespannt." Die Bibel sagt, dass Gläubige leiden, sterben und in Sünde bleiben bis zur Auferstehung.

Diese Verse implizieren, dass Gott nicht-Christen und nicht-getaufte "heute" richten und retten wird.

"Christus starb für ihn, obwohl er noch ein Sünder war" (Paraphrase: Röm.5:8), aber Gott spart Saul, weil er "vor der Störung in Christus ausgewählt" war (Eph.1:4). Korinther wurden verbrannt.

Christus starb für "alle Sünden der Welt" (1 John 2:2).

Hebräer 12:25 sagt "alle" werden Christus folgen und Gott wird alles in allen sein (1Cor.15:22-28). Die Ungläubigen werden gerechtfertigt und gerecht gemacht.

Ein Bruder in Christus sagte: Sie wählen, Gottes Wahrheit zu ändern und Lügen zu glauben, mit schrecklichen Folgen (Revelation 22:18). "Der Calvinismus ist eine grausame und unliebsame Verleumdung. Arminianismus ist eine stolze und selbstgerechte Verleumdung. Der Calvinismus ist grausam und unliebsam, weil er behauptet, dass Gott Wesen zulässt, die es verdienen, endlos zu leiden, und die endlos leiden werden, mit Ausnahme von wenigen, die Gott durch seine unwiderstehliche Gnade von einem solchen Schicksal retten wird. Arminianismus ist stolz und selbstgerecht, weil er behauptet, dass nur diejenigen, die die richtigen Informationen erhalten und richtig darauf reagieren, bevor sie sterben, das Leiden endlos vermeiden werden. Sie behaupten, dass Gott nicht in der Lage ist, den Willen einer Person zu beeinflussen, es sei denn, sie lassen ihn. Der Gott des Calvinisten erlaubt Millionen von Wesen zu existieren und entweder kann nicht, oder wird nichts tun, um sie davon abzuhalten, für immer zu leiden. Der armenische Gott verlässt uns gerade dann, wenn wir ihn am meisten brauchen. Unser größtes Bedürfnis ist eine Veränderung unseres hartnäckigen Willens. Der armenische Gott kann uns entweder nicht oder wird uns nicht begegnen, wenn wir in unserem größten Bedürfnis sind - unerrettet, unbewusst, unverschämt, sündig, verloren und hartnäckig. Calvinismus und Arminianismus sind beide auf der falschen Grundlage der „endlosen Hölle" aufgebaut. Die Schändlichkeit der Lehre des „unendlichen Leidens in der Hölle" ist auch Teil des schwarzen Hintergrunds, auf dem Gott sein herrliches Meisterwerk malen wird. Ohne Versagen wird Gott alle Täuschungen, Irrtümer und falschen Lehren in etwas Besseres verwandeln... Darüber hinaus wird Er dies für alle tun, ohne Ausnahme." -- [Ted Jones, Persönliche Kommunikation]

„Die vielen"=ALL FLEESH

"Wir" und "uns" sind Adamische Nachkommen, weil "die vielen als Sünder erschaffen wurden" oder "die meisten unvollkommen gemacht wurden" durch Adam.

In Lukas 3:6 bietet Gott Versöhnung an den „Fleisch" oder „Vielen" – den Nachkommen Edwards und anderen.

Jeder vernünftige Mensch, der sagt: "Wir haben nicht gesündigt", täuscht sich selbst und widerspricht Christus (1 John.1:10). "Die vielen", die Adamische Sünder waren... Jede Person wird durch das Werk Christi auferweckt werden, aber ihre Taten werden gerichtet!

Das Versprechen des HERRN an Abraham

Priester, Opfer und universelle Versöhnung

„Man sollte nicht zweifeln, dass Christus für sie Sühne getan hat, da er versprochen hat, dass niemand ausgeschlossen wird." - Anonyme

Wird Gott alle retten oder einige? Wenn man das Versprechen Abrahams mit der Versöhnung im Neuen Testament verknüpft oder vergleicht, wird dies erklärt. Gott gab Moses ein Ritual, um Sünde zu vergeben; wir erhielten

Versöhnung im Neuen Testament. Gott muss in Person und Definition gleich bleiben (James 1:18). Der Umgang mit männlichen Problemen erfordert Fairness, Gerechtigkeit und Vergebung. Eine dreifache Typologie muss parallel sein.

Paulus sagt, dass sowohl die Propheten vor als auch nach der Flut von der "Restitution aller" wussten, und dass die Verheißung Abrahams, das Gesetz Moses und die Tat Christi (der Vollendung und Erfüllung von ALLEM) alle die gleiche Botschaft predigen. Jeder Aspekt des Opfers Christi findet sich im mosaischen Gesetz der Opfergabe. Blutopfer des Lammes symbolisiert die Erfüllung des Versprechens Abrahams. Der Versöhnungsschutz Israels durch den Priester spiegelte die weltweite Sühne Christi wider. Der Tod Jesu für die Sünden der Menschheit wurde im Alten Testament "geschrieben". Gottes Versprechen Abraham, die Menschheit zu segnen und zu bewahren, hängt von dieser Idee ab.

Die Lehren sind in jeder Hinsicht identisch, und jede Tradition, die die Konsequenzen einschränkt, verstößt gegen diese grundlegende Verheißung Gottes.

Die Verheißung bleibt das Lösegeld Christi Opfer sind Geschenke, keine Schulden.

Israel und die Menschheit wurden durch Gottes Abrahamische Verheißung bewahrt. Im Alten Testament opferte Mose ein Lamm für alle Israeliten, was die Erlösung des Menschen symbolisierte. Abrams Sohn-Opfer-Anstrengung hat dies vorausgesagt. Gott bekräftigte die frühen Versprechen der vor dem Tode lebenden Propheten von der „Rückerstattung für alle" (Apg 3,10). Das Neue Testament Christus als das Lamm getötet vor den Grundlagen der Welt (Offenbarung 13:8) erfüllte Noahs Familie in die Arche. Die Typologie der Adamischen, Noahischen, Mosaischen und Neuen Testamenten ist klar.

Riten, Symbole, Typen und historische Ereignisse des Alten Testaments hoffen auf die endgültige Erlösung eines messianischen Erlösers, während das Neue Testament "Glad Tidings of Joy" seine Verwirklichung feiert. Adamische Propheten erhielten die Verheißung, Noahic Familie bewahrt es, und Abrahamic Bund definiert es. Die Israeliten des Mose hielten die Verheißung figurativ fest und sahen mit Hoffnung und Vertrauen durch ein Ritual voran, das mit der Anerkennung des Neuen Israel für die „vollendete" und „erfüllte" Mission Christi endete. Die alte erklärte, dass ganz Israel Abrahams Erben sein wird; die aktuelle sagte, dass alle.

Gott schützt das Haus Israel, um Seine ständige Barmherzigkeit und Vergebung für alle Menschen zu zeigen (Lev. 16:17 and 2Chron. 29:24). Wenn Gottes Liebe zur Menschheit unveränderlich ist, dann rettet Er jeden heute, wie Er es mit Israel getan hat.

Jedes Jahr opferte Gott für Israel im Alten Testament. Das Neue Testament zeigt, dass Gott wünscht, dass jeder durch sein vergossenes Blut „in Christus" gerettet wird (1Tim.2:4). Was ursprünglich ethnisch dem ganzen Israel zugeschrieben wurde, wurde später geistig auf alle Heidenhäuser ausgedehnt.

Begrenzte Versöhnung ist falsch

Die zeitgenössische Heilstheologie des Neuen Testaments spiegelt das mosaische Gesetz der Versöhnung nicht "typologisch" wider. Die heutige Mehrheit wird getäuscht, zu glauben, dass die Versöhnung Christi begrenzt ist und auf eine von zwei Wegen kommt: 1.) persönliche Annahme und Erlaubnis für das Opfer, oder 2.) Gottes Wahl von wenigen "auserwählten" aus den vielen in willkürliche Vorliebe berufen.

In der ersten ist jedes Individuum sein eigener Priester und seine "gute Tat" gefällt Gott. Der letzte Fall betrifft die Souveränität Gottes und die beschränkte Wahl, die einige aus der Menge auswählt, die ohne Erklärung berufen wurde. So wird die Vergebung erteilt entweder durch die Selbstanwendung der Versöhnung, von der sie nicht wissen, oder durch die begrenzte freiwillige Anwendung Gottes an die wenigen, unabhängig davon, ob sie sie verstehen und wünschen oder nicht. Verdammnis und Vernichtung führen dazu, dass Gott einen kleinen Überrest rettet und den Rest für immer ausschließt. Unterstützt die Typologie im Alten Testament dies? Eine Versöhnung im Neuen Testament? No!

Begrenztes Eigentum gegen Gott

Traditionelle Vorstellungen beschränken die weltweite Sündersüchtigung. Gott kann seine Feinde nicht versöhnen. Das Versäumnis, "Jedes Fleisch" zu bewahren. Nicht alle Köpfe, Knie und Zungen unterwerfen sich. Weder "Schutz" noch der Aufstieg Christi zieht alle an. Dies widerspricht dem Willen Gottes und dem Bund Abrahams.

Altes Testament Versöhnung für ganz Israel

Wem diente das Gesetz Moses? Für einige oder alle Israeliten? Die Typologie im Alten Testament offenbart die universelle Versöhnung. Ein Priester muss ein opferhaftes Lamm (das SIN-Opfer) als "Verschütterungshütte" oder stellvertretendes Opfer für alle menschlichen Sünden nach den mosaischen Opfergesetzen töten. Lev. 10:17 und Neh 10:33 sagen: "Das Sündopfer ist euch gegeben, um die Bosheit der Gemeinde zu tragen." Das war für "alles Israel" (Lev.16:17; 2 Chron.29:24; 30:18). Gott „will" Israel zu schützen (2 Chron. 29:24). Nach den Definitionen des Alten Testaments stellen die Pflichten und Opfer des Priesters eine stellvertretende Versöhnung für die Erlösung der Menschheit dar. Das vorhergehende Szenario zeigt eine bedingungslose universelle Versöhnung ohne Glaubensbeschränkungen. Genauso wie die Versöhnung im Neuen Testament.

Vermeiden Sie die Änderung der rechtlichen Definition

Das Opfer konnte nicht erhöht, verringert oder berechnet werden. Und der HERR sprach: Die Reichen sollen es nicht vermehren, und die Bedürftigen sollen es von einem halben Schekel nicht schmälern, wie das Opfer des HERRN, um eure Seelen zu beschützen. (Ex. 30:15, 16 CLV). Nichts konnte sie erhöhen oder verringern. Eine verunreinigte Versöhnung würde Gott nicht gefallen, so dass jegliche Zusätze oder Abzüge abgelehnt wurden. Die Häresie fügt hinzu oder zieht von der Erlösung Jesu ab. Jedes andere Opfer ist SIN-gefüllt, "spotted" und verfehlt das vollständige Kriterium des HERRN, das SIN zu bedecken. Jede "gute Tat" ist das Opfer des Hohen Priesters "für" das Volk. Christus bezahlte gleichermaßen für die Reichen und Armen.

Das Neue Testament sagt, dass das mosaische Gesetz rechtmäßig Hoffnung in Gottes Versprechen an Abraham rechtfertigte, alle Nationen, Völker und Verwandten zu segnen und alles Fleisch mit einem Lösegeldopfer zu retten. Es behauptet auch, dass Christus die Vollendung nicht einschränkte, da sie das Gesetz zerstört hätte. Der einzige Unterschied war "das Opfer des Leibes Christi war ein für allemal"

Abgesehen von diesem "Evangelium" (gegeben den Heiligen), lehrten die Propheten und Apostel nicht Versöhnung Ungerechtigkeit. Dämonische Evangelien, die behaupten, dass der Teufel Seelen besitzt, sollten verurteilt werden. Da das Mosaische Opfer für ganz Israel, insbesondere für die gläubigen Priester, versöhnt wurde, muß Christus alle Menschen, besonders die Gläubige, retten.

Das Neue Testament Universalversöhnung, die Christus ohne Änderung erfüllt hat, basiert auf Mosaik Zeremonielle Opfergesetze. Da der Priester Israel ohne Beteiligung des Volkes "verschützte", erfüllte Christus diese

Versöhnung für die ganze Menschheit als Hoher Priester. Wenn Christus nur für "besonders" Christen gestorben und versöhnt wurde und nicht für "die ganze Menschheit", dann hat er das mosaische Gesetz nicht erfüllt.

Kostenloses Eigentum, keine Diskriminierung

Jesu Sühneopfer, repräsentiert durch einen Shekel, ist ein Geschenk an uns. Jesus tut es für die Menschheit, wie der Priester es für Israel tat.

Heb. 2:17 und 2 Korinther 5:18-19 erklären: "Darum muß er in allen Dingen wie die Brüder gestaltet werden, damit er ein barmherziger und treuer Hohenpriester Gott gegenüber wird, ein Sühne für die Sünden des Volkes ["alle Menschheit."

Gewalt bedeutet "wie wir"

Wie hat Israel sich versöhnt? Ein fleischloses Lamm wurde geopfert, indem es sein Blut opferte. Keine Belohnung ohne Blut.

"Denn die Seele des Fleisches ist im Blut, und ich habe es euch gegeben, um auf dem Altar eine Versöhnungsschütze für eure Seelen zu machen; denn das Blut in der Seele macht eine Entsöhnungsschütze" (Lev. 17:11.

Darüber hinaus, was hat dieses getötete Lamm repräsentiert? Das Alte Testament hat Jesus, den Sohn Gottes, vorausgesagt (John 1:29). Im Neuen Testament wurde "alles Israel" durch den Priester vergeben, der Christus, das Opfer, symbolisierte.

"Aber nicht nur so, sondern wir rühmen uns auch in Gott durch unseren Herrn Jesus Christus, das Lamm Gottes, das von Anfang der Welt getötet wurde (Offenbarung 13:8), der die Sünde der Welt wegnimmt und durch den wir jetzt Versöhnung erlangt haben" (Rom. 5:12).

Das jährliche Mosaikopfer symbolisierte die endgültige Versöhnung Christi für die Menschheit und brachte sie der Vollkommenheit näher. Das mosaische Gesetz hat das Opfer, die Auferstehung und die Vollkommenheit Christi vorausgesagt. Es hatte nichts mit den Bildern von Dingen zu tun, wie solche Opfer (gegeben Jahr für Jahr) konnte niemals machen die Menschen perfekt (Heb. 10:1). Das Neue Testament nennt Christi Blut das Blut eines unbefleckten Lammes (1 Pet. 1:19).

Nach den Symbolen des Alten Testaments macht das für uns vergossene Blut uns vollkommen. Selbst die mosaischen "Bilder der Dinge" konnten einen

Menschen nicht vollkommen machen, Jesu Blutopfer repräsentierte diese Vollkommenheit. Das Sühneopfer Christi wurde durch das Blut des Lammes symbolisiert (Hebräer 9:22), das das Gewissen aller Menschen von toten Taten reinigt, um sich auf ihren endgültigen Dienst am lebendigen Gott vorzubereiten.

Das ganze Israel repräsentierte "die ganze Menschheit"

Nach Berichten war das Opfer für ganz Israel. Was repräsentierte also das Neue Testament Israel? Israel symbolisierte die ganze Menschheit, die von Christus und den Nachfolgern Abrahams gerettet werden würde. "Darum, wenn ihr Christi seid, seid ihr Abrahams Nachkommen, Erben der Verheißung" (Gal. 3:29.

Das Wort "wenn" ist gleichbedeutend mit "wann" oder "seit". "Wenn" kann eine bedingte Phrase als Konjunktion beginnen. Das Wort "wenn" ist nicht exklusiv. Der Ausdruck impliziert, dass "in Christus" eine Person vergeben wird. Die Situation hängt davon ab, ob Gott die ganze Menschheit Christus übergeben hat. Christus hat alles von Gott empfangen, einschließlich der Menschheit. Christi Auferstehungserklärung beweist dies. "Wenn" vielleicht "einmal" bedeutet, wie in "Und ich, sobald ich von der Erde erhoben werde, werde alle Menschen zu mir ziehen" (John 12:32).

"Wenn" kann jedoch auch "seit" oder "wenn" bedeuten, wie in "Und ich, wenn ich von der Erde erhöht werde, werde die ganze Menschheit zu mir ziehen." Jesus wusste, dass der Vater ihn aus dem Grab auferwecken würde, so dass "wenn" positiv aufgenommen werden kann. Ungeachtet dessen stand Jesus aus dem Grab auf und zog alle zu sich. Es hängt davon ab, ob der Vater ihn auferweckt. Die Bibel sagt, dass Jesus von den Toten auferstanden ist. Dieser Zustand hängt immer von Gottes Verheißungen ab, nicht von menschlichen Handlungen.

Welche Kriterien muss ein Abkömmling Abrahams erfüllen, um die Zuteilung zu erhalten? Das Versprechen ist, dass Gott Seinem Sohn alles geben wird. Daher bedeutet "wenn ihr Christi seid" "in Christus" oder "in Christi Versöhnungswerk". Gott will, dass alle gerettet werden. Da "wenn" ein Positives ist, wenn man aufsteht und alle zieht, könnte es auch bedeuten, "DANKUM du von Christus bist" JEDE Feind-MADE FUOTWEAR

Alle Gläubigen sind "in Christus" und Freunde Gottes. Gottes Gegner sind alle, außer "vor allem diejenigen, die glauben". Es ist wahr, dass sie alle "in Christus" sein werden, wenn Er sie zu seinem Fußstuhl macht. Einige Passagen deuten eindeutig darauf hin, dass „in Christus" „Christes Werk" bedeutet. Gott wird jeden „in Christo" wiederbeleben und Leben geben.

Denn wie in Adam alle sterben, so werden auch in Christus alle lebendig gemacht werden. (1 Cor. 15:22. CLV). Und der HERR sprach zu meinem HERRN: Setz dich zu meiner Rechten, bis ich deine Feinde zu Fussboden mache. Seine Feinde werden zu Seinem "Fußstock" werden, einschließlich der ganzen Welt und ihrer Menschen, sagt der Herr. Denn so spricht der HERR: Der Himmel ist mein Thron, und die Erde ist mein Fußstuhl. (Is. 66:1). Auch, "die Erde ist der Fußboden Gottes" (Matt. 5:35).

Da sie unter dem Sattel der Barmherzigkeit (Psalm 82) und zwischen den Cherubim platziert ist, wird die Lade sein Fußstuhl genannt. Das war Gottes heiligstes Symbol. Das ist sein "Fußstool" (1 Chron. 28). 2 Chroniken 9:18 zeigt einen goldenen Fußsteig auf Seinem Thron an, der in seiner Schönheit unübertroffen ist. Das Zuhause als Ort für die Lade des Bundes ist ein weiterer positiver Fußstuhl-Referenz. Es ist ein Fußstuhl (1 Chron.28:2).

Diese wenigen Passagen zeigen den "Fußstool" als einen positiven Teil der Wirtschaft Gottes, im Gegensatz zu dem populären Glauben. In einen Fußstuhl gemacht zu werden scheint wie eine Wiedergeburt in eine respektierte Person. Wahrscheinlich hat Gott bestimmte hässliche und böse Menschen geschaffen, um sie zu seinem Vorteil zu "arbeiten" und sie als seinen Fußstuhl zu nutzen. Gott hält die Erde für seinen Fußstab, trotz ihrer Sündenverschmutzung.

Die Feinde Gottes sind korrupt und sündig, genauso wie die Christen "während wir noch Sünder waren", doch verspricht Er, sie zu erniedrigen und zu seinem Fußstuhl zu machen. Ist das nicht gut? Gibt es etwas, was Er nicht für die Gläubigen tut? Gibt es eine andere Definition als Nützlichkeit und Güte?

In diesen Schriften heißt es, dass Gott alle seine Feinde – jeden hässlichen, verdorbenen, gefallenen und sündigen Menschen – in seinen geschätzten, kostbaren und vielleicht „goldenen" Fußstuhl „umwandelt". Als Holzschmied "rekonstruiert" er seine Feinde von bösen Sünder zu schönen Fußstücken. Die Versöhnung aller Menschen, einschließlich der anspruchsvollsten Straftäter, beinhaltet die Verwandlung von Antagonisten in Fußstoffe. Nach der Bibel besitzt Christus alles, auch seine größten Feinde. Durch seine Auferstehung bringt Christus alle Menschen zur Versöhnung: "Und ich, wenn ich von der

Erde erhöht werde, werde alle Menschen zu mir ziehen" (John 12:32). Der Ausdruck bedeutet „wenn" oder „seit", da Christus wusste, dass er ohne „wenn", „und", „butt", „möglicherweise", oder „könnte" auferstehen würde."

Gott liebt Seine Feinde (Matthäus 5:44) und bittet uns, dasselbe zu tun, sogar für sie zu beten, während sie uns verfluchen (Lukas 6:28, 36; Matthäos 5:44, 48 und Lukas 6:27-36; Matthew 5:44-46) und sie in unseren Gebeten zu segnen. (Rom. 12:14-18). Wir sollten das Gute und das Böse ernähren, wie Er es tut (Rom. 12:20 and Prov. 25:21). Weil Gegenseitigkeit eine Sünde ist (Jak. 2:8-9), überwindet Er das Böse mit dem Guten, indem Er es nicht belohnt (Romans 12:17, 19). Wir sollten seinem Beispiel folgen (Römer 12:21; 1. Petrus 3:8-11), weil er sogar seine Gegner und die Bösen versöhnt (Galater 6:1) und mehr als 490 Mal vergibt (Matthäus 18:21-22) (Rom. 5:10; Col. 1:21). Gott macht sicherlich Negativität zu seinem Fußsteig.

Ps. 110:1

Und der HERR sprach zu meinem HERRN: Setz dich zu meiner Rechten, bis ich deine Feinde zum Stuhl deiner Füße setze.

Die erste Zeile des Psalms 110 erscheint in Apostelgeschichte 2:34-35. Drei weitere Texte des Neuen Testaments beschreiben Gottes Gegner als seinen Fußstab. Es gibt keinen Hinweis auf eine groß angelegte militärische Unterwerfung, die die Gegner besiegt und sie dem Herrn unterstellt. Stattdessen wird Gott sie "stellen" (sitzen, auf Hebräisch) als Fußstücke. Der Wiederaufbau wird dem Herrn und seinen Feinden Frieden und Nutzen bringen. Da Gott der Vater und Gott der Sohn einander einen Kommentar machten, hebt Psalm 110:1 ihre Identitäten hervor.

Abrahams Versprechen erfüllt

Welches Versprechen bekommt Abraham zuletzt? Dass jeder "in Christus" (sein "Samen") eine neue Welt erben wird. Das Evangelium des Neuen Testaments war dem von Abraham ähnlich. Gott "predigte vor Abraham das (identische) Evangelium" (Gal. 3:8). Peter benutzte es, um seine Botschaft zu beginnen und zu beenden (Acts 3: 13, 25). Dieses Versprechen Abraham hilft uns, den christlichen Glauben zu verstehen.

Hinweise deuten darauf hin, dass "das Evangelium" nicht von Jesus begonnen oder am Grab beendet wurde. "Wir verkünden euch das Evangelium, daß Allah die Verheißung erfüllt hat, die er den Vätern gegeben hat." (Acts 13: 32). Die Heilige Schrift enthält die Botschaft Gottes, die Seine Propheten

Denn das Evangelium wurde uns und ihnen verkündigt (Hebräer 4:2 = Israel in der Wüste). Abraham's Versprechen beinhaltet die Landverteilung und Informationen über seine Nachkommen. Abraham und seine Nachkommen erhalten viel Territorium in Ägypten und im Nahen Osten (Gen. 12:1; 13:3; 14-17; 15:18; 17:8). Inspiriert Paulus sah die Verheißung an Abraham eindeutig als weltweites Erbe (Rom. 4:13).

Wie gesagt, gilt die Verheißung eines Samens zuerst für Jesus und dann für diejenigen, die Gott "in Christus" zieht, die alle sind, die Er geschaffen hat, daher ist die ganze Menschheit Abrahams Nachkomme:

Gen 12:2,3 sagt: „Gesegnet seien alle Geschlechter der Erde".

„Dein Samen ist wie der Staub der Erde" (Gen. 13:15, 16).

„Wie die Sterne im Himmel" (15:5, 18).

Gen 22:17: „Wie der Sand der Strände".

Genesis 22:18 sagt: „Gesegnet seien alle Völker der Erde".

„alles Fleisch wird das Heil Gottes sehen" (Lk. 3:16).

„Alle Toten" (1 Pet. 4:6)

Der "Samen" sollte allen, überall, zu jeder Zeit und überall zugute kommen. Der Segen impliziert in der Bibel oft Sündenvergebung. Jesus ist der einzige Abstammung Abrahams, der Sünden vergeben hat, und der Kommentar des Neuen Testaments zu den Verheißungen des Abraham unterstützt diese Behauptung. "Er (Gott) sagt nicht, 'und zu den Samen', wie von vielen (vielfältig), sondern wie von einem (einzig), 'Und zu deinem Samen,' der Christus ist" (Gal. 3:6). und den Bund, den Gott mit unseren Vätern geschlossen hat, indem er zu Abraham sprach: In deinem Samen sollen alle Völker der Erde gesegnet werden.Und Gott, der zuerst seinen Sohn Jesus auferweckt hat, hat ihn gesandt, euch zu segnen, indem er euch von euren Sünden abwendet (Acts 3:25,26).

Die Verheißung, dass Jesus (das Samen) seine Feinde besiegen würde, macht mehr Sinn im Lichte seines Sieges über den Sünde, den größten Gegner des

Volkes Gottes und Jesu. Bis jetzt hätte Abraham die christliche Botschaft verstehen sollen. Denken Sie daran, dass das Saatgut der ganzen Menschheit zugute kam und so zahlreich wuchs wie der Sand an den Stränden und die Sterne am Himmel. So erhielten sie den Segen, das Saatgut zu werden.

Gott fordert uns auf, Seinen Verpflichtungen in der ganzen Bibel zu vertrauen. Sie sind göttliche Gelübde. Gott versuchte seit Jahrtausenden, Israel und dann alle Länder zu erreichen. Dieser Punkt bleibt von Anfang an konstant. Jesus hat dies zum Ausdruck gebracht, nicht geändert. Er repräsentiert Gottes Schöpfungsplan. Sein Königreich Evangelium bestätigte dieses Muster.

Er übernimmt die Mission Israels und vermittelt durch Seinen Gehorsam Gottes Liebe und Gerechtigkeit der Welt. Zwischen Abrahams Nachkommenversprechen und der Ankunft Christi war das Gesetz vorübergehend. Die Hymnen des Dieners Jesaja betonen diese Überschneidung und Übertragung zwischen dem Messias und den Berufungen Israels.

Jesus repräsentiert das Priestertum, den Tempel, das Gesetz und die prophetische Offenbarung Israels. Jesus vollbrachte praktisch das, was Israel symbolisierte, durch das Ritual – die Versöhnung aller Menschen mit Gott.

Alle Gesetze erfüllt

Hat Christus das Gesetz vollständig erfüllt? Dies sind die Worte, die ich zu euch geredet habe, als ich bei euch war, daß alles erfüllt werden muß, was über mich geschrieben ist im Gesetz Mose, in den Propheten und in den Psalmen. (Lk. 24:44). Denn „alles, was von den Propheten über den Menschensohn geschrieben ist, wird erfüllt werden" (Lk. 18:31). So könnte der heilige Johannes erklären: „Siehe! Das Lamm Gottes, das die Sünde aller wegnimmt (John 1:29).

Gott "wollte" den Israeliten, Sein Leiden zu verbergen (2 Chron. 29:24). Gott tötete ein Lamm, um ganz Israel zu retten. Christus wurde von Gott zum Sündverzeihenden Lamm erwählt. Jesus, der Erlöser der Welt, erlöst für die Sünden, besonders der Gläubigen. Christus hat entweder dieses Gesetz der universellen Vergebung erfüllt und die Sünde der Welt spezifisch und weitgehend entfernt, oder Er hat es nicht getan. Er informierte die Pharisäer, dass das Verletzen eines Gesetzes sie alle verletzte. Christus hat dort Erfolg gehabt, wo sie versagt haben. Die Erfüllung Christi hängt davon ab, ob der Theologe glaubt, Er habe die ganze Sünde oder nur einen Teil davon abgedeckt.

Gründe für die Vollendung des Gesetzes

Christus erfüllte das Gesetz – warum?

Um Abrahams Gelübde zu erfüllen und der Menschheit zugute zu kommen. Ihr seid die Kinder der Propheten und des Bundes, den Gott mit unseren Vätern geschlossen hat, indem er zu Abraham sprach: Und in deinem Samen sollen alle Völker der Erde gesegnet werden. (Acts 3:15).

Zweitens kann der Sünder ihn nicht erfüllen. Die Vergebung der Sünden erfordert das Vergießen des reinen, unschuldigen Blutes, so dass nur das unbefleckte Lamm Gottes versöhnen kann. "Und das Gesetz reinigt praktisch alles mit Blut, und ohne Blutvergießen gibt es keine Vergebung" (Heb. 9:23).

Der Priester machte die Zeremonie "für" sein Volk, nicht für sich selbst. Nur der Priester konnte im Tempel oder in der Hütte opfern. Die Leute, die sich der meisten Regeln nicht bewusst sind, sind nicht in der Lage, Opfer zu machen, so tut der Priester. "Über die irre Seele, wenn Er unwissentlich sündigt, wird der Priester einen Versöhnungsschutz vor dem HERRN aufbauen, um einen versöhnenden Schutzschutz über ihm zu machen, und er wird vergeben werden" (Nr. 15:28.

Dies ist für "die ganze Familie Israels", oder "die gesamte Gemeinde Israels" (Leviticus 16:17). 2 Chronik 29:24, was "für alle" bedeutet (2 Chron. 30:18). Die menschliche Güte versöhnt sich nicht in der christlichen Lehre. Da "alles von Gott ist, der uns mit sich selbst versöhnt durch Christus und uns die Dispensation der Versöhnung gibt" (Römer 11), "Gott war in Christus, der die Welt mit sich versöhnte, nicht ihre Übertretungen gegen sie zählte, und uns mit der Botschaft der Aussöhnungen anvertraute" (2 5:18). Da ALLE von Gott getrennt sind und Gottes "Wille" für ALLE ist, zu Ihm zu kommen, scheint "Wir" sich auf die "Welt" aller Menschen zu beziehen.

Er hat aufgehört, Sünden zu zählen, um uns alle zu erlösen. Alle Menschen sind von Gott, der die ganze Menschheit mit sich versöhnt hat durch Jesus Christus, den einzigartigen Akt Gottes durch Christus, als ein freies Geschenk für die gesamte Menschheit. Er hat der ganzen Menschheit, vor allem den Gläubigen, den Dienst der Versöhnung gegeben, der die Versönderungsdispensation ist. Denn Gott ist in Christus, der die ganze Menschheit mit sich versöhnt und ihnen ihre Übertretungen nicht zuschreibt.

Versprechen, alle zu heilen Deut. 32:39

„Ich selbst habe getötet, und ich lebe; ich habe verletzt und werde geheilt, und niemand kann sich von meiner Hand erholen!"—CLV

Adam gab den Tod der ganzen Menschheit in Gottes Plan für die Jahrhunderte, tötet ALLE Menschen körperlich. Um diesem entgegenzuwirken, bietet Gott das Leben in Christus an. Gott hat uns alle in Christus verwundet, damit Er unsere Genesung "WILL" können; Gott erhebt die ganze Menschheit. Der erstaunlichste Teil dieser Schrift ist, dass niemand die Heilung von Seiner Hand behaupten kann. Gott heilt "Jeder."

Jes. 57:16-19

Menschenhass begrenzt

Bei der Verderbnis des Menschen, für einen Augenblick, war ich wütend und schlug ihn. Und ich verbarg mich vor ihm und wurde zornig; und so, Er ging auf seinem Weg zurückrückend in den Wegen seines eigenen Herzens. Nun aber sehe ich seine Wege, und ich werde ihn heilen und trösten und ihn und seine Trauernden.

Interpretation:

„Ich habe seine Wege gesehen und werde ihn heilen. Ich werde ihn (die ganze Menschheit) auch führen und ihnen und den Trauernden Trost geben. Ich schaffe die Frucht der Lippen; Friede, Friede für den, der fern ist, und für die, die nahe sind, spricht der Herr; und Ich werde ihn heilen. - KJV.

Offensichtlich ist es nicht Gottes Absicht, dass der Mensch „vor" Ihm „hört auf". Daher folgt, dass es nicht Seine Absicht und auch nicht Sein Lehrplan ist, Seinen Zorn und Zorn für immer aufrechtzuerhalten und Seelen ewiglich zu quälen. Wenn wir ALLE Pronomen folgen, die in diesem Vers verwendet werden, und beachten Sie vor allem den Ausdruck „Menschliche Verderbnis", sehen wir, dass ALLE Geister, Seelen, verderbte, geschlagen, ihn, Er, seine, die Trauer, die Lippen, Menschen fern, Menschen in der Nähe beziehen sich auf die gesamte Menschheit. Der Begriff „Depravity" ist all inclusive von „alle Menschheit", und so ist der Begriff "heile ihn", der von der ersten abhängt, ebenso all inclusive vom „alle Menschen". Obwohl Gott „auf die Missetat des Menschen" der ganzen verdorbenen Menschheit zornig war, wird hier dargestellt, dass Er „HIM HEILT", alle Menschen. Andere Verse, die dies unterstützen sind:

Jer. 30:17, 33:6

ALLE GUT UND FRIEDLICH „Denn ich erhöhe euch die Gesundheit, und von euren Wunden heile ich euch, eine Aussage des HERRN: „Ich will euch [alle Menschen] wieder gesund machen und eure Wunden heilend machen." (KJV)

Jer. 33:6

„Ich werde sie [die Menschheit] heilen und ihnen Frieden und Wahrheit zeigen."—JKV

Hosea 14:4

Alles vergeben

"Ich werde ihre Rückkehr heilen; Ich werde sie frei lieben; denn mein Zorn ist von ihm abgewandt."

Der Zorn Gottes wird von " ihm" - der ganzen Menschheit - umgekehrt, wenn Er frei liebt oder, wie das CLV sagt, "willentlich". Das bedeutet, dass Gott ALLE Seiner Geschöpfe heilen wird, ob sie jetzt oder in einem zukünftigen Zeitalter glauben.

Jes. 53:5

Christus verwundet für die Menschheit

Doch Er wurde verwundet (getötet) für unsere Übertretungen und zerquetscht für unsere Verderbnisse. Seine Wellen heilen uns."Christus wurde verwundet für unsere Übertretungen; Er wurde verletzt für unsere Missetaten; die Strafe für unseren Frieden war auf ihm; und durch seine Striche sind wir geheilt."

Rom. 5:15, 19 und 1 Kor. 10:33, "Jesus Christus wurde wegen der Sünden der Menschen gekreuzigt und durch die Verderbnisse der Menschen zerschmettert. Die Strafe für den Frieden der Menschen war auf Ihm, und durch Seine Wunden gibt es Heilung für alle Menschen." Gott entfernte die „ewige" Verurteilung von der ganzen Menschheit in Jesu Rettungswerk. 1 Petrus 2:24

Er trägt alle Sünden

„Wer selbst unsere Sünden in seinem Leib auf einen Pfeil (das Kreuz) trägt, damit wir, wenn wir von unseren Sünden weggehen, für die Gerechtigkeit leben; durch dessen Leib ihr geheilt worden seid."—CLV

"Wer selbst unsere [menschlichen] Missetaten in Seinem eigenen Leib auf dem Baum getragen hat, damit wir [Menschen], jetzt tot zu Unvollkommenheit, zu dieser Vollkommenheit leben können: denn durch Seine Streifen [Mensch] wurde geheilt."

Ps. 103:1-4 entfernt alle Sünden

"Segne den Herrn, o meine (bewußte) Seele, und ALLES, was in mir ist, segne seinen heiligen Namen."

Ps. 103:2

„Segnet den Herrn, O meine Seele des Bewusstseins, und vergiss nicht ALLE Seine Gunst" (KJV)

Ps. 103:3

„Wer vergibt ALLE deine [menschlichen] Missetaten, der alle deine Krankheiten heilt" (KJV)

Ps. 103:4 „Wer euer [Menschen] Leben von der Zerstörung [„Vernichtung"] rettet, der euch mit liebender Güte und zärtlicher Barmherzigkeit krönt." NKJV soll alle reinigen und reinigen

Ez. 36:25

Entfernt sich von der Götzendienst

„Und ich spritzte reines Wasser über dich, und du warst rein; von all deiner Unreinheit und von deinen Götzen, ich reinige dich." - CLV

"Dann werde ich reines Wasser auf die Menschen sprühen, und die Menschen werden rein sein; von allen ihrer Unreinheit und Götzen, werde ich die Menschen reinigen."

Jer. 33:8 Reinigt alle Sünden

„1 Ich will sie reinigen von all ihrer Missetat, durch die sie gegen mich gesündigt haben." – KJV

1 Johannes 1:7

Das Blut Christi reinigt ALLE Sünden

Das Blut Jesu Christi reinigt die Menschheit von aller Sünde (Übertretung) (KJV).

„Christus ist gekommen, um die Sünde der Welt wegzunehmen." Die Heilige Schrift erklärt ALLE Sünden in Bezug auf die Menschheit.

1:25 Erfrischt alles

„Und ich will meine Hand wieder auf dich richten und reinigen, um dich von deinem Schmutz zu reinigen. Und die Ungerechten werde ich vernichten, - CLV

„Ihr" bezieht sich auf die gesamte Menschheit, die ersten Früchte Seiner Ernte, während „die Rebellen" diejenigen sind, die Gott zerstören wird, die auf dem Weg dieser Reinigung stehen. Gott muss die Taten des Menschen zerstören, um das Verlorene zu reinigen und zu retten.

Ps. 65:3

Entfernt alle Sünden

"Du wirst unsere Übertretungen reinigen." | KJV

Mal. 3:3 Reinigt alles „Und er wird sitzen wie ein Reiniger und Reiniger von Silber; und er wird die Söhne Levi reinigen, und reinigt sie wie Gold und Silber, so dass sie ein vollkommenes Opfer zum Herrn darbringen können." – KJV

Wie die anderen wesentlichen Passagen gilt dies für die gesamte Menschheit.

Heb. 1:3 Reinigt alle Sünden

"Außer alle durch Seine mächtige Erklärung, die Reinigung von Sünden, sitzt auf der rechten Seite der Majestät in den Höhen" (CLV).

Diese Schrift erwähnt keine Einschränkungen für die Reinigung der Sünde.

Ti 2:14.

Christus für alle

"Wer sich selbst für uns gibt, damit Er uns erlöst von jeder Ungerechtigkeit und für sich selbst ein Volk reinigt, das sich der guten Werke widmet." – CLV

Is. 1:18

Von allen Sünden gereinigt

"Auch wenn deine (menschlichen) Übertretungen scharlach sind, werden sie weiß sein wie Schnee; obwohl sie rot sind wie Röteln, sie werden Wolle sein." (KJV)

All-Menschenfest

"...und der HERR wird sein in den letzten Tagen, da er festgehalten wird, der Herr wird sein, der Berg des Hauses des HERRN, auf dem Gipfel der Berge und erhöht von den Hügeln, und alle Völker werden zu ihm strömen."

Jes. 25:6-8

Tod verschluckt, Tränen gelöscht

Und auf diesem Berge wird der HERR der Heerscharen für alle Völker ein Fest der Öle machen, ein Fest des Weines auf den Leichen, des Öls von den Mördern, des Weins auf den leichen, das reinigend ist. Und er wird auf diesem Berg das Gesicht der Abdeckung zerstören, die über alle Völker geworfen wird, und den Schleier, der über alle verteilt ist.

Jes. 25:8

Er wird den Tod ewiglich verschlingen, und der Herr, der HERR, wird alle Tränen von allen Gesichtern abwischen, und die Schande seines Volkes wird von der ganzen Erde weggenommen werden; denn der Mund des HERRN hat geredet.

Johannes 5:24-25

Alle Toten werden Christus hören

Wahrlich, wahrlich, ich sage euch: Wer meine Stimme hört und an den glaubt, der mich gesandt hat, der hat ein ewiges Leben und kommt nicht ins Unglück, sondern ist aus dem Tode ins Leben übergegangen. Wahrlich, die Stunde kommt, und jetzt ist sie, da die Toten die Stimme des Sohnes Gottes hören werden, und die sie hören, werden leben.

Johannes 5:28-29 beschreibt eine Auferstehung zum Leben und eine andere zum Gericht. Diejenigen, die den Glauben Christi in diesem Leben empfangen, werden nicht gerichtet, und nichts wird über die ewige Verurteilung der anderen gesagt. Johannes 5:24-25 sagt, dass Gott alle Menschen auferwecken wird, einige, um mit Ihm zu leben, und andere, um sich seiner Gerechtigkeit zu stellen. Nun, warum sollte Gott diejenigen, die nicht glauben, höflich sein und sie nur von den Toten auferwecken, um sie zum Tode zurückzubringen - das Grab, die Hölle, die Grube usw.? Warum erklären Sie ihnen, was sie für falsch gehalten haben, nur um sie von einem Umdenken zu berauben?

Eph. 1:9-10

ALLE MENSCHEN IN CHRISTUS

„Denn er hat uns das Geheimnis seines Willens offenbart, das er nach seinem Wohlgefallen [das ist die endgültige Versöhnung aller], das er in sich selbst vorgesehen hat, damit er in der Fülle der Zeiten alle [Menschen] in Christus versammeln könnte, sowohl im Himmel als auch auf Erden, ja in ihm.“

Paulus predigte die endgültige Versammlung oder Neuausrichtung der ganzen Menschheit "in Christus" und behauptete, dass sich jedes Knie Jesus niederbeugen und jede Zunge ihn als Herrn bekennen würde (Phil. 2:9-11). Viele argumentieren, dass, während jeder Knie zu Christus neigen wird und ihn als Herrn verkünden wird, für andere wird es eine gezwungenen Kapitulation sein, so dass die Heilige Schrift nicht beweist, universelle Erlösung. Daher muss sich "alle" auf eine "Klasse" von Individuen beziehen. Die Bibel erwähnt jedoch nicht, dass sich eine Klasse von der anderen unterscheidet.

In 1 Korinther 12:3 sagt Paulus: "Niemand kann sagen, dass Jesus Herr ist, außer durch den Heiligen Geist", und in Römer 10:10 sagt er: "Kein Mensch kann behaupten, Jesus sei Herr, wenn nicht der Heilige Geist." Die Passage besagt, dass sich alle mit gleicher Ernsthaftigkeit beugen und bekennen werden. Paulus lehrte, dass "Gott in Christus die Welt [das gesamte menschliche genetische System] mit sich selbst versöhnt hat" (Col. 1:19, 20). "Im Himmel, auf Erden und unter der Erde" ist eine gemeinsame hebräische und Neue Testament-Periphrase (Paraphrase), die "das Universum" bedeutet.

Diese Definition bedeutet, dass "alle Dinge" alle intelligenten Menschen einschließen. Gottes Ziel ist es, die ganze Schöpfung in Christus zu versammeln (Phil. 2:9-11), der unseren mächtigen Schöpfer würdig ist. Deshalb müssen alle intelligenten Wesen im Universum mit Gott versöhnt werden.

Dan. 7:14 Jeder wird ihm dienen

„Ihm wird Gerichtsbarkeit, Ehre und ein Königreich gegeben, und alle Völker, Lagen und Sprachgruppen werden Ihm dienen; Seine ewige Herrschaft wird nicht verschwinden, und Sein Reich wird nicht eingeschränkt sein." [CLV] Christus erhielt Souveränität, Herrlichkeit und ein Reich, so dass ihm alle Menschen und Sprachen dienen würden.

Matt. 22:30

Allheilig wie Engel

„Bei der Auferstehung heiraten sie [alle verheirateten Menschen] weder, noch werden sie heiratet, sondern sind wie die Engel Gottes im Himmel."

Lk. 20:36

Alles wird ihm gehören.

In I Kor. 15:52, "Sie können auch nicht mehr sterben; denn sie [alle Toten auferweckt unzerstörbar] sind gleich den Engeln; und sie sind Kinder Gottes, da sie Kinder der Auferstehung sind." "...und die Toten werden unzerstörbar auferweckt werden, und wir werden verändert werden."

„Wir" und „Sie" scheinen die gesamte Menschheit abzudecken. Das „Wir" bezieht sich auf diejenigen Gläubigen, die dies hören oder lesen. Das „Sie" bezieht sich offensichtlich auf die anderen Toten, die noch nicht zum Glauben gekommen sind.

Ps. 64:9

JEDER ERHÖRT „Und alle werden Angst haben. Dann werden sie die Werke von Elohim erzählen und Sein Werk betrachten."

Im Hebräischen bezeichnet „jeder Mensch" (Adam) die gesamte Menschheit, nicht nur diejenigen, die leben, wenn diese Prophezeiung erfüllt wird. Alle Menschen werden Gottes Werk achten, ehren und betrachten.

Ps. 65:2-3

Alles Fleisch wird Gott erreichen

„O Hörer des Gebets, alles Fleisch wird sich dir nähern. Wenn Unrecht über uns herrscht, unsere Missetaten, dann wirst du ihnen ein Sühneheiligtum bauen."

Christus lieferte Versöhnung oder Sühne (Romans 5:11 and I John 4:10). In 1 Johannes 2:2 erklärte der Heilige Geist, dass alle Sünden vergeben wurden. Keine Notwendigkeit, den Text zu exegieren und die Bedeutung zu ändern.

Ps. 22:27-29

Alle werden sich erinnern und zurückkehren

„Alle Grenzen der Erde werden sich erinnern und zu dem HERRN zurückkehren; alle Geschlechter der Völker werden sich ihm anbeten. Denn der HERR besitzt das Reich, und er ist der Herrscher unter den Völkern. Selbst die Wohlhabenden werden sich niederwerfen und anbeten, und alle, die auf der Erde schlafen wollen; vor Ihm werden sich alle anbinden, die zur Erde herabsteigen."

Alle scheinen eingeschlossen zu sein: Alle Geschlechter der Nationen; alle Völker rund um die Welt; diejenigen, die leben, reich oder arm; die in oder unter der Erde schlafen; die, die in den Staub herabsteigen; und sogar die, welche die Welt gewonnen und ihre Seelen verloren haben.

Ps. 66:4

Jeder wird sich beugen

"Die ganze Erde [die ganze Menschheit] wird sich dir beugen und deinem Namen Melodie machen." - CLV

Ps. 86:9

„Alle Völker, die du gemacht hast, werden kommen und vor dir anbeten, HERR; und sie werden deinen Namen verherrlichen." CLV

Welche Länder und wie viele hat Gott geschaffen? Wenn ALLE Nationen, wie viele Menschen sind in ihnen?

55:5

Alle werden wissen: Siehe, du wirst rufen und zu einem Volk fliegen, das du nicht kennst, um des HERRN, deines Gottes, und des Heiligen Israels willen; denn er macht dich schön. - CLV

Er deutet stark darauf hin, dass alle Länder zu ihm fliehen werden, indem er den Begriff "Nationen" benutzt, um die ganze Menschheit zu bezeichnen, da Gott alle Menschen zu sich zieht.

Is. 60:3

Alle sehen das Licht

„Und Völker [Menschen] werden zu deinem Licht gehen, und Könige zu deiner Helligkeit." - CLV

Diese Schrift zeigt an, dass alle Nationen (die Heiden) zu Seinem Licht – Christus – kommen werden.

Is. 60:4

Alle werden ihn finden.

„Alle von ihnen [Jehovas Kinder] sind versammelt (gathered). Sie kommen zu dir. Siehe, alle eure Söhne kommen von fern, und eure Töchter auf der Seite werden gefüttert. - CLV [„Sie" = alle Menschen, Länder, Menschheit

Jes. 60:8

„Wer sind diese, die wie Wolken und Tauben zu ihren Fenstern fliegen?" (KJV)

Die Wolke repräsentiert die unzähligen Millionen der Menschheit, die sich wie Tauben an ihrem rechtmäßigen Ruheort "hemmt".

Es. 60:14

JEDER WILL BOW

Die Söhne derer, die dich bedrängten, werden dich anbeten, und alle, welche dich verachteten, werden sich an deine Füße anbinden. (KJV)

Diese Nachkommen derer, die Gott gequält und gehasst haben, sind die Juden und Römer, aber geistig hat jeder Mensch dies getan. Sie repräsentieren die ganze Menschheit und alle, die Gott verachteten. Diese Passage scheint sich auf Christus zu beziehen, der alle seine Feinde zu einem Fußstock machte.

Jes. 66:23

Jedes Fleisch wird anbeten: „Alles Fleisch [alle Menschen] wird kommen, um vor mir anzubeten, spricht der HERR, Bedeutet „ALLES FLEISCH" nur etwas Fleisch?

Zech. 6:15

„Und die, die fern sind, werden kommen und den Tempel des HERRN bauen."

Zech. 8:21

Alle werden vor ihm beten

„Die Einwohner einer Stadt (griechisch: = 'fünf') werden zu einer anderen gehen und sagen: Lasst uns schnell gehen, um vor dem Herrn zu beten und den Herrn der Heerscharen zu suchen!" (KJV)

Diese Passage scheint das Bild einer oder mehrerer Städte, die in eine andere reisen, als Symbol für ALLE Städten zu benutzen, daher können wir richtig schließen, dass sie alle Städter der ganzen Menschheit impliziert.

8:22 Alle suchen das Angesicht Gottes

„Viele Völker und starke Nationen werden nach Jerusalem kommen, um den HERRN der Heerscharen zu suchen und sein Angesicht zu bitten."—CLV

Der Ausdruck „bereitet wie eine Braut für ihren Mann" in Offenbarung 3:12 und 21:2 legt eine symbolische und geistliche Interpretation des „Neuen Jerusalem" nahe. Das Neue Testament sagt, es gibt nur eine Braut, die Braut Christi, die Kirche und den Leib der Gläubigen. Dieser Vers impliziert, dass sich alle Nationen, Völker und Familien Adams zu seiner Zeit zu Ihm scharen werden.

Es. 11:10

Alle Freundlichen werden ihn suchen.

'An jenem Tag wird es eine Wurzel von Jesse geben, die für die Menschen ein Zeichen sein wird. Die Heiden werden sie suchen, und Seine Ruhe ist schön.

Dieser Text offenbart, dass die Wurzel von Jesse (Jesus Christus) ein Zeichen für ALLE Völker, d.h. die ganze Menschheit sein wird, wodurch ALLE MENSCHEN ihn suchen, entdecken und SEHEN und versöhnt werden, indem sie Gottes Versprechen erfüllen, ALLE zu ihm zu rufen und zu bringen.

Gen. 49:10

Jeder wird sich versammeln "...und zu ihm [WIRD] die Versammlung der Menschen sein."

Es. 45:24

"...zu Ihm, er wird kommen, und sie werden beschämt werden, alle, die (auch) entzündet gegen Ihn." - KJV

Beachten Sie, dass die ganze Menschheit beteiligt ist und vor dem HERRN präsent ist. Diejenigen, die zu Ihm mit Stärke und Glauben (nicht erwähnt) gehen, sind denen gleich, die offenbar gegen Ihm angezündet wurden. Sie werden alle zu Ihm angezogen, ausgesetzt und beschämt sein, weil sie anders denken.

Jes. 51:11

Alle Rückerstattungen werden zurückgegeben

„Der Erlöste des Herrn wird zurückkehren und mit Gesang zu Zion kommen."—KJV

Ps. 110:3

JEDER WILLEND „Am Tag deiner mächtigen Macht wird dein Volk [die Menschheit] willig sein."

Wegen Gottes "mächtiger Macht", alle Menschen zu sich zu ziehen, sind diejenigen, die nicht willig waren, jetzt willig. Wie viele werden übrig bleiben? Welcher Teil der Menschheit wird immer noch "nicht willens" sein? Wer ist "Dein Volk"? Israel, alle Heiden und die ganze Menschheit.

Johannes. 6:37
Alles für Christus
"Alles, was der Vater mir gibt, wird zu mir kommen, und den, der zu mir kommt, will ich nicht vertreiben, aus irgendeinem Grund." - CLV
Dies ist einer der Schlüsselverse, der die allumfassende universelle "Anziehung" der ganzen Menschheit an Jesus Christus zeigt. Wie viele Menschen gibt Gott Jesus, und wie viele verwerft Christus? Siehe Johannes 12:32. Und ich, wenn ich von der Erde auferweckt werde, werde alle zu mir ziehen. Wenn wir es zusammenfassen, hören wir vielleicht, wie Jesus sagt: Globale Buße / Vergebung
Apostelgeschichte 5:31
Allah hat ihn mit Seiner Rechten zum Fürsten und Retter erhöht, damit er Israel die Buße schenkt und die Übertretungen vergibt.-KJV mit Interpretationen

Rom. 11:25-27
Alle Gottlosigkeit ist verschwunden.
„Denn ich möchte nicht, Brüder, dass die Menschheit dieses Geheimnis ignorieren sollte, damit der Mensch nicht weise sein könnte in seinen eigenen Vorstellungen; dass Israel zum Teil blind geworden ist, bis die (Zeit der Mächte der) Heiden (die Nationenstaaten) ein Ende haben. Und so wird ALLES Israel gerettet werden, wie es geschrieben steht." Weil Er das ganze Fleisch besitzt, erklärt der HERR, Er wird alles Fleisch retten, auch die Heiden.

Römer 14:11
Alle Lippen bekennen sich zu Christus
»Wie ich lebe«, spricht der Herr, »werden sich alle Knie zu mir beugen, und alle Zungen werden sich Gott bekennen.«
„Denn Ich werde alle Knie der Adamischen Menschheit beugen, und jede Adamische Zunge wird Gott bekennen", sagt der Herr. Jede Zunge, die "GOTT" bekennt, bezieht sich auf jeden Menschen, der eine Änderung der Einstellung und einen Erlösungsprozess durchläuft; eine Folge von Wahlen!

Phil. 2:9-11
„Darum hat ihn auch Gott hoch erhoben und ihm einen Namen gegeben, der über allen Namen ist, damit sich an Jesu Namen alle Knie beugen, von den Dingen im Himmel und auf Erden und unter der Erde, und dass jede Zunge bekennen wird, dass Jesus Christus Herr ist, zur Vollendung Gottes, des Vaters."—KJV mit Interpretationen
Hebräische Schriftsteller bezeichnen das Universum oft als "alles im Himmel, auf Erden und unter der Erde". Was beugt sich "alles im Himmel" an Jesus, wenn nicht geistige Anbetung? In diesem Text schlägt sich die ganze

Schöpfung intelligenter Wesen vor Jesus: "Alle 'Dinge' im Himmel, auf Erden, unter der Erde.

Rom. 10:9
Ergebnis des Geständnisses
„Wenn du mit deinem Mund den Herrn Jesus bekennst [und ALLES wird das letztlich tun], und in deinem Herzen glaubst (und ALLE werden es letztendlich tun), dass der Vater ihn von den Toten auferweckt hat, wirst du gerettet (zur Wiedervereinigung mit Gott) und in die Wahrheit geführt werden."—KJV mit Interpretationen
1 Johannes. 4:15
Jeder, der bekennt: „Wer bekennt [und alles will], daß Jesus der Sohn Gottes ist, Gott wohnt in ihm und er in Gott" (KJV with readings).
Schlussfolgerungen
Dieser Schriftsteller glaubt, dass man blind sein muss, um Gottes Versprechen der "Wiederherstellung aller" Menschen zu verpassen. Lassen Sie uns beten, dass Gott den Schleier der Blindheit entfernt:

Der HERR der Heerscharen wird ein herrliches Fest feiern.
alle Menschen auf diesem Berg; Ein feines Wein und Kieferfest
Wein altert und poliert.
Auf diesem Berg wird Er die Abdeckung vernichten. Über alle Menschen,
sogar den Schleier der Welt.
Er wird den Tod für immer vernichten, Gott wird Tränen abwischen.
Die ganze Menschheit, Er wird die Schande der Menschheit ausrotten.
von allen Seiten; der HERR hat geredet.
An jenem Tag wird gesagt werden: "Siehe, unser Gott, auf den wir gewartet haben, Er kann uns retten.
Dies ist der HERR, auf den wir gewartet haben; lasst uns sein Heil feiern" -
(Isaiah 25:6-9).

--- fin ---

Sonstige Bücher

Ursprung der Nationen, 1984

Denkprovokierend und intelligent geschrieben. Gute Lesung,
wenn Sie an neuen Ideen aus der Perspektive der Schöpfung
Wissenschaft interessiert sind. Engagiert für monogenetische
Interpretationen der Weltmythologie.

Kingshiop At Its Source, 2007

Die literarische Weltgeschichte entstand im Laufe des dritten
Jahrtausends v. Chr. hauptsächlich im mesopotamischen
Land Sumer. Indem sie sowohl die chronologische
Perspektive der Bibel als auch die hohe Lebenserwartung der
noahischen Patriarchen annehmen, können Biblistiker
Sumerische Daten verstehen und das Bild der Weltgeschichte
an ihrer Quelle revolutionieren. Um diese Prämisse gut zu
machen, ist es wichtig, Namen aus Königslisten und
mythologischen Pantheonen zu vergleichen und zu
übereinstimmen. Aus diesen Vergleichen ergibt sich eine
Gruppe von 54 feudalen und imperialen Aristokraten, die die
Weltzivilisation nach ihrem eigenen Bild geschaffen haben.
Sobald diese Personen bekannt sind, verliert die
Weltgeschichte ihre Aura der Zufälligkeit und Anonymität

und nimmt Form als eine einzige, unterschiedlich detaillierte Geschichte.

A CONTINUOUS NARRATIVE OF EARLY POSTFLOOD HISTORY, 2017

A POSTDILUVIAN TIMELINE, 2017 (auch A Mesopotamian Timeline genannt) A DESIGNED WORLD, 2017

NOAH'S ARK AND THE GENESIS-10 PATRIARCHS, 2014 von Ross S Marshall

Ein Mono-mythologischer Vergleich von alten Pantheonen und Vorbild zu den Genesis-10-Studien von Dr. John Pilkey.

Dr. John D. Pilkey, Genesis-10 Ursprung der Mythographie der Nationen auf Youtube:
https://www.youtube.com/watch?v=c7_Y4cVm9XE&list=P Lo8oaUvb9c1kjw-v0KO6h5hwRqyp3wtFM&index=5

Unsere Bücher auf Amazon:
https://www.amazon.com/s/ref=nb_sb_noss?url=search-alias%3Dstripbooks&field-keywords=Ross+S+Marshall

Kostenlose Kopien von Büchern und Papiere:
https://independent.academia.edu/RossMarshall

BOOK/DVD WEB SITES: http://www.weirdvideos.com

UNIVERSAL SALVATION DOCTRINE VIDEOS:
https://www.youtube.com/watch?v=ChZP9BErBqE

Kostenlose PDF-Dateien: Universelle Versöhnung Enzyklopädie Buch auf https://archive.org/details/godslovewinsall3

KONTAKTE

Ross Marshall

www.WeirdVideos.com

JOHN PILKEY BOOKS Band I-VI erhältlich auf Amazon

[Gehen Sie zu Amazon und schreiben Sie in Sarch "Ross S Marshall"]

https://www.amazon.com/s/ref=nb_sb_noss?url=search-alias%3Dstripbooks&field-keywords=Ross+S+Marshall